Alfred Moos
Gerhard Daues

SQL-Datenbanken

Vieweg

Alfred Moos
Gerhard Daues

SQL-Datenbanken

**Der Weg vom Konzept
zur Realisierung in dBASE:
Eine schrittweise und praxisnahe Einführung**

Die Deutsche Bibliothek – CIP-Einheitsaufnahme

Moos, Alfred:
SQL-Datenbanken: der Weg vom Konzept zur Realisierung
in dBASE; eine schrittweise und praxisnahe Einführung /
Alfred Moos; Gerhard Daues. – Braunschweig: Vieweg, 1991
  ISBN-13:978-3-528-05183-9   e-ISBN-13:978-3-322-83993-0
  DOI: 10.1007/978-3-322-83993-0

NE: Daues, Gerhard:

ISBN-13:978-3-528-05183-9

Vorwort

Der Entwurf eines unternehmensweiten Datenmodells, dessen Umsetzung in ein relationales Datenbankmodell und die anschließende Implementierung mit der Datenbanksprache SQL sind heute und in absehbarer Zukunft zentrale Aufgaben in der betrieblichen Datenverarbeitung und der praktischen Informatik.

Dabei stellt besonders der Entwurf von Datenbanken - oft als Buch mit sieben Siegeln bis hin zur hohen Schule der Datenstrukturierung bezeichnet - den Datenbankadministrator und Softwareentwickler immer wieder vor fast unlösbare Probleme, die jedoch mit dem derzeitigen Wissensstand über die Modellierung von Datenbanken leicht gelöst werden können.

Ziel des Buches ist es deshalb, dem Interessenten und dem Entwickler von Datenbanken die derzeit aktuellen und erprobten Methoden, Strategien und Verfahren in präziser aber dennoch leicht verständlicher Art zu vermitteln. Hierbei werden die einzelnen Methoden nicht isoliert erklärt, sondern es werden ihre Beziehungs- und Wirkungszusammenhänge an zwei einfachen und durchgängigen Beispielen, die der Rechnungsschreibung und der Stücklistenorganisation entnommen sind, aufgezeigt. Mit der systematischen Führung des Lesers durch die Methoden wird ihm der Weg aufgezeigt, der zu einer qualitativ hochwertigen Datenbankorganisation führt.

Das Buch ist deshalb sowohl für den Schüler und Studenten als auch für den Praktiker eine wertvolle Hilfe, durch die er den derzeit aktuellen Wissensstand über Datenbanken leicht, schnell und wirksam erlangt. Es ist sowohl für den Einsatz im Unterricht, in Datenbankkursen als auch für das Selbststudium geeignet.

Die Vermittlung der Inhalte des Buches ist von den Verfassern mehrfach in verschiedenen Lehrveranstaltungen in der Stiftung Rehabilitation Heidelberg auf unterschiedlichen Ausbildungsebenen, vom Datenverarbeitungskaufmann über den Industrieinformatiker bis hin zum Diplominformatiker, erprobt worden. Hierbei haben sie ihre leichte Verständlichkeit und ihren hohen Nutzen gezeigt.

Die in dBASE-SQL geschriebenen Programme sind allesamt erprobt und funktionstüchtig. Bei Bedarf können Sie auf Diskette von den Verfassern bezogen werden.

Alfred Moos, Gerhard Daues   Im Juni 1991

> Wenn Sie dieses Kapitel durchgelesen haben, können Sie beurteilen, weshalb die präzise Modellierung von Daten der erste und wichtigste Schritt bei der Erstellung einer Datenbank ist. Sie werden weiterhin Kenntnisse und Fertigkeiten erworben haben, mit denen Sie anspruchsvolle Datenbanken konstruieren können.

1 Datenmodell

Daten sind Informationen über die reale Welt, die Welt der Objekte. Da die reale Welt außerordentlich vielgestaltig und durch komplizierte Zusammenhänge in sich hochkomplex verwoben ist, kann sie von uns nur dann mit einem gewissen Grad an Zuverlässigkeit überblickt werden, wenn wir bei ihrer Betrachtung unnötige Einzelheiten weglassen. Wir schränken deshalb unseren Blickwinkel auf die uns interessierenden und für uns wesentlichen Tatbestände der realen Welt ein. Dadurch erzeugen wir uns gedanklich einen Ausschnitt aus der realen Welt, unsere *Miniwelt*.

Eine solche Miniwelt kann ein beliebiger Teil der realen Welt sein, beispielsweise ein ganzes Unternehmen oder lediglich die Rechnungsschreibung in diesem.

In der Miniwelt mit der Sammelbezeichnung *Rechnungsschreibung*, auf die wir uns zunächst als Beispiel für unsere Überlegungen konzentrieren wollen, sind bereits viele Personen, Materialien, Rechtsverhältnisse, Informationsflüsse und Ereignisse systemmäßig miteinander verflochten, indem zwischen diesen Elementen unterschiedliche Verbindungen bestehen.

Über diese Welt der Objekte wollen wir Informationen festhalten und später durch Verknüpfung dieser Informationen neue Informationen gewinnen. Mit diesen gewonnen Informationen wollen wir sodann Rückschlüsse auf die Welt der Objekte tätigen. Informationen sind nun nichts anderes als Abbildungen der Miniwelt im Speicher eines informationsverarbeitenden Systems, beispielsweise in unserem Kopf oder in einem Computer. Liegen Informationen zu Verarbeitungszwecken vor oder sind sie aus einem Verarbeitungsprozeß hervorgegangen, bezeichnet man sie auch als *Daten*.

Wenn es uns gelingt, ein übersichtliches Modell über die Objekte der Miniwelt und deren Zusammenhänge zu entwickeln, haben wir gleichzeitig ein Modell über die Abbildungen dieser Objekte und deren Zusammenhänge, d. h. *ein Modell der Informationen über die Miniwelt* gefunden. Dies deshalb, weil eine solche Abbildung ein Spiegelbild des abgebildeten Sachverhaltes der Miniwelt ist und ebenfalls dessen Struktur aufweist.

So einfach und einleuchtend diese Überlegungen auch scheinen mögen, so wird doch bei der Erarbeitung eines Informationsmodells über die Miniwelt oft gegen das Gebot der Abbildungstreue, d. h. der Spiegelbildlichkeit verstoßen. Der Verstoß besteht meist darin, daß aus welchen Gründen auch immer, Informationen im Informationsmodell nach Gesichtspunkten zusammengefaßt werden, für die es im Modell der Miniwelt keine Entsprechungen gibt. Dadurch weicht das Informationsmodell von den Tatbeständen der realen Welt ab.

Diese Abweichung führt zu Unzulänglichkeiten in der Informationsspeicherung und der Informationswiedergewinnung. In der Informatik bezeichnet man diese Mängel auch mit fehlender *Datenintegrität*.

Mit fehlender Datenintegrität bezeichnet man den Sachverhalt, daß aus einem fehlerhaft modellierten Informationssystem nicht zu jedem Zeitpunkt zuverlässige Aussagen über die Miniwelt gewonnen werden können, weil die unnatürliche Struktur des Informationssystems keine zuverlässige Aussage zu jedem Zeitpunkt zuläßt.

1.1 Modell der Miniwelt

In unserem Kopf befindet sich ein Modell unserer Miniwelt, z. B. der Miniwelt Rechnungsschreibung. Es repräsentiert eine Teilsicht auf die reale Welt. Bei dieser Teilsicht fehlen die meisten Tatsachen über die reale Welt, weil diese Tatsachen unter dem Zweckbezug und dem Aspekt der Rechnungsschreibung unwesentlich sind.

Das Modell der Miniwelt Rechnungsschreibung findet seinen dokumentarischen Niederschlag in einem ausgefüllten Rechnungsformular, also einer Rechnung. In unserem Beispielunternehmen sollen die 3 folgenden Rechnungen betrachtet werden.

```
Hugo Müller
Gartenstr. 4a

6900  Heidelberg


Rechnungsnummer:  R001 Kundennummer:   K001 Datum: 04.04.91
Rechnungsbetrag:    13.000,00

Pos. Arti-Nr. Bezeichnung     Anzahl E-Preis     G-Preis
  1    A001    Computer          2     5000,00   10000,00
  2    A002    Drucker           3     1000,00    3000,00
```

```
Hugo Müller
Gartenstr. 4a

6900  Heidelberg


Rechnungsnummer:  R002 Kundennummer:   K001 Datum: 05.04.91
Rechnungsbetrag:     2.000,00

Pos. Arti-Nr. Bezeichnung     Anzahl E-Preis     G-Preis
  1    A002    Drucker           1     1000,00    1000,00
  2    A003    Bildschirm        2      500,00    1000,00
```

```
Georg Mayer
Neckarstr. 1

6900  Heidelberg


Rechnungsnummer:  R003 Kundennummer:   K002 Datum: 05.04.91
Rechnungsbetrag:     5.000,00

Pos. Arti-Nr. Bezeichnung     Anzahl E-Preis     G-Preis
  1    A001    Computer          1     5000,00    5000,00
```

Abbildung 1: Drei Beispielrechnungen der Miniwelt.

Bei näherer Betrachtung der Rechnungen können folgende Informationsarten festgestellt werden:

Kundeninformationen:
- Vorname
- Zuname
- Straße und Hausnummer
- Postleitzahl
- Ort
- Kundennummer

Rechnungsinformationen:
- Rechnugsnummer
- Rechnungsdatum
- Rechnungsbetrag

Artikelinformationen:
- Artikelnummer
- Artikelbezeichnung
- Artikelpreis (Einzelpreis)

Rechnungs-/Artikelinformationen:
- Positionsnummer
- Berechnete Anzahl
- Positionsbetrag (Gesamtpreis)

Tabelle 1: Informationsarten der Miniwelt Rechnungsschreibung

Abstrahiert man von den einzelnen Rechnungen und wendet man sich dem Rechnungsformular als dem allgemeingültigen Rechnungsschema zu, so kommt man zu dem gesuchten Modell der Miniwelt Rechnungsschreibung.

```
<Vorname> <Zuname>
<Straße>

<Postleitzahl> <Ort>


Rechnungsnummer:   <R#> Kundennummer:   <K#> Datum: <R-Dat>
Rechnungsbetrag:   <Rechnungsbetrag>

Pos. Arti-Nr. Bezeichnung      Anzahl E-Preis     G-Preis
<P>  <A#>       <Bezeichnung>  <Anzahl><E-Preis>  <G-Preis>
```

Abbildung 2: Rechnungsformular als Modell der Miniwelt.

Im Rechnungsformular sind in Spitzklammern die Namen der maßgeblichen Informationen der Miniwelt angegeben. Diese Namen in Spitzklammern sind Platzhalter für Werte, die bei der Rechnungsschreibung an der jeweiligen Position eingesetzt werden. Die abgekürzten Namen wurden aus Platzgründen gewählt. Die Abkürzungen und die oben eingeführten Bezeichnungen der Informationsarten der Miniwelt entsprechen sich wie folgt:

Volle Namen	**Kurznamen**
Kundeninformationen:	
• Vorname	<Vorname>
• Zuname	<Zuname>
• Straße	<Straße>
• Postleitzahl	<Postleitzahl>
• Ort	<Ort>
• Kundennummer	<K#>
Rechnungsinformationen:	
• Rechnugsnummer	<R#>
• Rechnungsdatum	<R-Dat>
• Rechnungsbetrag	<Rechnungsbetrag>
Artikelinformationen:	
• Artikelnummer	<A#>
• Artikelbezeichnung	<Bezeichnung>
• Artikelpreis (Einzelpreis)	<E-Preis>
Rechnungs-/Artikelinformationen	
• Positionsnummer	<P>
• Berechnete Anzahl	<Anzahl>
• Positionsbetrag (Gesamtpreis)	<G-Preis>

Tabelle 2: Informationsarten und ihre Abkürzungen.

Zusätzlich zur Klassifizierung und Niederschrift der Informationsarten sollen im Modell der Miniwelt Rechnungsschreibung noch die *Geschäftsregeln* festgehalten werden, die im Rahmen einer Realitätsanalyse festgestellt wurden.

Geschäftsregeln sind Kernaussagen über den Geschäftsgang und die Zusammenhänge der Elemente der Miniwelt.

Ihre Niederschrift soll folgendermaßen lauten:

1. Feststellung:	Eine Rechnung geht *genau* an *einen* Kunden und kann ohne diesen *nicht existieren.*
2. Feststellung:	Ein Kunde *kann viele* Rechnungen von uns erhalten. Es gibt auch potentielle Kunden, die noch keine Rechnung von uns erhalten haben.
3. Feststellung:	Eine Rechnung enthält *mindestens eine* Rechnungsposition. Sie kann aber auch *viele* Rechnungspositionen enthalten.
4. Feststellung:	Eine Rechnungsposition betrifft *genau eine* Rechnung und kann ohne diese *nicht existieren.*
5. Feststellung:	Eine Rechnungsposition betrifft *genau einen* Artikel und kann ohne diesen *nicht existieren.*
6. Feststellung:	Ein Artikel *kann* in *vielen* Rechnungspositionen berechnet werden. Es gibt auch Artikel, die noch nicht berechnet wurden.

Abbildung 3: Geschäftsregeln der Miniwelt "Rechnungsschreibung".

1.2 Entitäts-Beziehungs-Modell (Top down)

Aufgrund der Spiegelbildlichkeit zwischen der Miniwelt und ihrer Abbildung, der *Datenbank*, kann man aus dem Modell der Miniwelt auch das Modell ihrer Abbildung, das *Datenbankmodell* ableiten. Diese wesentliche Einsicht liegt dem Entitäts-Beziehungs-Modell (*ERM*: Entity Relationship Model) zugrunde. Das Entitäts-Beziehungs-Modell ist eine Analysemethode, die es erlaubt, die maßgeblichen Elemente eines *konzeptionellen* Datenmodells festzustellen und in einem Diagramm, dem *Entitäts-Beziehungs-Diagramm* zu dokumentieren. Ein konzeptionelles Datenmodell ist ein hard- und softwareunabhängiges, globales Datenmodell der Daten über die Miniwelt.

Das Entitäts-Beziehungs-Modell verwendet nur wenige Konstruktionselemente, um die wesentlichen Elemente der Miniwelt zu beschreiben. Vorab sollen ihre Namen genannt werden:

- Entität
- Entitätsschlüssel
- Eigenschaft und Eigenschaftswert
- Faktum
- Beziehung
- Entitätsmenge
- Domäne
- Attribut und Attributswert
- Beziehungsmenge
- Komplexitätsgrad

1.2.1 3-Ebenen-Architekturmodell

Zur Bewältigung der Komplexität einer Datenbank ist es sinnvoll, die Daten in drei Schichten zu betrachten, der *externen*, *konzeptionellen* und der *internen* Schicht. Diese komplexitätsreduzierende Betrachtungsweise geht auf die Veröffentlichung einer Studie zurück, die eine Arbeitsgruppe des American National Standard Institute (ANSI) im Jahre 1975 (*ANSI/X3/SPARC*) erarbeitete. Die Arbeitsgruppe beschäftigte sich mit der Architektur von Datenbankverwaltungssystemen.

In kurzen Worten besagt das 3-Ebenen-Architekturmodell folgendes:

* Die Benutzergemeinschaft und die Anwendungsprogrammierer sehen die Daten der Datenbank in nach außen gerichteten, externen Schemata. Diese bilden zusammen die externe Sicht auf die Datenbank bzw. die externe Schicht der Datenbank. Jeder Benutzer hat hierbei seine individuelle Teilsicht auf die Daten der Datenbank, die ihn interessiert.

* Die ganzheitliche Betrachtung der Struktur der Daten über die gesamte Miniwelt bildet das konzeptionelle Schema. Hierbei ist es unerheblich, ob die Daten computergestützt oder anderweitig verwaltet werden.

* Auf der internen Schicht sind die Datenschemata der Dateien, Datensätze und Zugriffspfade Betrachtungsgegenstände.

Externe Ebene:	Externes Datenschema
Konzeptionelle Ebene:	Konzeptionelles Datenschema
Interne Ebene:	Internes Datenschema

Abbildung 4: 3-Ebenen-Architekturmodell nach ANSI/SPARC.

1.2.2 Konstruktionselemente für Modelle auf Elementebene

Wie einführend bereits dargelegt, besteht die reale Welt, ganz allgemein gesprochen, aus Objekten bzw. Gegenständen. Damit wir einen möglichst umfassenden und neutralen Begriff für alle möglichen Gegenstände der realen und der Vorstellungswelt zur Verfügung haben, der nicht bereits durch andere Bedeutungszuordnungen besetzt ist, führen wir den Begriff der *Entität* (Merkmalsträger) ein. Damit vermeiden wir Verständigungsschwierigkeiten untereinander, weil die mehrdeutige Verwendung ein und desselben Wortes (Homonymität, das Problem von Babylon) entfällt [Literatur: Chen, Vetter].

Entität

Was ist eine Entität?

Eine Entität ist ein individuelles, unterscheidbares und identifizierbares Exemplar von Dingen, Personen oder Begriffen der realen oder der Vorstellungswelt.

In der Statistik hat sich für den gleichen Sachverhalt der Begriff "*Merkmalsträger*" und in der Mathematik der Begriff "*Element*" etabliert.

Eine Entität kann somit sein:

- Ein *Individuum*, wie beispielsweise ein Kunde, Lieferant, Mitarbeiter, usw.

- Ein *reales Objekt*, wie beispielsweise eine Rechnung, Maschine, ein Gebäude, ein Produkt, usw.

- Ein *abstraktes Konzept*, wie beispielsweise ein Produktionsplan, Rechtstitel, Wissenschaftszweig, eine Sprache, usw.

- Ein *Ereignis*, wie beispielsweise das Eintreffen einer Bezahltmeldung, Fertigmeldung oder einer Kündigung, usw.

Eine Entität wird durch *Eigenschaften* gekennzeichnet. Von den sehr vielen Eigenschaften, die man bei einer Entität feststellen kann, interessieren uns im Rahmen unserer durch die Aufgabenstellung Rechnungsschreibung abgegrenzte Miniwelt nur die oben in Tabelle 1 auf Seite 4 aufgeführten Eigenschaften, die dort noch ganz neutral als Informationsarten bezeichnet wurden.

Eigenschaft

Was ist eine Eigenschaft?

> **Eine Eigenschaft beschreibt ein Wesensmerkmal, d. h. eine individuelle Besonderheit einer Entität.**

Eine Eigenschaft ermöglicht die Charakterisierung, Klassifizierung und manchmal auch Identifizierung einer Entität. Eine Eigenschaft hat einen Namen und einen oder mehrere Eigenschaftswerte. Mit einem Eigenschaftsnamen wird ein Eigenschaftswert generell beschrieben. Ein Eigenschaftswert ist andererseits eine individuelle Beschreibung einer Eigenschaft bei einer Entität.

Z. B.: *Eigenschaftsname:* Vorname, *Eigenschaftswert:* Hugo.

Wenden wir uns für die weiteren Überlegungen dem Kunden Hugo Müller zu, der 2 Beispielsrechnungen erhalten hat, siehe Abbildung 1 auf Seite 3. Bei den ihn betreffenden Realitätsbeobachtungen wurde festgestellt, daß er mehrere für die Rechnungsschreibung wesentliche Eigenschaften besitzt. Hierbei wurde beispielsweise die Tatsache (das *Fak-*

tum) festgestellt, daß bei der betrachteten Kundenentität die Eigenschaft Zuname den Eigenschaftswert "Müller" aufweist.

Faktum

Was ist ein Faktum?

> **Ein Faktum stellt eine Zuordnung einer Eigenschaft (z. B. Zuname, Vorname, Straße) und je eines Eigenschaftswertes (z. B. Müller, Hugo, Gartenstraße 4a) zu einer Entität dar.**

Mit anderen Worten: Ein Faktum ist eine Feststellung, wonach eine Entität für eine bestimmte Eigenschaft einen bestimmten Eigenschaftswert aufweist.

Entitätsschlüssel

Was ist ein Entitätsschlüssel?

> **Ein Entitätsschlüssel ist eine Entitätseigenschaft, mit deren Wert eine Entität zu jeder Zeit eindeutig identifiziert werden kann.**

Um einen Entitätsschlüssel zu erhalten, wird normalerweise eine ***künstliche Eigenschaft*** festgelegt, die folgenden Anforderungen genügen muß:

- **Eindeutigkeit**
  Jeder Entität wird ein Schlüsselwert zugeordnet, der bei den übrigen Entitäten von der gleichen Art (Typ) ***nie mehr*** vorkommt.

- **Unveränderlichkeit**
  Der Schlüsselwert einer Entität ist unveränderlich. Er ist üblicherweise ein künstlicher aber eindeutiger Kurzname der Entität.

- **Sofortige Zuteilbarkeit**
  Eine neu in Erscheinung tretende Entität erhält zeitgleich mit ihrem Erscheinen in der Miniwelt ihren Schlüsselwert zugeordnet. Dadurch gibt es keinen Zeitraum, in dem die Entität anonym wäre.

- **Kürze und Schreibbarkeit**
  Ein Entitätsschlüssel soll wirtschaftlich und somit kurz sein. Weiterhin soll er dem menschlichen Gedächtnis angepaßt sein und dadurch leicht gemerkt und geschrieben werden können.

Eine solche künstliche Eigenschaft einer Entität ist in der Datenverarbeitung sehr verbreitet und ist hier unter dem Begriff *"Satzschlüssel"* bekannt.

Wenn wir die 3 Rechnungen in der Abbildung 1 auf Seite 3 analysieren, können wir bei den dort genannten Entitäten folgende Entitätsschlüssel und Entitätsschlüsselwerte feststellen:

Kundenentitäten	***Entitätsschlüssel:***
	KUNDENNUMMER
Müller, Hugo	K001
Mayer, Georg	K002
Artikelentitäten	***Entitätenschlüssel:***
	ARTIKELNUMMER
Computer	A001
Drucker	A002
Bildschirm	A003
Rechnungsentität	***Entitätenschlüssel:***
	RECHNUNGSNUMMER
Rechnung vom 4.4.91 an Hugo Müller	R001
Rechnung vom 5.4.91 an Hugo Müller	R002
Rechnung vom 5.4.91 an Georg Mayer	R003

Abbildung 5: Entitäten und ihre Schlüssel.

Greifen wir uns aus der Miniwelt zunächst die Kundenentität Hugo Müller mit ihrem Entitätsschlüssel K001 und die Rechnungsentität Rechnung vom 4.4.91 an Hugo Müller mit ihrem Entitätsschlüssel R001 heraus. Zwischen diesen beiden Entitäten bestehen ***Beziehungen.***

Aufgrund der Festlegungen unserer Miniwelt Rechnungsschreibung interessiert uns jedoch derzeit nur die Beziehung *'erhalten'* zwischen den beiden obigen Entitäten. Wenn wir die beiden Entitäten mit dieser Beziehung gedanklich verbinden, können wir folgende sinnvolle Aussagen über unsere Miniwelt machen:

- Kunde Hugo Müller ***erhält*** Rechnung R001.
- Rechnung R001 ***wird erhalten von*** Kunde Hugo Müller.

Beziehung

Was ist eine Beziehung?

> **Eine Beziehung verbindet zwei oder mehrere Entitäten wechselseitig (in beide Richtungen) miteinander.**

Eine Beziehung ist somit eine Verbindung zwischen mindestens 2 Entitäten.

Für eine Beziehung gilt fundamental, daß sie von der Existenz einer oder mehrerer Entitäten abhängig ist und somit nicht alleine ohne diese Entitäten existieren kann. Eine Beziehung ist somit ein mindestens zweifach existenzabhängiges Element der realen Welt. Eine Beziehung kann weiterhin auch nur mittelbar, d. h. indirekt, und zwar mit Hilfe der Entitäten identifiziert werden, die durch sie miteinander verbunden sind. Zur Identifikation einer Beziehung ist es daher sinnvoll, die Entitätsschlüssel der beiden in Beziehung stehenden Entitäten zu einem Beziehungsschlüssel zusammenzufassen. Beispielsweise kann die Beziehung "erhalten" zwischen den beiden Entitäten K001, Hugo Müller und R001, Rechnung an diesen vom 4.4.91, durch den zusammengesetzten Beziehungsschlüssel <K001, R001> gebildet werden.

Durch ihre mehrfache Abhängigkeit und speziell durch ihre nur indirekte Indentifizierbarkeit unterscheidet sich die Beziehung von der Entität, wobei die Entität ein direkt identifizierbares Element der realen Welt ist, jedoch nicht unbedingt von anderen Entitäten existenzunabhängig sein muß.

Wenn wir auch die Artikelentität Computer mit ihrem Entitätsschlüssel A001 in unsere Betrachtung einbeziehen, so können wir zwischen der Rechnungsentität mit dem Schlüssel R001 und der Computerentität eine weitere Beziehung feststellen. Diese wollen wir *"enthalten"* nennen. Diese neue Beziehung gestattet uns, folgende weitere Aussagen über die Miniwelt zu formulieren:

- Rechnung R001 *enthält* Artikel A001
- Artikel A001 *ist enthalten in* Rechnung R001

Natürlich lassen sich auch bei einem Beziehungselement grundsätzlich *Fakten* feststellen. In unserem Beispiel in Abbildung 1 auf Seite 3 können die Fakten festgestellt werden, daß die Beziehung <R001, A001> die Eigenschaft namens Menge mit dem Eigenschaftswert 2 und die Eigenschaft namens Positionsnummer mit dem Eigenschaftswert 1 enthält. Die *Eigenschaft* einer Beziehung ist ein Wesensmerkmal der Beziehung zwischen zwei Entitäten (oder mehreren). In unserem Beispiel wäre die Mengenangabe "2" und die Rechnungsposition "1" ohne die Artikelentität mit der Artikelnummer A001 und ohne die Rechnungsentität mit der Rechnungsnummer R001 nicht sinnvoll gewesen.

Die bis jetzt aufgeführten Konstruktionselemente des Entitäts-Beziehungs-Modells zur Modellierung der Miniwelt sollen an der folgenden Abbildung in ihrem Zusammenhang dargestellt werden.
Wie man aus der folgenden Abbildung ersehen kann, genügen die vier Konstruktionselemente

- Entität,
- Beziehung,
- Faktum und
- Eigenschaft,

um für die Miniwelt ein Modell auf der Basis von Entitäten, d. h. auf einfacher Abstraktionsebene zu formulieren.

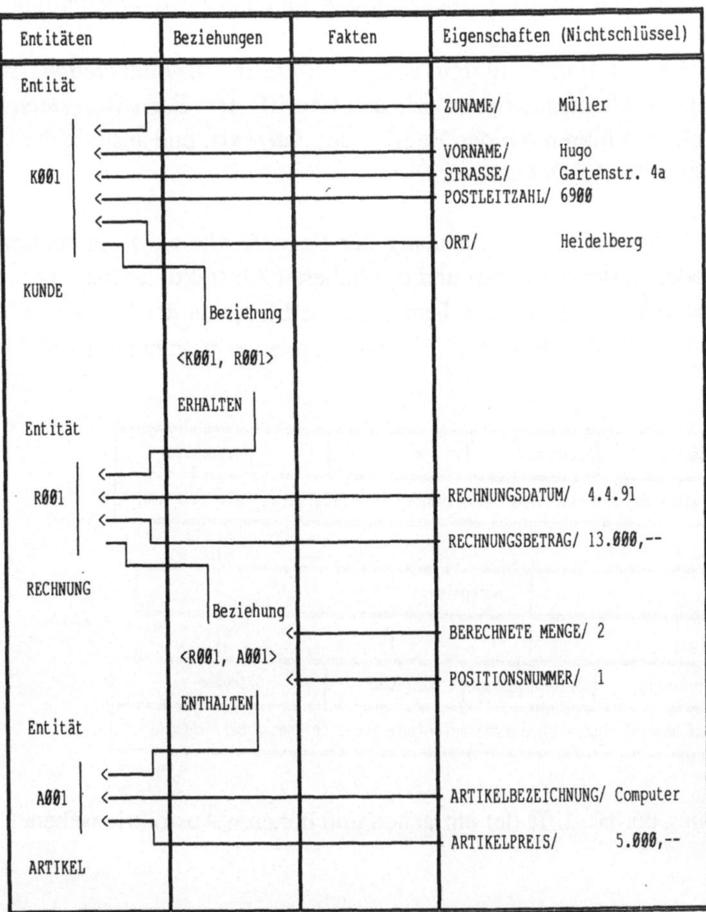

Abbildung 6: Teilausschnitt aus der Miniwelt.

1.2.3 Konstruktionselemente für Modelle auf Mengenebene

Aufgrund unserer Aufgabenstellung, Rechnungsschreibung in einem Unternehmen, interessieren uns jedoch nicht primär individuelle Sachverhalte einer Entität. Vielmehr wollen wir ein Modell formulieren, das für *alle* Entitäten unserer Miniwelt gültig ist, also ein *globales, unternehmensweites Datenmodell.* Hierzu müssen wir eine Mengenbetrachtung anstellen, die sich jedoch eng an die Überlegungen für die Elementbetrachtung anlehnt.

Alle Entitäten oder Beziehungen mit den gleichen Eigenschaften fassen wir hierbei zu einer Entitätsmenge oder Beziehungsmenge zusammen. Bei der Modellformulierung bewegen wir uns dann auf einer höheren Abstraktionsebene, weil wir noch mehr unwesentliche Einzelheiten, die einzelnen Entitäten und Beziehungen weglassen. Hierdurch konzentrieren wir uns auf das Wesentliche für eine globale Datenmodellierung.

Anstelle der einzelnen Entität führen wir den Begriff *Entitätsmenge*, anstelle des einzelnen Beziehungselementes führen wir den Begriff der *Beziehungsmenge*, anstelle des einzelnen Faktums führen wir den Begriff des *Attributs*, und anstelle der Eigenschaft führen wir den Begriff der *Domäne* ein.

Die Abbildung 7 zeigt den Zusammenhang der Begriffe, die als Konstruktionselemente von Realitätsmodellen der einfachen und der höheren Abstraktionsebene verwendet werden. Auf der *einfachen* Abstraktionsebene sind die Elemente der Miniwelt Gegenstände der Betrachtung. Auf der *höheren* Abstraktionsebene betrachtet man Mengen der Miniwelt.

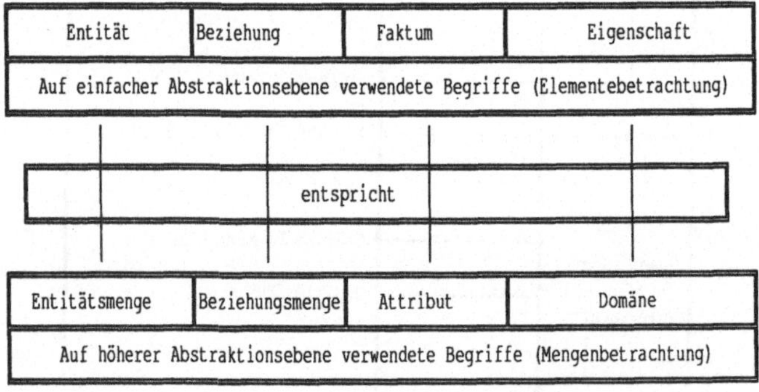

Abbildung 7:
Gegenüberstellung der Begriffe der einfachen und höheren Abstraktionsebene.

Entitätsmenge

Was ist eine Entitätsmenge?

> **Eine Entitätsmenge ist eine eindeutig benannte Zusammenfassung von Entitäten der Miniwelt mit den gleichen Eigenschaften.**

In der folgenden Abbildung sind die Entitätsmengen KUNDE, RECHNUNG und ARTIKEL mit ihren Entitäten dargestellt. Anstelle der bildhaft darzustellenden Entitäten sind deren Entitätsschlüssel ausgewiesen. Zusätzlich zu den bereits bekannten Entitäten aus den Rechnungen in Abbildung 1 auf Seite 3 sind noch die folgenden Entitäten in das Beispiel aufgenommen worden:

Kunde: K003, Eva Schulze, Hauptstr. 7, 6944 Hemsbach
Artikel: A004, Kabel

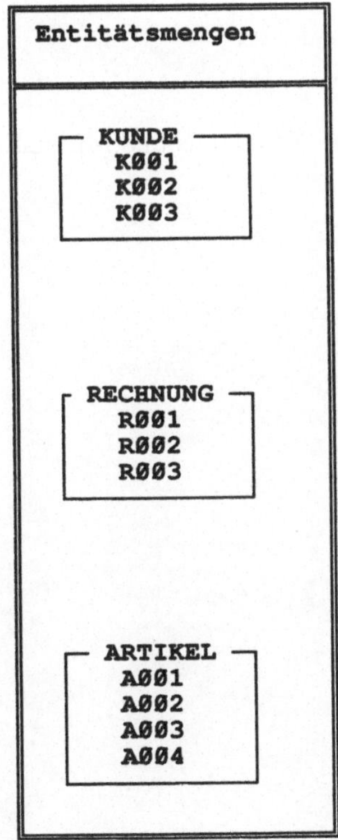

Abbildung 8: Entitätsmengen und Entitätsschlüssel der Miniwelt.

Domäne

Was ist eine Domäne?

> Eine Domäne ist eine eindeutig benannte Zusammenfassung aller zulässigen Eigenschaftswerte einer Eigenschaft. Mit anderen Worten: Eine Domäne ist der zulässige Wertebereich einer Eigenschaft.

Im folgenden Bild sind die Domänen unserer Miniwelt dargestellt:

- VORNAME
- ZUNAME
- STRASSE
- POSTLEITZAHL
- ORT
- DATUM
- BETRAG
- ZAHL (Wertebereich für POSITION und MENGE)
- NAME

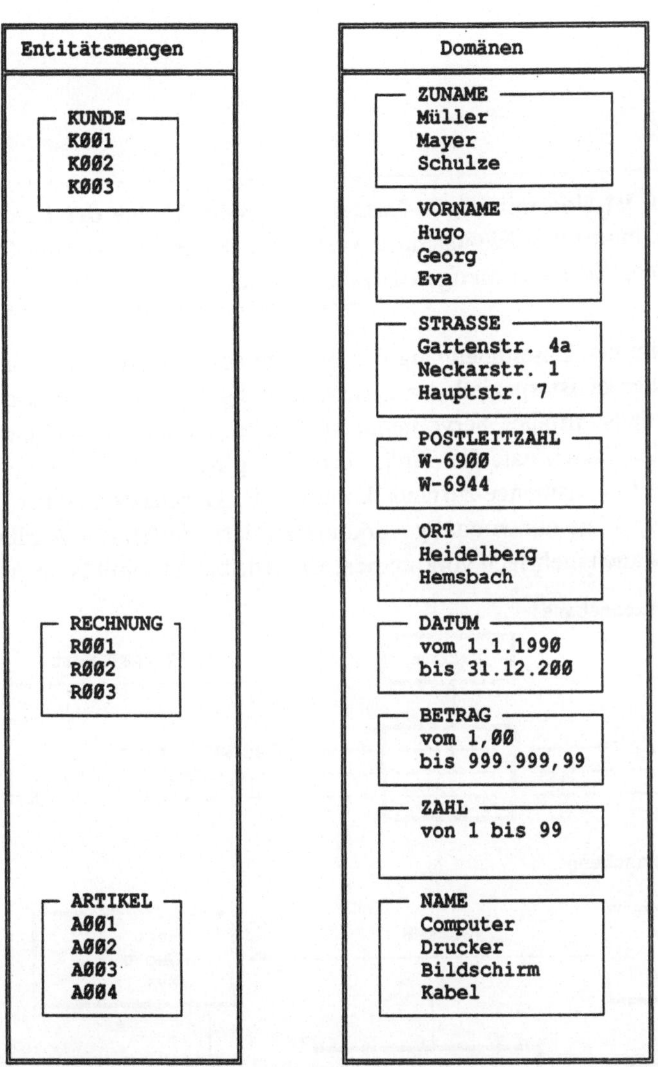

Abbildung 9: Entitätsmengen und Domänen.

1.2.4 Attribut

Was ist ein Attribut?

> **Ein Entitätsattribut ist eine mit einem Namen versehene Menge der Fakten, die aufgrund der Zuordnung von Eigenschaftswerten aus einer bestimmten Domäne zu den Entitäten einer Entitätenmenge zustande kommt.**

Das folgende Bild zeigt den Zusammenhang der Begriffe der einfachen und der höheren Abstraktionsebene. Hierbei ist speziell der Zusammenhang zwischen dem Begriff des Faktums und des Entitätsattributes hervorgehoben. Ein Entitätsattribut stellt somit die Zusammenfassung aller Fakten dar, die durch Feststellung der Werte einer Eigenschaft bei den Entitäten einer Entitätsmenge zustande kommen. Im Gegensatz zu einer Domäne, bei der ein bestimmter Wert nur einmalig vorkommen darf, dürfen die Attributswerte eines Entitätsattributes auch mehrfach vorkommen. Ein Attribut ist somit keine Menge.

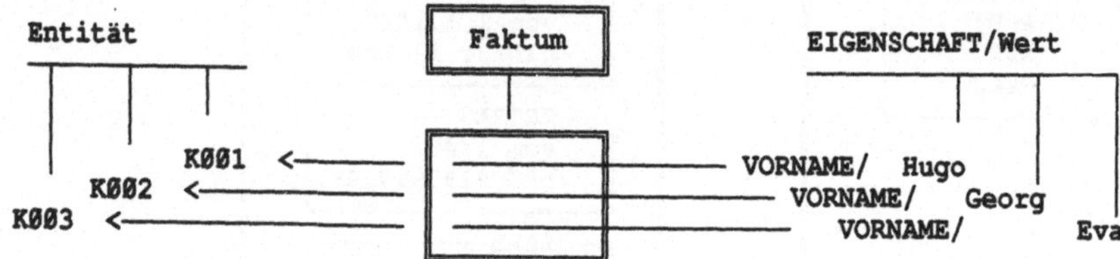

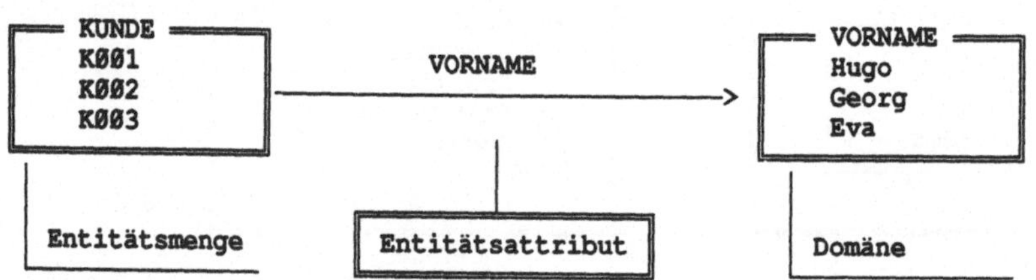

Abbildung 10: Faktum und Entitätsattribut.

Mit der Einführung des Attributsbegriffs wird unser Realitätsmodell erweitert. Das folgende Bild zeigt den Zusammenhang der bis jetzt dargestellten Konstruktionselemente der höheren Abstraktionsebene. Hieraus ist zu erkennen, daß ein Entitätsattribut eine Zuordnung zwischen einer Entitätsmenge und einer Domäne darstellt.

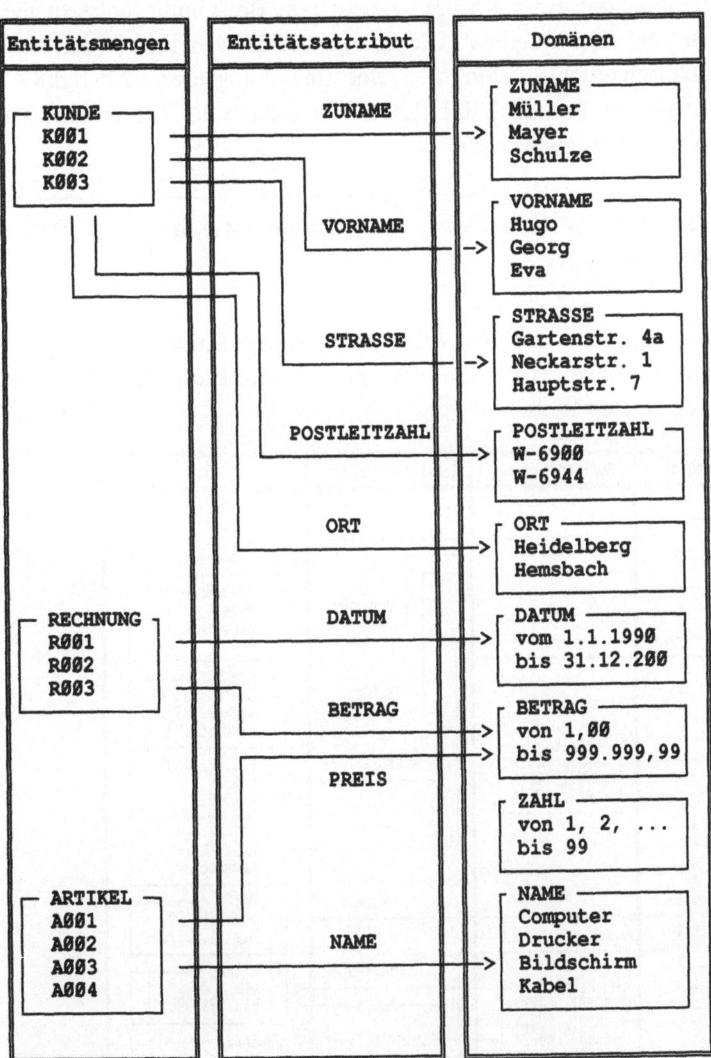

Abbildung 11: Entitätsmengen, Attribute und Domänen.

Beziehungsmenge

Was ist eine Beziehungsmenge?

Tritt eine Kundenentität mit einer Rechnungsentität in Beziehung, entsteht hiermit ein Beziehungselement vom Typ 'erhalten'. Dieser Sachverhalt scheint auf den ersten Blick verhältnismäßig unanschaulich zu sein, weil eine Beziehung etwas Abstraktes ist. Eine Beziehungsmenge mit dem Namen 'ERHALTEN' ist sodann die Zusammenfassung aller einzelnen 'erhalten'-Beziehungselemente.

> **Eine Beziehungsmenge ist eine benannte Zusammenfassung von Beziehungs-elementen des gleichen Typs.**

Das folgende Bild zeigt die vier Konstruktionselemente Entitätsmenge, Beziehungs-menge, Attribut und Domäne. Mit ihnen erstellen wir Modelle über den uns interessie-renden Ausschnitt der realen Welt.

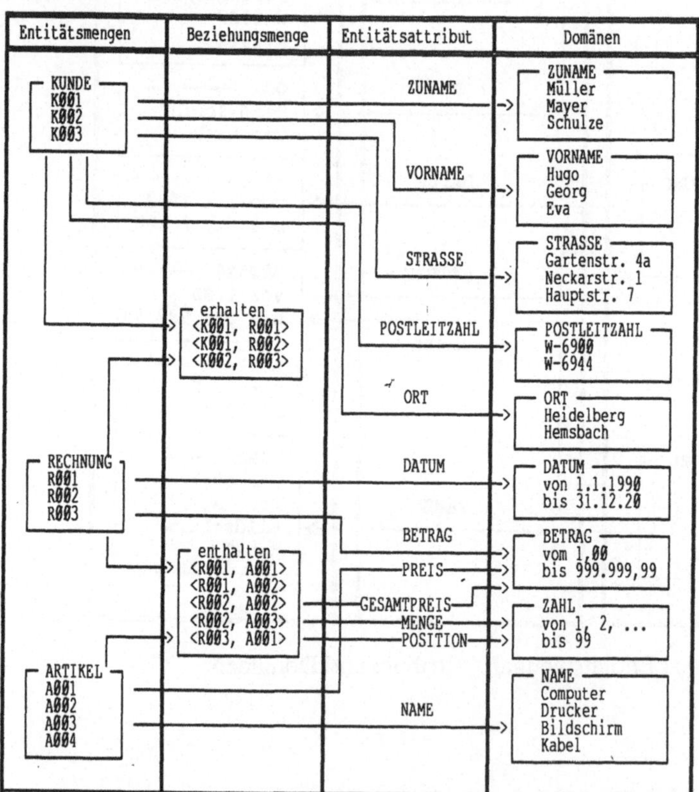

Abbildung 12: Entitätsmengen, Beziehungsmengen, Attribute und Domänen.

Komplexitätsgrad

Was ist ein Komplexitätsgrad?

> **Der Komplexitätsgrad einer Beziehung gibt an, mit wieviel anderen typgleichen Entitäten eine Entität *prinzipiell* im Rahmen der betrachteten Beziehung verbunden sein kann.**

Der Komplexitätsgrad ist somit die Angabe einer *Anzahl*, und zwar eine Anzahl von typgleichen Beziehungen, die eine Entität eingehen kann. Anstelle des Wortes Komplexitätsgrad wird für diesen Sachverhalt auch oft das Wort *Kardinalität* (Mathematik: Grundzahl, z. B.: 0, 1, 2, 3, ...) einer Beziehung verwendet.

Komplexitätsgrade lassen sich für die praktische Datenverarbeitung sinnvoll in *drei Arten* (Klassen) einteilen:
- Einfache Komplexität
- Bedingte Komplexität
- Mehrfache Komplexität.

Schreibweisen für Komplexitätsgrade

Minimal-maximal-Schreibweise:

Bei der Minimal-maximal-Schreibweise (kurz: mini-max-Schreibweise) schreibt man in runden Klammern vor einem Doppelpunkt die *minimale* Anzahl von Beziehungen eines bestimmten Typs, die eine Entität mit Entitäten einer anderen (meistens) Entitätsmenge *grundsätzlich* eingehen kann. Rechts vom Doppelpunkt entsprechend die *maximale* Anzahl an möglichen Beziehungen, z. B.: (1:1) für die einfache Komplexität.

Beachten Sie bitte, daß dieselbe Schreibweise *herkömmlich für einen anderen Sachverhalt* verwendet worden ist, nämlich für die anzahlmäßige Angabe über die *zwei* Richtungen einer Beziehung! Das Anliegen ist hierbei auszudrücken, wieviele Elemente der Menge A mit wievielen Elementen der Menge B in Beziehung stehen. Wenn man dabei sagt, Menge A steht mit Menge B im Verhältnis (1:1) in Beziehung, so drückt man mit der 1 vor dem Doppelpunkt aus, daß ein Element der Menge A mit *einem* Element der Menge B in Beziehung steht. Mit der 1 nach dem Doppelpunkt beschreibt man den gleichen Sachverhalt aus der Sicht der Menge B, nämlich, daß ein Element der Menge B mit *einem* Element der Menge A in Beziehung steht.

Mit der alten Schreibweise konnte man somit nicht die minimale und maximale Anzahl an Beziehungen je Betrachtungsrichtung ausdrücken. Diese Aussage ist jedoch in einem präzisen Modell der Miniwelt sehr wichtig. Wenn man somit derart geschriebene Aussagen über Zusammenhänge antrifft, ist es zunächst immer erforderlich festzustellen, ob die veraltete Bedeutung oder die aktuelle Bedeutung mit dieser Schreibweise ausgedrückt wird.

Symbolische Schreibweise:

Bei der symbolischen Schreibweise drückt man mit Pfeilen denselben Sachverhalt aus. Deshalb wird diese Notation auch die Pfeilnotation genannt. Es werden hierbei, wie anschließend gezeigt wird, unterschiedliche Pfeilspitzenarten verwendet, z. B.: ——> für die einfache Komplexität.

Zeichenschreibweise:

Mit der Zeichenschreibweise wird ebenfalls derselbe Sachverhalt ausgedrückt. Da hierbei die drei Komplexitätsgrade mit den drei Zeichen 1, C und M notiert werden, bezeichnet man die Zeichenschreibweise oft auch als die *1, C, M-Notation*, z. B.: *1* für die einfache Komplexität.

Einfache Komplexität (Einfache Beziehung)

> **Steht jede Entität einer Entitätsmenge mit genau *einer* anderen Entität aus (üblicherweise) einer anderen Entitätsmenge in Beziehung, so liegt die sogenannte einfache Komplexität vor.**

Mit anderen Worten: Zu jeder Entität (Element) der Menge A gibt es *genau eine* Entität (Elemente) in der Menge B.

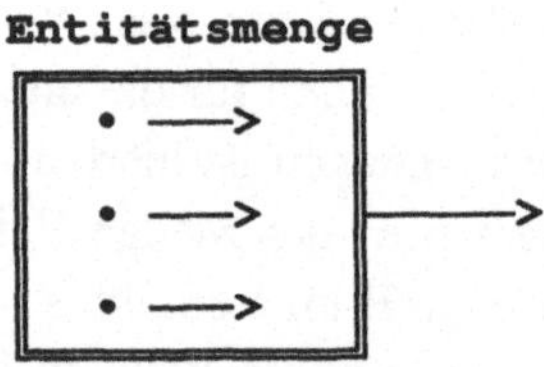

Abbildung 13: Beziehung mit einfacher Komplexität.

Es gibt, wie oben bereits angedeutet, mehrere Schreibweisen (*Notationsformen*), um den Sachverhalt der einfachen Beziehung (Komplexität) schriftlich in Kurzform auszudrücken. Einige verbreitete Notationsformen sind:

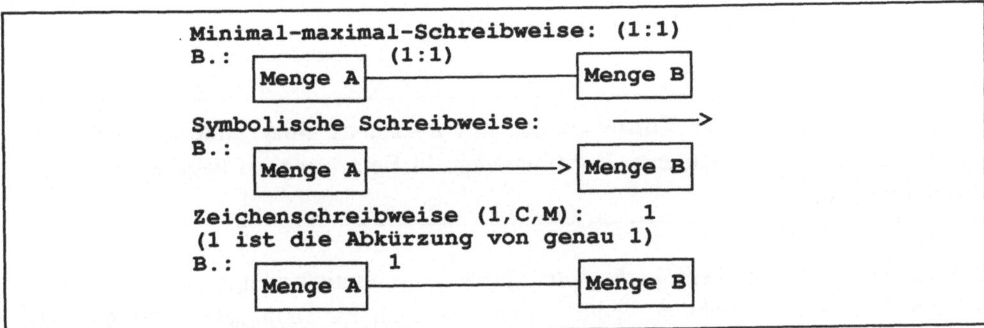

Abbildung 14: Notationsformen für die einfache Komplexität.

Bei der Minimal-maximal-Schreibweise und bei der zeichenweisen Schreibweise steht der Hinweis auf den Komplexitätsgrad der Beziehung an der Menge, *von der die Betrachtung ausgeht*. Somit stehen die Entitätsmenge und der sie betreffende Komplexitätsgrad nahe und gut lesbar beisammen.

Bei der symbolischen Schreibweise (Pfeilnotation) steht die Pfeilspitze, die eine Aussage über den Komplexitätsgrad enthält, vor der Entitätsmenge, auf die die Beziehung *hinzielt*. Die betrachtete Entitätsmenge, von der die Beziehung ausgeht, und der sie betreffende Komplexitätsgrad stehen dadurch verhältnismäßig weit auseinander. Hierdurch wird in manchen Fällen die Lesbarkeit und damit die Verständlichkeit der Darstellung beeinträchtigt.

Bedingte Komplexität (Bedingte Beziehung)

> Steht jede Entität einer Entitätsmenge mit *höchstens* einer anderen Entität in (üblicherweise) einer anderen Entitätsmenge in Beziehung, so liegt die bedingte Beziehung vor.

Mit anderen Worten: Steht *nicht jede* Entität einer Entitätsmenge mit *genau einer* anderen Entität in Beziehung, sondern *kann* es auch Entitäten geben, für die *keine* Beziehungsausprägung der betrachteten Art existiert, so liegt die *bedingte* Beziehung (bedingte Komplexität) vor.

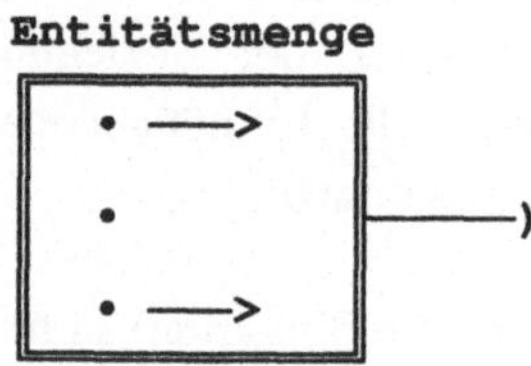

Abbildung 15: Beziehung mit bedingter Komplexität.

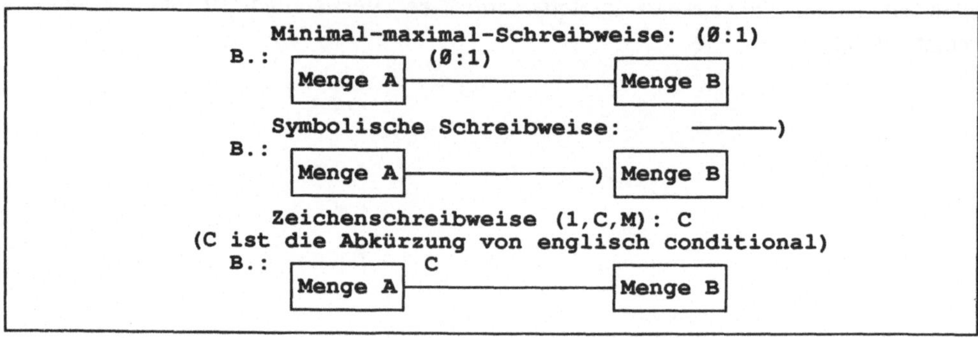

Abbildung 16: Notationsformen für die bedingte Komplexität.

Komplexe Komplexität (Mehrfache Beziehung)

> **Kann *eine* Entität mit *beliebig vielen* anderen Entitäten im Rahmen einer bestimmten Beziehungsart in Beziehung stehen, so liegt die komplexe (mehrfache) Komplexität vor. "Beliebig viele" umfaßt keine, eine oder mehrere Beziehungsausprägungen, die von der betrachteten Entität ausgehen.**

Mit anderen Worten: Eine Entität der Menge A *kann* mit *vielen* Entitäten der Menge B in Beziehung stehen.

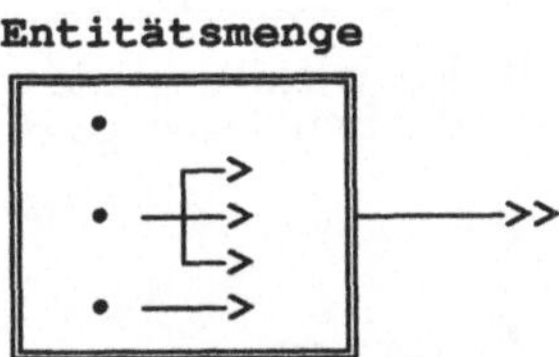

Abbildung 17: Beziehung mit komplexer (mehrfacher) Komplexität.

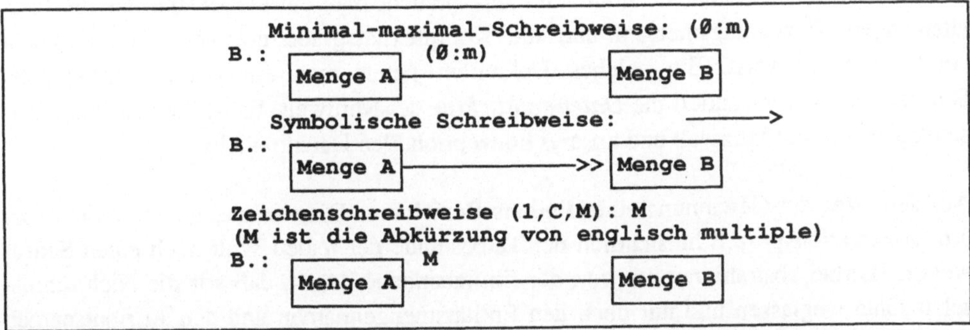

Abbildung 18: Notationsformen für die komplexe (mehrfache) Komplexität.

Zweiseitig gerichtete Beziehungen

Da eine Beziehung immer mindestens 2 Entitäten miteinander verbindet, ist es erforderlich, den Komplexitätsgrad der Beziehung aus der Perspektive einer jeden Entität zu betrachten. Hierbei gelten die drei möglichen Beziehungsgrade, die einfache, bedingte und die komplexe Beziehung *für jede* der beiden Beziehungsrichtungen *separat*. Die sich somit ergebenden 3 mal 3, d. h. die 9 möglichen Kombinationsbeziehungsgrade sind in der folgenden Kombinationstabelle dargestellt.

Komplexität Von B nach A Von A nach B	Einfach (1:1) A <——— B Typ (1)	Bedingt (0:1) A (——— B Typ (C)	Komplex (0:n) A <<——— B Typ (M)
Einfach (1:1) A ———> B Typ (1)	(1:1, 1:1) A <———> B (1,1)	(1:1, 0:1) A (———> B (1,C)	(1:1, 0:n) A <<———> B (1,M)
Bedingt (0:1) A ———) B Typ (C)	(0:1, 1:1) A <———) B (C,1)	(0:1, 0:1) A (———) B (C,C)	(0:1, 0:n) A <<———) B (C,M)
Komplex (0:m) A ———>> B Typ (M)	(0:m, 1:1) A <———>> B (M,1)	(0:m, 0:1) A (———>> B (M,C)	(0:m, 0:n) A <<———>> B (M,M)

Abbildung 19: Kombinationen der Komplexitätsgrade von Beziehungen zwischen den Entitäten der Entitätsmenge A und der Entitätsmenge B in den verschiedenen Notationsformen.

1.2.5 Entitäts-Beziehungs-Diagramm

Damit man für seine Denkprozesse eine Gedächtnisstütze hat, und desweiteren, damit man seine Gedanken anderen mitteilen kann, braucht man ein Dokument, das die Entitätsmengen, Beziehungsmengen und die Komplexitätsgrade übersichtlich und leicht verständlich ausweist. Ein solches Dokument nennt man ein Entitäts-Beziehungs-Diagramm. Es repräsentiert die *Datenarchitektur* der Miniwelt. Es ist der zentrale Übersichtsplan unserer Miniwelt und unseres konzeptionellen Datenmodells.

Auf dem Weg zur Gewinnung eines Entitäts-Beziehungs-Diagrammes gehen wir in unserem Abstraktionsprozeß hinsichtlich der Tatbestände der realen Welt noch einen Schritt weiter. Hierbei abstrahieren wir von der Entitätsmenge derart, daß wir die Nichtschlüsselattribute weglassen und nur noch den Entitätsmengennamen und den Attributsnamen des Entitätsschlüsselattributes als die Repräsentanten der Entitätsmenge verwenden.

Sinnbilder für Entitäts- und Bezeihungsmenge

Mit Hilfe des folgenden Sinnbildes stellen wir sodann den verbliebenen Extrakt einer Entitätsmenge dar.

Name der Entitätsmenge

**Name des
Entitätsschlüsselattributes**

Abbildung 20: Sinnbild für eine Entitätsmenge und deren Entitätsschlüssel.

Als Repräsentant der Beziehungsmenge heben wir nur noch ihren Namen, den Namen des Beziehungsschlüsselattributes und die Angabe der Komplexitätsgrade für die wechselseitige Beziehung zwischen den verbundenen Entitätsmengen hervor.

Komplexitätsgrad von Menge A nach B	Name der Beziehungsmenge	Komplexitätsgrad von Menge B nach A
	Name des Beziehungsschlüssel-attributes	

Abbildung 21: Sinnbild für eine Beziehungsmenge mit Angabe des Beziehungsschlüsselattributes und der Komplexitätsgrade der wechselseitigen Beziehung.

Beziehungsschlüssel

Bisher haben wir noch nicht geklärt, was man unter einem Beziehungsschlüssel verstehen soll. Wie bei jedem Schlüssel, so wird auch ein Beziehungsschlüsselwert dazu verwendet, ein Beziehungsexemplar, d. h. ein Beziehungselement in einer bestimmten Beziehungsmenge eindeutig zu identifizieren. Hierzu könnte man ein künstliches Beziehungsattribut schaffen, beispielsweise eine Beziehungsnummer.

Wenn man sich jedoch vergegenwärtigt, daß ein Beziehungsexemplar eine Verbindung zwischen zwei (im Standardfall) Entitäten unter dem gegebenen Beziehungsaspekt ist, wird klar, daß zu einem Beziehungsexemplar ursächlich die beiden Entitätsschlüssel der in Beziehung getretenen Entitäten gehören, damit im Beziehungsexemplar die Informationen über die miteinander verbundenen Entitäten vorhanden sind. Diese Tatsache ist auch in der Abbildung Nr. 12 auf Seite 20 in den Beziehungsmengen "erhalten" und "enthalten" hervorgehoben worden.

Faßt man die beiden im Beziehungsexemplar enthaltenen *Entitätsschüsselwerte zu einer Einheit* zusammen, so ist der hiermit erhaltene Wert in der Beziehungsmenge einmalig. Durch die Einmaligkeit erfüllt er aber auch die wesentliche Anforderung an einen Schlüssel. Somit erhalten wir auf einfache Art und Weise den Beziehungsschlüssel für eine Beziehungsmenge und müssen nicht ein künstliches Beziehungsschlüsselattribut einführen.

Entitäts-Beziehungs-Diagramm Rechnung

Das Rechnungsbeispiel mit den Entitätsmengen Kunde, Rechnung und Artikel und den Beziehungsmengen "erhalten" und "enthalten" wird nun in einem Entitäts-Beziehungs-Diagramm übersichtlich dargestellt.

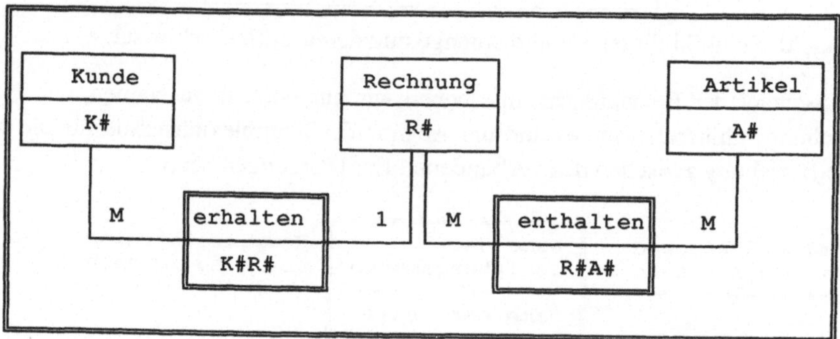

Abbildung 22: Entitäts-Beziehungs-Diagramm des Rechnungsbeispiels.

Im obigen Entitäts-Beziehungs-Diagramm sind die im Rahmen der Miniweltbeobachtung ermittelten Geschäftsregeln, die in Abbildung 3 auf Seite 6 noch in Klartext ausgewiesen sind, nun in übersichtlicher und auf das Wesentliche reduzierter Form dargestellt.

Durch die Angabe der Komplexitätsgrade der jeweiligen Beziehungen kann man aus dem Diagramm ablesen, daß ein Kunde generell viele Rechnungen von uns erhalten kann (Komplexitätsgrad vom Typ mehrfach: M, d. h. beliebig viele, Null eingeschlossen). Am Ausgang der Entitätsmenge Kunde steht der hierfür zuständige Komplexitätsgrad "mehrfach: M" und gilt für die Beziehung mit dem Namen erhalten (erhält) in Richtung der Entitätsmenge Rechnung. Der Diagrammteil kann somit wie folgt gelesen werden: "Ein Kunde kann viele Rechnungen erhalten", oder etwas unsauber gesprochen: "Ein Kunde kann mehrmals erhalten jeweils eine Rechnung".

Betrachtet man das Diagramm aus dem Blickwinkel der Entitätsmenge Rechnung in Richtung auf die Entitätsmenge Kunde, so wird ebenso deutlich, daß eine Rechnung von genau einem Kunden erhalten wird (Komplexitätsgrad vom Typ einfach: 1, d. h. genau einer). Auch dieses Teildiagramm kann in einen einfachen Aussagesatz gekleidet werden, der wie folgt lauten könnte: "Eine Rechnung wird genau von einem Kunden erhalten".

Das Teildiagramm mit den Elementen *Rechnung, enthalten, Artikel* und mit seinen Komplexitätsgraden kann ebenfalls in verständlichen Aussagesätzen formuliert werden. Aus der Sicht von *Rechnung* könnte solch ein Satz folgendermaßen lauten: "Eine Rechnung enthält viele Artikelpositionen". Es fällt hierbei auf, daß der Komplexitätsgrad vom Typ mehrfach (M) hier in eingeschränkter Form verwendet wird. Die Einschränkung besteht darin, daß die Untergrenze nicht Null, sondern Eins sein muß, da es eine Rechnung mit keiner Artikelposition nicht geben kann.

In umgekehrter Richtung kann der Sachverhalt abgelesen werden, daß ein Artikel in vielen Rechnungspositionen berechnet werden kann. Der Komplexitätsgrad "mehrfach (M)" wird hier nicht eingeschränkt verwendet. Seine Untergrenze liegt bei Null. Dies deckt die Anforderung der Miniwelt ab, die darin besteht, daß es auch Artikel geben kann, die noch nicht in einer Rechnungsposition berechnet wurden und somit noch keine Beziehungsausprägung vom Typ "enthalten" aufweisen.

1.2.6 Datenanalyse

Nachdem wir die Architektur unserer Miniwelt "Rechungsschreibung" und hiermit spiegelbildlich auch die Struktur des konzeptionellen Datenmodells dieser Miniwelt in einem Entitäts-Beziehungs-Diagramm dargestellt haben, wollen wir die insgesamt erforderlichen Informationen über die Miniwelt in unsere weiteren Betrachtungen einbeziehen.

Hierzu analysieren wir unsere Rechnungsformulare in Abbildung 2 auf Seite 4 und gewinnen durch diese *Formularanalyse* die noch ausstehenden Entitätsattribute mit Nichtschlüsselcharakter (*Nichtschlüsselattribute*). Die hierbei anfallenden Erkenntnisse haben wir im Rahmen unserer Einführung in das Entitäts-Beziehungs-Modell bereits bei der Erklärung der Begriffe für die einfache und die höhere Abstraktionsebene des ERM vorweggenommen, siehe Abbildung 12 auf Seite 20.

Die Formularanalyse ist somit neben der Realitätsbeobachtung eine wichtige Methode, um die für die Aufgabenlösung erforderlichen Entitätsattribute zu erkennen und sie den jeweiligen Entitäts- und Beziehungsmengen zuzuordnen. Die Zuordnung der Nichtschlüsselattribute zu den Entitätsmengen birgt üblicherweise kaum Probleme in sich, weil die Zugehörigkeit aufgrund der Erfahrung aus der Miniwelt leicht erkennbar ist. Die grundlegende Fragestellung hierzu lautet auf Elementarebene:

• Die betrachtete Eigenschaft gehört zu welcher Entität?

Und auf Mengenebene:

• Das betrachtete Attribut gehört zu welcher Entitätsmenge?

Etwas schwieriger gestaltet sich die Zuordnung der Beziehungsattribute zu den Beziehungsmengen. Kandidaten hierfür sind immer die Attribute, die *nicht zu einer, sondern zu zwei* (im einfachen Fall) Entitätsmengen unter dem Gesichtspunkt einer Beziehung gehören. Um die Zugehörigkeit zu erkennen, lautet hierzu die grundlegende Fragestellung auf der Elementarebene:

- Die betrachtete Eigenschaft gehört zu welchen Entitäten, und dies unter welchem Beziehungsaspekt?

Und auf Mengenebene:

- Das betrachtete Attribut gehört zu welchen Entitätsmengen, und dies unter welchem Beziehungsaspekt?

Bei der Analyse der Rechnungsformulare können wir nun neben den bereits bekannten Schlüsselattributen noch folgende Nichtschlüsselattribute bei den Entitäts- und Beziehungsmengen feststellen:

Kundenattribute:
- Vorname
- Zuname
- Straße und Hausnummer
- Postleitzahl
- Ort
- Kundennummer (bekannt)

Rechnungsattribute:
- Rechnugsnummer (bekannt)
- Rechnungsdatum
- Rechnungsbetrag

Artikelattribute:
- Artikelnummer (bekannt)
- Artikelbezeichnung
- Artikelpreis (Einzelpreis)

Rechnungs-/Artikelattribute (Beziehungsattribute):
- Positionsnummer
- Berechnete Anzahl
- Positionsbetrag (Gesamtpreis)

Die drei Attribute Positionsnummer, berechnete Anzahl und Positionsbetrag gehören weder alleine zur Entitätsmenge Rechnung noch zur Entitätsmenge Artikel, sondern zu beiden unter dem Aspekt der Beziehung "enthalten". Dies kann man leicht erkennen, wenn man auf der Elementarebene, auf der Ebene der einzelnen Entitäten vom Typ Rechnung und Typ Artikel, die Miniwelt betrachtet. Hierbei würde es keinen Sinn ergeben, wenn man beispielsweise die Positionsnummer mit dem Wert 1 auf die Rechnung mit der Rechnungsnummer "R001" schreiben würde, ohne daß es hierfür die zu berechnende Artikelentität mit der Artikelnummer "A001" geben würde, siehe Abbildung Nr. 22 auf Seite 28.

Die gleiche Überlegung gilt für die Eigenschaften Anzahl und Gesamtpreis. Beide sind ohne die zugehörigen Artikelentitäten und Rechnungsentitäten unter dem Aspekt der eingegangenen Beziehung "enthalten" nicht möglich. Eine Anzahlangabe alleine auf einem Rechnungsformular ohne Hinweis auf den hiervon betroffenen Artikel ergibt keinen Sinn. Auch die Angabe eines Gesamtpreises ohne Artikelangabe ist unsinnig. Er ist übrigens dann auch nicht errechenbar, weil der hierfür erforderliche Einzelpreis (Gesamtpreis = Anzahl * Einzelpreis) unbekannt wäre, wenn die zugehörige Artikelentität unbekannt ist, da nur sie den Einzelpreiswert als Eigenschaftswert besitzt. Diese Erkenntnisse sind sinngemäß auf die höhere Abstraktionsebene übertragbar. Somit handelt es sich bei der verallgemeinerten Form der Eigenschaften Anzahl und Gesamtpreis somit ebenfalls um Beziehungsattribute der Beziehungsmenge "enthalten".

> Wenn Sie das folgende Kapitel durchgelesen haben, werden sie in der
> Lage sein, ein stabiles, relationales Datenbankmodell zu erstellen.

2 Relationales Datenbankmodell

Das relationale Datenbankmodell wird oft auch kurz mit *Relationenmodell* bezeichnet.
Im Gegensatz zum Entitäts-Beziehungs-Modell, dessen Zielsetzung es ist, ein
unternehmensweites, globales Datenmodell mit geringem Aufwand zu gewinnen, liegt
die Mächtigkeit des relationalen Datenbankmodells darin, daß mit der ihm zugrunde
liegenden Methode ein *stabiles, lokales Datenbankmodell* erarbeitet werden kann. Die
relationale Methode eignet sich jedoch auch bedingt dafür, größere Modelleinheiten in
die Modellierung einzubeziehen.

Das relationale Datenbankmodell wurde ursprünglich von E. F. *Codd* im Jahre 1970
entwickelt. Es besteht aus wenigen in sich schlüssigen Konzepten, die auf der
Mengenlehre und *Prädikatenlogik* aufbauen.

2.1 Konstruktionselemente

Das relationale Datenbankmodell verwendet Begriffe, deren Bezeichner auch in anderen
Modellierungsmethoden vorkommen, dort aber von Fall zu Fall eine andere Bedeutung
besitzen. Diesem Problem der *Homonyme*, hierunter versteht man, daß ein Wort mehrere
Bedeutungen hat, ist besondere Aufmerksamkeit zu widmen, um Mißverständnisse zu
vermeiden.

Das relationale Datenbankmodell basiert auf folgenden begrifflichen Festlegungen, die
als Konstruktionselemente oder Datenbankkonstrukte bezeichnet werden:

In einer Datenbank werden Eigenschaftswerte von Entitäten und von Beziehungen
gespeichert, d. h. abgebildet.

Eine solche Darstellung der Ausprägung einer einzelnen Eigenschaft bezeichnet man als
einen *Wert*.

Werden mehrere Werte, die eine Entität beschreiben, zu einer Einheit zusammengefaßt,
bezeichnet man diese Einheit als *Tupel*.

> **Ein Tupel ist eine Liste mit einer genau festgelegten Anzahl von Werten.**

Mehrere gleichartige und somit gleichstruktrierte Tupel bilden eine *Relation*.

> **Eine Relation ist eine Menge gleichartiger Tupel. Die Gesamtheit der Tupel werden dem Betrachter in Tabellenform dargeboten. Ein Tupel entspricht bei der tabellenartigen Darstellung einer Tabellenzeile. Eine Tabellenspalte entspricht einem Entitätsattribut.**

Eigenschaften einer Relation

Eine Relation besitzt mehrere Eigenschaften:

- Eine Relation hat einen *eindeutigen Namen*.

- Eine Relation besteht aus *0 bis vielen Tupeln*. Eine Relation kann somit auch leer sein (Fall 0). Die Reihenfolge der Tupel in der Relation ist bedeutungslos, weil ein Tupel aufgrund seiner Werte in der Relation angesprochen wird. Die Position eines Tupels in der Relation ist unwesentlich.

- Eine Relation hat *1 bis viele Attribute*. Die Reihenfolge der Attribute ist bedeutungslos, weil ein Attribut aufgrund seines Namens und nicht aufgrund seiner Position angesprochen wird.

- Ein Attribut enthält *Attributswerte*, die aus einer *Domäne* stammen. Eine Domäne ist die Menge aller zulässigen Werte.

- Innerhalb einer Relation hat jedes Attribut einen eindeutigen *Namen*. Dieser entspricht normalerweise dem Namen der Domäne, aus der die Attributwerte stammen.

- Um auch dann eindeutige Attributnamen zu erhalten, wenn mehrere Attribute einer Relation ihre Werte aus derselben Domäne beziehen, qualifiziert man den Domänennamen mit einem *Rollennamen* und erhält somit den eindeutigen Attributnamen.

- Eine Relation hat genau einen *Schlüssel* (Primärschlüssel). Er ist ein Attribut, möglicherweise auch eine Zusammensetzung von Attributen, dessen Attributwerte die Tupel der Relation eindeutig identifizieren. Ein Schlüsselwert kommt somit nur einmal im Schlüsselattribut vor. Das bedeutet auch, daß ein Tupel nur einmal in einer Relation vorkommen kann, weil es sich mindestens durch seinen Schlüsselwert von den anderen Tupeln der Relation unterscheidet.

Relationsschlüssel

Ein Schlüssel einer Relation ist ein Attribut, mit dessen Werten die Tupel der Relation eindeutig zu identifizieren sind. Unter Umständen läßt sich die eindeutige Identifikation nur mit einem zusammengesetzten Schlüssel erzielen, der aus mehreren Attributen (Teilschlüsseln) besteht.

Es ist möglich, daß mehrere Attribute einer Relation jeweils in der Lage sind, die Identifikationsfunktion zu übernehmen, und somit Relationsschlüssel sein könnten. Sie werden als *Schlüsselkandidaten* bezeichnet, z. B. Personalnummer und Sozialversicherungsnummer bei einer Mitarbeiterrelation. Den Schlüssel unter ihnen, dem die Identifikationsrolle zugeordnet wird, bezeichnet man sodann als *Primärschlüssel*. Die Schlüsselkandidaten, die nicht als Primärschlüssel gewählt wurden, nennt man *Sekundärschlüssel*.

Beim Einfügen (INSERT) eines Tupels in eine Relation muß mindestens dessen Primärschlüsselwert bekannt sein. Die restlichen Attributwerte können durch eine Veränderungsoperation an dem betroffenen Tupel nachgereicht werden. Diesen Sachverhalt bezeichnet man mit *Entitätsintegrität. Integrität* bedeutet Richtigkeit. Mit Entitätsintegrität drückt man den Sachverhalt aus, daß eine Entität in der Datenhaltung korrekt abgebildet ist. Die Minimalanforderung hierfür ist, daß der Entitätsschlüssel, der Repräsentant der Entität, bekannt ist.

Eigenschaften eines Primärschlüssels sind:

- Er ist Schlüsselkandidat (identifiziert).
- Er darf nicht geändert werden.
- Bei einem zusammengesetzten Primärschlüssel ist jeder Teil zur Identifikation des Tupels erforderlich.
- Er bildet die angemessene gedankliche Brücke zur abgebildeten Entität (Entitätsschlüssel) oder Beziehung (Beziehungsschlüssel, d. h. 2 Entitätsschlüssel).
- Er ist immer vorhanden. Das bedeutet, daß mit dem Erscheinen einer Entität in der Miniwelt sie zeitgleich ihren Schlüssel zugeordnet erhält.
- Er ist wirtschaftlich zu handhaben (kurz und einprägsam).

Der Begriff Schlüssel ist in der Informatik mit homonymen (mehrdeutigen) Bedeutungen besetzt. Deshalb ist es sinnvoll, den Terminus Schlüssel mit einem *Rollennamen* zu qualifizieren. Hiermit tritt die Bedeutung des Gemeinten klarer hervor.

Zusätzlich zu den bereits aufgeführten Schlüsselbegriffen wie Schlüsselkandidat und Primärschlüssel, sind folgende Begriffe in der Informatik verbreitet und wichtig:

* Identifikationsschlüssel (Primärschlüssel)
* Zugriffsschlüssel (Suchargument)
* Sekundärschlüssel (Schlüsselkandidat, der nicht zum Primärschlüssel gemacht wurde)
* Sortierschlüssel (Ordnungsbegriff)
* Fremdschlüssel (Ein Fremdschlüssel in einer Relation A ist in einer anderen Relation B Primärschlüssel. Er dient zur Verknüpfung der Tupel beider Relationen.)

2.2 Normalisierung von Relationen

Unter Normalisieren versteht man ein *systematisches Untersuchen* einer Relation mit dem Zweck, eine qualitativ hochwertige Relation zu erhalten. Eine Relation ist dann normalisiert, wenn sie folgende Eigenschaften aufweist:

* **Sie ist redundanzfrei.**
* **Sie weist keine Defekte (Anomalien) bei Speicheroperationen auf (Einfüge-, Veränderungs-, Löschdefekt).**
* **Sie hält einen Realitätsausschnitt einwandfrei und natürlich fest.**

Wie diese Qualitätseigenschaften einer Relation methodisch einwandfrei erarbeitet werden können, geht aus den folgenden Kapiteln hervor.

2.3 Unnormalisierte Relation

Eine Relation ist dann unnormalisiert, wenn am *Kreuzungspunkt* einer Spalte (Attribut) und einer Zeile (Tupel) kein skalarer Wert (nur ein einziger Wert), sondern eine *Wiederholungsgruppe* vorhanden ist, d. h. mehrere Werte stehen können.

Betrachten wir in Abbildung 23 auf Seite 36 wieder unsere Miniwelt in Gestalt der drei Rechnungen, wie wir das auch bereits im Beispiel für das Entitäts-Beziehungs-Modell auf Seite 3 getan haben.

```
Hugo Müller
Gartenstr. 4a

6900  Heidelberg


Rechnungsnummer:   R001 Kundennummer:   K001 Datum: 04.04.91
Rechnungsbetrag:      13.000,00

Pos. Arti-Nr. Bezeichnung      Anzahl E-Preis    G-Preis
  1   A001    Computer            2    5000,00   10000,00
  2   A002    Drucker             3    1000,00    3000,00
```

```
Hugo Müller
Gartenstr. 4a

6900  Heidelberg


Rechnungsnummer:   R002 Kundennummer:   K001 Datum: 05.04.91
Rechnungsbetrag:       2.000,00

Pos. Arti-Nr. Bezeichnung      Anzahl E-Preis    G-Preis
  1   A002    Drucker             1    1000,00    1000,00
  2   A003    Bildschirm          2     500,00    1000,00
```

```
Georg Mayer
Neckarstr. 1

6900  Heidelberg


Rechnungsnummer:   R003 Kundennummer:   K002 Datum: 05.04.91
Rechnungsbetrag:       5.000,00

Pos. Arti-Nr. Bezeichnung      Anzahl E-Preis    G-Preis
  1   A001    Computer            1    5000,00    5000,00
```

Abbildung 23: Beispielrechnungen.

Die Daten der Beispielrechnungen sollen in einer Relation dargestellt werden. Folgende 3 Arbeitsschritte sind hierzu nacheinander durchzuführen:

1. Sammlung aller Attribute.
2. Benennung der Sammlung, d. h. Festlegung des Relationsnamens.
3. Festlegung des Primärschlüssels.

Diese Vorgehensweise bezeichnet man auch als *Formularanalyse*. Auf unser Rechnungsformular angewendet, ergibt sie eine Anzahl Attributnamen und führt zu folgendem *unnormalisierten* Relationstyp (Schema):

Relationsname: Rechnung

```
Rechnungsnummer (Relationsschlüssel)
Datum (Rechnungsdatum)
Betrag (Rechnungsbetrag)
Mahnungsnummer (zusätzlich zur Formularanalyse)
Bezahlstatus (zusätzlich zur Formularanalyse)
Kundennummer
Vorname
Zuname
Straße und Hausnummer
Postleitzahl
Ort
Rechnungsposition (Positionsnummer)
Artikelnummer
Artikelname
Artikelpreis (Einzelpreis)
Anzahl berechnet
Gesamtpreis je Rechnungsposition
```

Tabelle 3: Attribute der Rechnungsrelation.

Um zu einer tabellenförmigen Darstellung der Rechnungsrelation zu kommen, muß man sich die oben aufgeführten Attributsnamen als Spaltenüberschriften der Rechnungstabelle vorstellen (oder aufschreiben) und für jedes Rechnungsexemplar eine Zeile (Tupel) in diese Tabelle mit den Attributwerten der jeweiligen Rechnung einstellen.

Da die Relation Rechnung aus vielen Attributen besteht, die in ihrer üblichen horizontalen Präsentation die Darstellungsmöglichkeiten einer Buchseite dieses Buches sprengen würden, soll die Tabelle (Relationsexemplar) um 90 Grad gekippt werden. Durch diese unübliche Darstellung wird es möglich, das Wesentliche trotz der Beschränkung einer Buchseite aufzuzeigen.

Übliche Darstellung:

RECHNUNG					
RECHNUNGS-NUMMER	DATUM	BETRAG	MAHNUNGS-NUMMER	...	GESAMTPREIS
R001	4.4.91	13.000	0	...	10.000,-- 3.000,--
R002	5.4.91	2.000	0	...	1.000,-- 1.000,--
R003	5.4.91	5.000	0	...	5.000,--

Abbildung 24: Übliche Darstellung einer Relation.

Um 90 Grad gekippte Darstellung

Rechnung			
Rechnungsnummer	R001	R002	R003
Datum	4.4.91	5.4.91	5.4.91
Betrag	13.000,--	2.000,--	5.000,--
Mahnungsnummer	0	0	0
Bezahlstatus	nein	nein	nein
Kundennummer	K001	K001	K003
Vorname	Hugo	Hugo	Georg
Zuname	Müller	Müller	Mayer
Straße	Gartenstr. 4a	Gartenstr. 4a	Neckarstr.1
Postleitzahl	6900	6900	6900
Ort	Heidelberg	Heidelberg	Heidelberg
Rechnungs-position	1 2	1 2	1
Artikelnummer	A001 A002	A002 A003	A001
Artikelname	Computer Drucker	Drucker Kabel	Computer
Artikelpreis	5.000,-- 1.000,--	1.000,-- 500,--	5000,--
Menge berechnet	2 3	1 2	1
Gesamtpreis	10.000,-- 3.000,--	1.000,-- 1.000,--	5.000,--

Abbildung 25: Relation um 90 Grad gekippt.

Hierbei kann man leicht feststellen, daß in den Attributen

> Rechnungsposition
> Artikelnummer
> Artikelname
> Artikelpreis
> Menge
> Gesamtpreis

je Tupel *mehrere Attributwerte* vorkommen können, weil eine Rechnung prinzipiell mehrere Rechnungspositionen (Rechnungszeilen) aufweist.

Kommen an einem Schnittpunkt von Attribut und Tupel prinzipiell mehrere Attributwerte vor, so ist das Attribut kein skalarer, sondern ein zusammengesetzter Datentyp in Form einer *Wiederholungsgruppe*. Zur Identifikation eines speziellen Attributwertes innerhalb der Werte der Wiederholungsgruppe ist der Primärschlüsselwert des Tupels nicht mehr ausreichend. Es ist hierzu ein zusätzlicher Wert in Form eines Indizes erforderlich. Dies erschwert den Zugriff auf einen speziellen Wert und ist dem Benutzer nicht zuzumuten.

Einer unnormalisierten Relationen wohnen einige Nachteile unabänderlich inne:

- Die Wiederholungsgruppenwerte an den Kreuzungspunkten der Zeilen und Spalten sind *für den Benutzer schwierig zu handhaben*. Zusätzlich zum Primärschlüsselwert, mit dem das gewünschte Tupel identifiziert wird, muß der Benutzer noch mit *Indizes* umgehen können, um auf den einzelnen ihn interessierenden Wert der Wiederholungsgruppe zugreifen zu können. Um beispielsweise in der Abbildung 25 auf der Seite 38 den Artikelname "Drucker" in der zweiten Zeile der Rechnung mit der Rechnungsnummer "R001" ansprechen zu können, ist die Rechnungsnummer "R001" und ein Index mit dem Wert = 2 erforderlich.

- Eine unnormalisierte Relation enthält oft *Datenredundanz*. Datenredundanz führt zu nichtintegrer (realitätswidriger) Datenhaltung bei *Veränderungsoperationen* an der Relation (Tabelle). Dieses Problem wird auch mit *Defekt* oder *Anomalie* bezeichnet. In der Rechnungsrelation, Abbildung 25 auf Seite 38, kommt beispielsweise der Artikelname und auch der Artikelpreis mehrfach, d. h. redundant in mehreren Rechnungstupeln vor (hoffentlich, aus der Sicht des Unternehmens!).

Datendefekte treten bei redundanter Datenhaltung immer dann auf, wenn Veränderungsoperationen an einer Relation (Tabelle) vorgenommen werden. Die Datenhaltung in der Relation spiegelt dann nicht mehr die Miniwelt (Realitätsausschnitt) wider, bis alle zueinander redundanten Daten wieder den selben Wert aufweisen.

Um zu erklären, was man unter einem Datendefekt versteht, gehen wir im Rechnungsbeispiel davon aus, daß die Rechnungsrelation in Abbildung 25 auf Seite 38 unsere einzige Datenhaltung ist. Neben ihr gibt es keine weiteren Informationen über unsere Miniwelt, d. h. nur in ihr können wir Daten über die Minwelt festhalten.

Folgende Defekte werden unterschieden:

Einfügungsdefekt:

Solange ein Artikel durch einen fakturierten Verkaufsakt nicht in Erscheinung tritt, kann er in der Datenhaltung auch nicht wiedergegeben werden, obwohl er in der Miniwelt existieren kann. Dort liegt er beispielsweise bereits längere Zeit auf Lager. Mit anderen Worten: Da in die Rechnungsrelation, unserer einzigen Informationsquelle über die Miniwelt, nur Artikel eingetragen werden können, wenn sie durch eine Rechnungsnummer identifiziert werden, können noch nicht verkaufte Artikel in der Rechnungsrelation nicht wiedergegeben werden, was einen groben Verstoß gegen das Gebot der realitätsgerechten Informationswiedergabe darstellt.

Löschdefekt:

Wenn ein Tupel aus der Relation gelöscht wird, verschwinden auch die in ihm aufgeführten Artikelnamen. War ein Artikel nur im Rahmen der gelöschten Rechnung einmalig verkauft worden, verschwindet auch seine Aufzeichnung in der Datenhaltung, obwohl er in der Miniwelt (Lager) sehr wohl noch existieren kann.

Veränderungsdefekt:

Wenn der Name eines Artikels, der in mehreren Rechnungen verkauft wurde, verändert werden muß, müssen mehrere Tupel verändert werden. Da bei der heutigen Datenverarbeitung in der Regel nur eine Änderung zu einem Zeitpunkt bzw. minimalen Zeitraum erfolgen kann, ergibt sich so lange eine *Dateninkonsistenz*, bis alle betroffenen Tupel, in denen der Artikelname aufgeführt ist, aktualisiert sind. Für den Zeitraum der *Inkonsistenz* ist die Datenhaltung nicht integer bzw. falsch. Sie spiegelt nicht die Miniwelt wider, wo die Umbenennung für den Artikel zu einem Zeitpunkt erfolgt ist.

2.4 Die erste Normalform - 1NF

In der unnormalisierten Relation gibt es prinzipiell Wiederholungsgruppen und somit potentiell *Redundanz* mit all ihren oben aufgeführten Folgeproblemen. Deshalb muß eine solche Relation überarbeitet werden mit der Zielsetzung, *Wiederholungsgruppen* zu erkennen und zu entfernen. Dies geschieht dadurch, daß man die Attribute, die Wiederholungsgruppen enthalten, in eine neue Relation ausgliedert und die betrachtete Relation von diesen Attributen somit befreit. Die bereinigte und somit vereinfachte Relation befindet sich sodann in der ersten Normalform (1NF). Der Begriff Normalform

bedeutet somit so viel wie *vereinfachte* bzw. natürlicher gemachte Form der Datenhaltung.

**Eine Relation ist dann in der ersten Normalform (1NF), wenn sie an den
Kreuzungspunkten der Tupel (Zeilen) und der Attribute (Spalten) jederzeit
höchstens einen Wert, d. h. je ein Skalar aufweist.**

Diesen Sachverhalt bezeichnet man auch mit dem Begriff der

funktionalen Abhängigkeit.

Für mathematisch interessierte Leser soll ein kurzer Exkurs in die Mathematik erfolgen.

Die funktionale Abhängigkeit basiert auf dem zentralen Begriff der mathematischen
Funktion. Eine *Funktion* f von einer Menge A auf einer Menge B läßt sich als eine
Teilmenge des Cartesischen Produktes A x B auffassen. In dieser Teilmenge darf jedes
Element aus der Menge A nur einmal als erstes Element in allen geordneten Paaren
auftreten. Dies bedeutet, daß *jedes Element in der Menge A nur mit einem Element in
der Menge B in Beziehung steht.*

Eine Funktion f von A nach B wird formal wie folgt dargestellt:

$$f: A \longrightarrow B$$

Dieser Ausdruck wird folgendermaßen gelesen:

"f ist eine Funktion von A nach B."

Die Menge A nennt man die Domäne (Definitionsmenge) und die Menge B die Co-
Domäne (Wertemenge) der Funktion.

Beispiel:

Gegeben seien die Mengen:

Domäne: RECHNUNGSNUMMER = {"R001", "R002", "R003"}

Co-Domäne: WERTE   = {wahr, falsch}

Dann kann folgende Funktion gelten:

$$BEZAHLT: RECHNUNGSNUMMER \longrightarrow WERTE$$

BEZAHLT stellt eine mögliche Funktion von RECHNUNGSNUMMER nach WERTE dar. Dies bedeutet, daß jedes Element in RECHNUNGSNUMMER *genau mit einem Element* in WERTE unter dem Aspekt der Funktion BEZAHLT in Beziehung steht. Dieses Element in WERTE stellt den Bezahltstatus einer Rechnung dar (offene Rechnung oder beglichene Rechnung).

Die Funktion BEZAHLT kann auf der Exemplarebene als eine Menge geordneter Wertepaare dargestellt werden.

```
BEZAHLT = { <"R001", falsch>,
            <"R002", falsch>,
            <"R003", falsch> }
```

In der Datenbanktechnik ist folgende tabellarische Darstellung öfter anzutreffen:

```
BEZAHLT (RECHNUNGSNUMMER, WERTE)


         "R001"          falsch
         "R002"          falsch
         "R003"          falsch
```

Zusammenfassung:

- Mit dem Begriff "funktionale Abhängigkeit" wird ausgedrückt, daß ein Element aus der Domäne mit genau einem Element aus der Co-Domäne unter dem Aspekt der Funktion in Beziehung steht.

- Das Element aus der Domäne *bestimmt* das Element aus der Co-Domäne.

- Das Element aus der Co-Domäne wird von dem Element aus der Domäne durch die Funktion bestimmt, es ist von diesem *funktional abhängig*.

- Auf Datenbanken bezogen kann man auch sagen: Das Element aus der Co-Domäne wird von dem Element aus der Domäne identifiziert, indem es einer Entität zugeordnet wird.

Algorithmus für die erste Normalform

Den Normalisierungsprozeß kann man in einem Algorithmus beschreiben. Hierbei gehen wir von einer unnormalisierten Relation aus und leiten hieraus eine Relation in der ersten Normalform (1NF) ab.

Kennzeichne die Attribute der unnormalisierten Ausgangsrelation, die je zusammengehörige Wiederholungsgruppen repräsentieren.
Entferne die gekennzeichneten Wiederholungsgruppen aus der Ausgangsrelation.
Erstelle je eine neue Relation aus den ausgelagerten Wiederholungsgruppen und dem Schlüssel der Ausgangsrelation.
Bestimme den Schlüssel der neuen Relation(en).
Benenne die neue Relation(en).

Abbildung 26: Algorithmus zur Erlangung der ersten Normalform (1NF).

Wie man sieht, wird beim Normalisierungsvorgang die unnormalisierte Relation *zerlegt*. Hierbei entstehen mindestens zwei Relationen, und zwar die sodann in der ersten Normalform (1NF) sich befindliche, bereinigte Ausgangsrelation und die abgetrennte Relation bzw. mehrere hiervon, falls Wiederholungsgruppen unterschiedlicher Zugehörigkeit entfernt wurden.

Die Wirkung des Algorithmus in Abbildung 26, auf das Rechnungsbeispiel angewendet, ist aus den folgenden Relationen ersichtlich. In die unnormalisierte Ausgangsrelation in Abbildung 27 sind lediglich die Daten des Rechnungsexemplars mit der Rechnungsnummer "R001" aufgenommen worden. Aus ihrer Wiedergabe ist es jedoch bereits möglich, die Wiederholungsgruppen leicht zu erkennen dadurch, daß an den Kreuzungspunkten der Attribute und des Tupels mehr als ein Attributwert dargestellt ist.

Ausgangsrelation:

Kennzeichen	Rechnung (unnormalisiert)	
	Rechnungsnummer	RØØ1
	Datum	4.4.91
	Betrag	13.ØØØ,--
	Mahnungsnummer	Ø
	Bezahlstatus	nein
	Kundennummer	KØØ1
	Vorname	Hugo
	Zuname	Müller
	Straße	Gartenstr. 4a
	Postleitzahl	69ØØ
	Ort	Heidelberg
1	Rechnungs- position	1 2
1	Artikelnummer	AØØ1 AØØ2
1	Artikelname	Computer Drucker
1	Artikelpreis	5.ØØØ,-- 1.ØØØ,--
1	Menge berechnet	2 3
1	Gesamtpreis	1Ø.ØØØ,-- 3.ØØØ,--

Abbildung 27: Die zusammengehörigen Wiederholungsgruppen sind mit einer 1 gekennzeichnet.

Nachdem aus der unnormalisierten Relation die Wiederholungsgruppen abgespaltet worden sind, bleibt eine Rechnungsrelation ohne Wiederholungsgruppen übrig. Enthält eine Relation keine Wiederholungsgruppen, befindet sie sich in der ersten Normalform (1NF).

Von der Wiederholungsgruppe bereinigte Relation:

Kennzeichen	**Rechnung** (1NF)	
	Rechnungsnummer	RØØ1
	Datum	4.4.91
	Betrag	13.ØØØ,--
	Mahnungsnummer	Ø
	Bezahlstatus	nein
	Kundennummer	KØØ1
	Vorname	Hugo
	Zuname	Müller
	Straße	Gartenstr. 4a
	Postleitzahl	69ØØ
	Ort	Heidelberg

Abbildung 28: Rechnungsrelation in 1NF.

Die abgetrennte Relation mit den Wiederholungsgruppen erhält zunächst den Namen "Enthalten-Artikel", weil sie Beziehungsattribute der Beziehungsmenge "enthalten" und Entitätsattribute der Entitätsmenge "Artikel" aufweist.

Abgespaltete Relation:

Relationsname: Enthalten-Artikel unnormalisiert

Kennzeichen	Enthalten-Artikel	
	Rechnungsnummer	RØØ1
	Rechnungs-position	1 2
	Artikelnummer	AØØ1 AØØ2
	Artikelname	Computer Drucker
	Artikelpreis	5.ØØØ,-- 1.ØØØ,--
	Menge berechnet	2 3
	Gesamtpreis	1Ø.ØØØ,-- 3.ØØØ,--

Abbildung 29: Abgespaltete Relation, unnormalisiert.

Wie man sieht, stehen an den Kreuzungen der Attribute und des Tupels noch Wiederholungsgruppen, so daß diese Relation noch unnormalisiert ist. Die Wiederholungsgruppen können wir jedoch auflösen, wenn wir zum mitkopierten Schlüssel Rechnungsnummer im Rahmen der Schlüsselbildung einen weiteren Schlüssel, die Artikelnummer, hinzunehmen. Der somit nun *zusammengesetzte Schlüssel Rechnungsnummer, Artikelnummer*

erfüllt die grundsätzliche Anforderung an einen Schlüssel, nämlich die Identifikationsfunktion. Die zusammengesetzten Schlüsselwerte aus Rechnungsnummer und
Artikelnummer sind einmalig, wie aus der folgenden Abbildung 30 ersichtlich ist.

Zusätzlich zu den Daten aus der Rechnung "R001" enthält die folgende Relation auch
noch die Daten aus den beiden anderen Rechnungen "R002" und "R003". Da der Platz
auf einer Buchseite nun wieder ausreicht, ist die Relation wie üblich dargestellt, d. h. die
Attribute bilden die Spalten und die Tupel die Zeilen.

Enthalten-Artikel (1NF)						
Rechnungsnummer						
	Artikelnummer					
		Rechnungsposition				
			Artikelname			
				Artikelpreis		
					Menge	berechnet
						Gesamtpreis
R001	**A001**	1	Computer	5.000,-	2	10.000,--
R001	**A002**	2	Drucker	1.000,-	3	3.000,--
R002	**A002**	1	Drucker	1.000,-	1	1.000,--
R002	**A003**	2	Kabel	500,-	2	1.000,--
R003	**A001**	1	Computer	5.000,-	1	5.000,--

Abbildung 30: Relation in erster Normalform.

In der obigen Tabelle ist der zusammengesetzte Schlüssel verwendet worden. Hierdurch
konnten die Wiederholungsgruppen aufgelöst werden. Weil die Relation nun keine
Wiederholungsgruppen mehr enthält, befindet auch sie sich in der ersten Normalform.

2.5 Die zweite Normalform - 2NF

Eine Relation in der ersten Normalform ist immer noch für Defekte anfällig , da sie noch
Redundanz aufweisen kann. Beispielsweise kommen in der Relation "enthalten-Artikel-
1NF" in Abbildung 30 die Attributwerte in der Spalte Artikelname- und Artikelpreis
mehrfach vor, wenn in mehreren Rechnungen derselbe Artikel berechnet wird und damit
in mehreren Zeilen derselbe Artikelname, z. B. Computer, und Artikelpreis, z. B. 5.000,--
DM auftritt.

Der Grund hierfür ist, daß diese beiden Attribute nicht nur vom zusammengesetzten
Schlüssel Rechnungsnummer und Artikelnummer funktional abhängig sind, sondern
bereits von einem Teil hiervon, nämlich dem *Teilschlüssel* Artikelnummer.

> **Eine Relation befindet sich in der zweiten Normalform (2NF), wenn alle Nichtschlüsselattribute vom gesamten Schlüsselattribut abhängig sind.**

Sind Nichtschlüsselattribute vorhanden, die bereits von einem Teil des zusammengesetzten Schlüssels bestimmt werden, müssen diese in eine neue Relation ausgelagert werden.

Der erforderliche Zerlegungsprozeß kann durch folgenden Algorithmus gesteuert werden:

> **Kennzeichne den Teilschlüssel und die bereits von ihm abhängigen Nichtschlüsselattribute in der Ausgangsrelation.**
>
> **Entferne die gekennzeichneten Nichtschlüsselattribute aus der Ausgangsrelation. Der gekennzeichnete Teilschlüssel ist lediglich zu kopieren.**
>
> **Bilde eine neue Relation aus den entfernten Nichtschlüsselattributen und dem kopierten Schlüsselattribut und gib ihr einen Namen.**
>
> **Der Schlüssel der neuen Relation ist der gekennzeichnete Teilschlüssel.**

Abbildung 31: Algorithmus zur Erlangung der zweiten Normalform (2NF).

Den Algorithmus, auf die Relation Enthalten-Artikel (1NF) angewendet, ergibt folgendes:

Ausgangsrelation:

```
            Enthalten-Artikel (1NF)

Rechnungsnummer
      Artikelnummer
            Rechnungsposition
            Artikelname
                  Artikelpreis
                        Menge berechnet
                        Gesamtpreis
            1           1     1                          KZ
R001  A001  1   Computer   5.000,-   2   10.000,--
R001  A002  2   Drucker    1.000,-   3    3.000,--
R002  A002  1   Drucker    1.000,-   1    1.000,--
R002  A003  2   Kabel        500,-   2    1.000,--
R003  A001  1   Computer   5.000,-   1    5.000,--
```

Abbildung 32: Die Attribute sind mit einem Kennzeichen (1) markiert, die bereits vom Teilschlüssel Artikelnummer abhängig sind.

Die um die Artikelattribute bereinigte Enthalten-Artikel-Relation wird umbenannt und erhält den sinnvollen Namen Enthalten.

Ergebnisrelation:

Relationsname: Enthalten-Artikel (2NF)
wird zu: Enthalten (durch Umbenennung)

Enthalten (2NF)				
Rechnungsnummer				
	Artikelnummer			
		Rechnungsposition		
			Menge berechnet	
				Gesamtpreis
R001	**A001**	1	2	10.000,--
R001	**A002**	2	3	3.000,--
R002	**A002**	1	1	1.000,--
R002	**A003**	2	2	1.000,--
R003	**A001**	1	1	5.000,--

Abbildung 33: Enthalten (2NF).

Die ausgelagerten Attribute werden in der neuen Relation mit dem Namen Artikel zusammengefaßt. Da in einer Relation keine Tupel mehrfach vorkommen können, schrumpfen die in der Ausgangsrelation noch mehrfach (redundant) vorhandenen Attributwerte zu einer nichtredundanten Repräsentation in der neuen Relation zusammen.

Ergebnisrelation:
Relationsname: Artikel (2NF)

Artikel		
Artikelnummer	Artikelname	Artikelpreis
A001	Computer	5.000,--
A002	Drucker	1.000,--
A003	Kabel	500,--

Abbildung 34: Artikelrelation.

Eine Relation in der zweiten Normalform (2NF) kann somit wie folgt gekennzeichnet werden:

Eine Relation befindet sich in der zweiten Normalform, wenn sie in der ersten Normalform ist und jedes Nichtschlüsselattribut vom gesamten Schlüsselattribut abhängig ist, nicht aber bereits von Schüsselteilen.

Hieraus folgt auch, daß eine Relation mit einem nicht zusammengesetzten, also einem skalaren Schlüsselattribut, die zweite Normalform nicht verletzen kann.

2.6 Die dritte Normalform - 3NF

Auch wenn eine Relation sich in der zweiten Normalform befindet, ist sie vor Defekten noch nicht gefeit. Die folgende bereits bekannte Relation Rechnung ist in der zweiten Normalform, weil sie keine Wiederholungsgruppen enthält und ihr Schlüssel skalar, d. h. nicht zusammengesetzt ist.

Die von Wiederholungsgruppen bereinigte Rechnungsrelation, die auch keine Teilschlüsselabhängigkeiten aufweist:

Kennzeichen	Rechnung (2NF)		
	Rechnungsnummer	R001	R002
	Datum	4.4.91	5.4.91
	Betrag	13.000,--	2.000,--
	Mahnungsnummer	0	0
	Bezahlstatus	nein	nein
1	Kundennummer	K001	K001
1	Vorname	Hugo	Hugo
1	Zuname	Müller	Müller
1	Straße	Gartenstr. 4a	Gartenstr. 4
1	Postleitzahl	6900	6900
1	Ort	Heidelberg	Heidelberg

Abbildung 35: Rechnung in der zweiten Normalform.

Erhält ein bestimmter Kunde mehrere Rechnungen, so müssen in die obige Relation mehrere Rechnungstupel mit redundanten Kundendaten eingebracht werden. Die hierdurch entstehende *Redundanz* hat nun wieder die bekannten *Defekte* bei Veränderungen an der Relation zur Folge.

Einfügedefekt: Erst mit dem Erhalt einer Rechnung erscheint ein Kunde in unserer Datenhaltung, obwohl er möglicherweise seit längerer Zeit von uns umworben wird und somit als Kunde in unserer Miniwelt vorhanden ist.

Veränderungsdefekt: Ändert sich ein Nichtschlüsselattribut in der Miniwelt eines redundant erfaßten Kunden (obiges Beispiel), so müssen alle Tupel, in denen dieser Kunde abgebildet ist, aktualisiert werden. Da bei der heutigen Computertechnik die Aktualisierung nicht parallel und somit zeitgleich, sondern seriell und somit zeitversetzt erfolgen muß, gibt es unumgänglich einen Zeitraum, während dessen wir unterschiedliche, *inkonsistente* Daten über unseren Kunden in unserer Relation führen. Fragt man in diesem kritischen Zeitraum die Relation nach dem betroffenen Kunden ab, kann eine veraltete und damit falsche, nicht *integre* Auskunft vom System erfolgen.

Löschdefekt: Hat ein Kunde nur eine Rechnung von uns bisher erhalten und ist er hiermit in unserer Datenhaltung nur einmal repräsentant geworden, so führt ein Löschen dieses Rechnungstupels zum Verlust der Informationen über diesen Kunden aus unserer Datenhaltung, obwohl er in unserer Miniwelt durchaus noch vorhanden ist.

Der Grund für diese Probleme liegt darin, daß die Kundenattribute in erster Hinsicht vom Nichtschlüsselattribut Kundennummer funktional abhängig sind und erst in zweiter Hinsicht vom Schlüsselattribut Rechnungsnummer.

In einem solchen Falle liegt eine *transitive Abhängigkeit* vor, z. B.:

$$\text{Rechnungsnummer} \longrightarrow \text{Kundennummer} \longrightarrow \text{Zuname}$$

Die defektanfällige Relation muß deshalb wiederum zerlegt werden, indem die Kundendaten aus der obigen Ausgangsrelation ausgegliedert werden. Das Nichtschlüsselattribut Kundennummer verbleibt als Kopie in der bereinigten Rechnungsrelation und übernimmt hier die Rolle eines *Fremdschlüssels*.

Ein Fremdschlüssel in einer betrachteten Relation ist ein Attribut, das in einer anderen Relation Primärschlüssel ist. Im Beispiel ist das Attribut Kundennummer in der Rechnungsrelation ein Fremdschlüssel und in der durch die Zerlegung entstandenen Kundenrelation der Primärschlüssel.

Der Zerlegungsprozeß kann durch folgenden Algorithmus gesteuert werden:

Kennzeichne das Nichtschlüsselattribut und die von ihm funktional abhängigen Nichtschlüsselattribute.
Entferne die markierten Attribute aus der Ausgangsrelation.
Erstelle eine neue Relation aus den entfernten Attributen und gib ihr einen Namen.
Kennzeichne das Attribut, von dem die anderen Attribute funktional abhänig sind, als Schlüssel der neuen Relation.
Trage das Schlüsselattribut der neuen Relation als Fremdschlüssel in die bereinigte Ausgangsrelation ein.

Abbildung 36: Algorithmus zur Erlangung der dritten Normalform (3NF).

Die bereinigte Ausgangsrelation mit Fremdschlüssel Kundennummer:

Kennzeichen	Rechnung (3NF)		
	Rechnungsnummer	RØØ1	RØØ2
	Datum	4.4.91	5.4.91
	Betrag	13.ØØØ,--	2.ØØØ,--
	Mahnungsnummer	Ø	Ø
	Bezahlstatus	nein	nein
	Kundennummer	KØØ1	KØØ1

Abbildung 37: Rechnungsrelation in 3NF Normalform.

Wendet man den obigen Algorithmus auf die vorstehende Ausgangsrelation Rechnung mit ihren transitiven Abhängigkeiten an, so wird diese bereinigt und es entsteht die neue Relation Kunde. Beide Relationen sind sodann in der dritten Normalform, weil sie keine Wiederholungsgruppen enthalten, keine Teilschlüsselabhängigkeiten und keine transitiven Abhängigkeiten aufweisen.

Die abgespaltete neue Relation:

Kunde					
Kunden-nummer	Vorname	Zuname	Straße	PLZ	Ort
K001	Hugo	Müller	Gartenstr.4a	6900	Heidelberg
K002	Georg	Mayer	Neckarstr.1	6900	Heidelberg

Abbildung 38: Kundenrelation in dritter Normalform.

Zusammenfassend kann somit festgestellt werden:

Eine Relation ist in der dritten Normalform (3NF), wenn sie in der zweiten Normalform ist und keine transitiven Abhängigkeiten aufweist.

2.7 Weitere Normalformen

Die Datenbankforschung hat auch bei Relationen in der dritten Normalform noch Konstellationen aufgedeckt, die zu Defekten führen können. Diese Normalformen mit den Bezeichnungen Boyce-Codd-Normalform (BCNF), vierte Normalform (4NF), fünfte Normalform (5NF), usw. sind jedoch für die Datenbankpraxis kaum von Bedeutung. Informationen hierüber finden Sie in der weiterführenden Literatur, z. B. in [Vet90].

> Wenn Sie das folgende Kapitel durchgelesen haben, werden Sie in der
> Lage sein, aus dem Entitäts-Beziehungs-Diagramm heraus das Modell
> der zugehörigen relationalen Datenbank abzuleiten.

3 Vom ERM zur relationalen Datenbank

Die beiden vorgestellten Methoden zur Entwicklung des Modells einer Datenbank, das
Entitäts-Beziehungs-Modell (ERM) und das relationale Datenbankmodell, zeichnen sich
jeweils durch wichtige Eigenschaften aus, die es sinnvoll erscheinen lassen, beide
Entwicklungsmethoden zu vereinigen.

Der Vorzug des Entitäts-Beziehungs-Modells (ERM) liegt darin, daß nach dem Prinzip
vom *Groben zum Feinen* (top down) in übersichtlicher und dem Denken angemessenen
Art mit wenig Aufwand ein stabiles konzeptionelles Datenbankmodell entwickelt werden
kann. Die Stärke dieser Methode liegt somit darin, uns beim Entwurf eines globalen,
unternehmensweiten Datenbankmodells gedanklich zu führen. Dadurch können wir mit
wenig Aufwand zuverlässig die wesentlichen Modellelemente eines globalen
Datenbankmodells finden und einander zuordnen.

Die Methode des relationalen Datenbankmodells entfaltet ihre Mächtigkeit, wenn wir die
im Entitäts-Beziehungs-Diagramm dargestellten Relationen auf ihre Resistenz gegenüber
Datendefekten überprüfen. Für diese *Qualitätssicherungsarbeit* gibt sie uns wis-
senschaftlich und praktisch abgesicherte Leitsätze an die Hand, die es uns gestatten, ein
einwandfreies Arbeitsergebnis zu erzielen.

Verwendet man die Methode des relationalen Datenbankmodells alleine, um in zunächst
unnormalisierte, universelle Relationen Ordnung zu bringen, kommt man ebenfalls zum
gleichen Ergebnis, das man mit der Kombination beider Methoden findet, jedoch mit
einem größeren Arbeitsaufwand. Durch die Konzentration der Aufmerksamkeit bei der
Anwendung des relationalen Datenbankmodells auf die *Mikrostruktur* der Datenbank
bleiben die globalen und sehr bedeutsamen Zusammenhänge der Miniwelt und somit
deren datenbanktechnischen Abbildung zu wenig bedacht.

> **Verbindet man beide Datenbankentwurfsmethoden zu einer sinnvollen Strategie,
> so kann man die Vorteile beider Ansätze nutzen und erhält bei der praktischen
> Arbeit in kurzer Zeit ein stabiles, globales Datenbankmodell der Miniwelt.**

3.1 Strategie Schritt für Schritt

Schritt 1

> **Leiten Sie aus den Geschäftsregeln der Miniwelt unter Beachtung der Leitsätze des ERM das Entitäts-Beziehungs-Diagramm ab.**

Hiermit erhalten Sie gleichzeitig ihre *Datenarchitektur* und somit das Gerüst Ihres konzeptionellen Datenmodells.

Schritt 2

> **Analysieren Sie die gefundenen Entitäts- und Beziehungsmengen unter den Gesichtspunkten des zu erstellenden Anwendungssystems, und halten Sie für jede Menge die zugehörigen Attribute fest.**

Hiermit erhalten Sie ein komplettes konzeptionelles Datenmodell, die *Datenanalyse*.

Schritt 3

> **Überführen Sie jede Entitätsmenge in eine Entitätsrelation.**

Vergewissern Sie sich hierbei, daß jedes Entitätsattribut skalar ist, d. h. keine Wiederholungsgruppe darstellt. Ist ein betrachtetes Attribut eine Wiederholungsgruppe, muß dieses Attribut in eine weitere Entitätsrelation ausgegliedert werden, damit die Forderung nach der ersten Normalform (1NF) bei der betrachteten Relation erfüllt ist. Die hierbei neu gebildete Entitätsrelation ist von der ursprünglichen existentiell abhängig. Der Primärschlüssel der neuen Relation ergibt sich nach den Zerlegungsregeln zur Erlangung der ersten Normalform, wie sie in Abbildung 26 auf Seite 43 dargestellt sind.

Die ursprüngliche Entitätsmenge bezeichnet man als eine *Kernentitätsmenge* und die abgespaltene als eine *abhängige (schwache) Entitätsmenge*. Damit das Entitäts-Beziehungs-Diagramm auch diese Abspaltung zum Ausdruck bringt, sollte es durch die Aufnahme der abhängigen Entitätsmenge und der Einführung der verbindenden Beziehungsmenge, die die abgespaltete mit der Ausgangsentitätsmenge verbindet, aktualisiert werden.

Schritt 4

> **Überführen Sie die Beziehungsmengen in Relationen.**

Dieser Arbeitsschritt soll im folgenden Abschnitt genauer erläutert werden.

3.2 Beziehungsmenge und Beziehungsrelation

Rufen wir uns ins Gedächtnis zurück, was eine Beziehungsmenge ist: Sie ist die Zusammenfassung der Beziehungselemente derselben Art, wobei ein Beziehungselement eine Zuordnung von zwei (in manchen Fällen auch mehreren) Entitäten unter dem gegenwärtigen Beziehungsaspekt darstellt.

Ein Beziehungselement wird durch einen *Beziehungsschlüsselwert* identifiziert. Diesen kann man leicht bilden, indem man die beiden Entitätsschlüsselwerte der in Beziehung stehenden Entitäten zu einem zusammengesetzten Schlüssel verbindet. Außer dem Beziehungsschlüsselwert kann ein Beziehungselement auch noch Werte von Beziehungsattributen mit Nichtschlüsselcharakter umfassen. Diesen Sachverhalt können Sie in der Abbildung 39 auf Seite 55 erkennen.

In dieser Abbildung sind auch die beiden Beziehungsmengen "erhalten" und "enthalten" mit ihren jeweiligen Beziehungselementen aufgeführt. Die Beziehungselemente bestehen dort, in Spitzklammern eingeschlossen, aus den Entitätsschlüsselwerten der in Beziehung stehenden Entitäten, z. B. <R001, K001> in der Beziehungsmenge "erhalten" und <R001, A001> in der Beziehungsmenge "enthalten".

Da die Beziehungsmenge "erhalten" kein Beziehungsattribut aufweist, ist das Beziehungselement <R001, K001> vollständig und bedeutet in Klartext: "Die Rechnungsentität mit dem Entitätsschlüssel R001 steht in Beziehung mit der Kundenentität mit dem Entitätsschlüssel K001 unter dem Aspekt "erhalten", oder anders ausgedrückt: "Die Rechnung R001 wird erhalten von Kunde K001". Und in entgegengesetzter Leserichtung gelesen: "Kunde K001 erhält Rechnung R001".

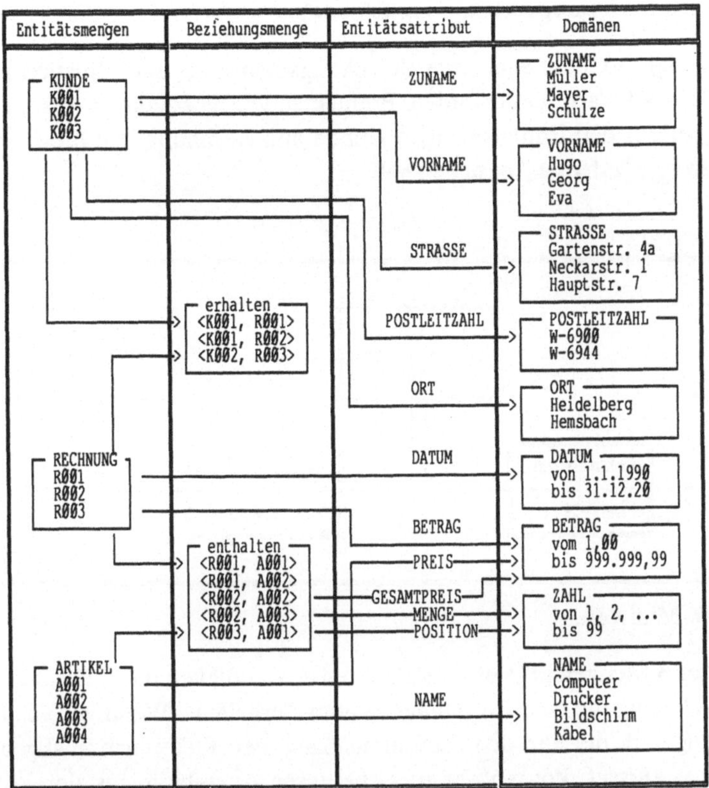

Abbildung 39: Entitätsschlüsselwerte und Beziehungsschlüsselwerte.

Die Beziehungsmenge "enthalten" weist außer dem Beziehungsschlüssel noch die Beziehungsattribute

"Position", "Menge" und "Gesamtpreis"

auf. Das erste Beziehungselement

<R001, A001, 1, 2, 10.000>

kann deshalb folgendermaßen gelesen werden:
- "In der Rechnung mit der Rechnungsnummer R001 ist die Berechnung von Artikel mit der Nummer A001 an der Position 1 in der Menge 2 zum Gesamtpreis von 10.000,-- DM enthalten".

Und in entgegengesetzter Richtung gelesen:
- "Der Artikel mit der Artikelnummer A001 ist enthalten in der Rechnung mit der Rechnungsnummer R001 an der Position 1 in der Menge 2 zum Gesamtpreis von 10.000,--".

Beziehungsmenge als Beziehungsrelation implementiert

Wie eine Entitätsmenge, so kann auch eine Beziehungsmenge als eine Relation im relationalen Datenbankmodell dargestellt werden. Betrachten wir hierzu einen Ausschnitt aus unserer Miniwelt, der aus den Entitätsmengen Kunde und Rechnung und die sie verbindende Beziehungsmenge "erhalten" bestehen soll.

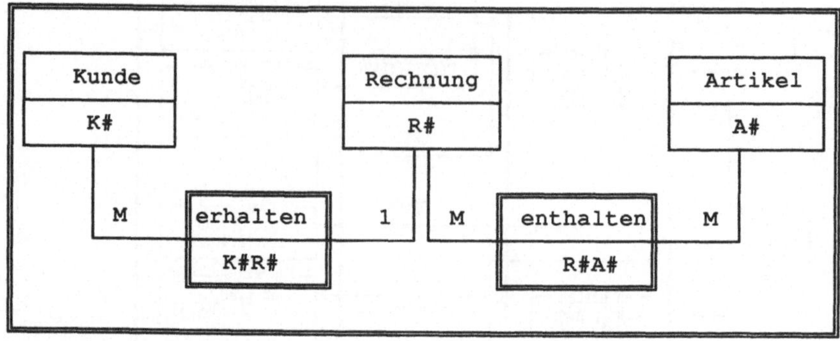

Abbildung 40: Miniwelt.

Stellt man jede dieser 3 Mengen in je einer Relation dar, so erhalten wir 2 Entitätsrelationen: Kunde und Rechnung und eine Beziehungsrelation "erhalten". Wenn wir uns bei der weiteren Betrachtung auf die für den Zusammenhang der Relationen maßgeblichen Informationen, die *Schlüssel*, konzentrieren, sieht unser Ausschnitt aus der Miniwelt Rechnungsschreibung wie folgt aus.

Kunde **K#**	erhalten **K#R#**	Rechnung **R#**
K001 K003	K001, R001 K001, R002 K003, R003	R001 R002 R003

Abbildung 41: Miniweltausschnitt.

Betrachten wir die Bedeutung der Schlüssel in den einzelnen Relationen. In der Entitätsrelation "Kunde" ist das Attribut "Kundennummer, K#" und in der Entitätsrelation "Rechnung" das Attribut "Rechnungsnummer, R#" Primärschlüssel. In der Beziehungsrelation "erhalten" ist es ausreichend, von dem Beziehungsschlüssel "Rechnungsnummer, Kundennummer, R#K#" nur die "Rechnungsnummer, R#" als Primärschlüssel der Relation zu verwenden, da sie bereits in der Lage ist, ein Beziehungstupel eindeutig zu identifizieren. Dies gebietet auch das Prinzip der *Minimalität*, das besagt, daß ein Primärschlüssel einer Relation keine unnötigen Teile enthalten darf. Das Attribut "Kundennummer, K#" übernimmt sodann die Funktion des Fremdschlüssels in der Relation "enthalten".

Wenn wir aus den Relationen die Frage beantworten wollen, welcher Kunde die Rechnung mit der Rechnungsnummer (R#) R001 erhalten hat, so müssen wir 3 Zugriffe auf die Relationen durchführen:

Erster Zugriff: In der Relation "Rechnung" wird das Tupel mit dem Schlüssel R001 gesucht. Wenn es gefunden wird, steht fest, daß es dieses Tupel gibt, und die Nichtschlüsselattribute sind ebenfalls verfügbar, falls gewünscht.

Zweiter Zugriff: In der Relation "erhalten" wird das Tupel mit dem Teilschlüssel Rechnungsnummer (R#) R001 gesucht. Dieses muß vorhanden sein, weil der Komplexitätsgrad der Beziehung "erhalten", gesehen aus der Richtung von "Rechnung" nach "Kunde", vom Typ 1 ist. Mit dem gefunden Tupel steht nun auch der erste Teilschlüssel, die Kundennummer (K#) K001 zur Verfügung.

Dritter Zugriff: In der Relation "Kunde" wird nun das Tupel mit dem Schlüssel K001 gesucht. Dieses muß aus denselben Gründen vorhanden sein, die auch für das "erhalten"-Tupel galten. Damit ist die Information bekannt, die die gestellte Frage beantwortet.

Ähnlich müssen wir verfahren, wenn wir, ausgehend von einem Kunden, beispielsweise vom Kunden mit der Kundennummer (K#) K001, die von ihm erhaltenen Rechnungen wissen wollen. Zur Beantwortung dieser Frage sind 6 Zugriffe erforderlich:

Erster Zugriff: In der Relation "Kunde" wird das Tupel mit dem Schlüssel (K#) K001 gesucht. Wenn es gefunden wird, ist bekannt, daß es den Kunden gibt und welche sonstigen Attributwerte ihn beschreiben.

Zweiter Zugriff: In der Relation "erhalten" wird ein Tupel mit einem Teilschlüssel Kundennummer (K#) K001 gesucht. Falls es gefunden wird, ist bekannt, daß der Kunde K001 eine Rechnung erhalten hat und wie die Rechnungsnummer (R#) lautet. In unserem Falle lautet sie R001. Würde kein Tupel mit dem Schlüssel K001 in der Relation "erhalten" gefunden werden, so würde der Kunde noch keine Rechnung von uns erhalten haben, obwohl er bereits als potentieller Kunde in der Kundenrelation geführt wird.

Dritter Zugriff: Mit dem gefundenen Teilschlüssel Rechnungsnummer (R#) R001 wird in der Relation "Rechnung" nach dem entsprechenden Tupel mit dem Schlüsselwert R001 gesucht. Dieses muß vorhanden sein, weil es das von ihm abhänige Tupel in der Relation "erhalten" gibt. Somit ist auch bekannt, welche Nichtschlüsselattributwerte die Rechnung R001 beschreiben.

Vierter Zugriff: Da der Komplexitätsgrad der Beziehung "erhalten" aus der Sicht von "Kunde" vom Typ M (mehrfach) ist, ist zu vermuten, daß es in der Beziehungsrelation "erhalten" noch einen weiteren Tupel mit dem Teilschlüssel Kundennummer (K#) K001 gibt. Laut Abbildung 41 gibt es dieses Tupel. Somit ist mit diesem Zugriff auch die Rechnungsnummer (R#) R002 der ebenfalls erhaltenen Rechnung bekannt.

Fünfter Zugriff: Mit der gefundenen Rechnungsnummer (R#) R002 in der Beziehungsrelation "erhalten" wird nun wieder auf die Rechnungsrelation zugegriffen und das Rechnungstupel mit der Rechnungsnummer (R#) R002 mit seinen Nichtschlüsselattributen gefunden.

Sechster Zugriff: Der Komplexitätsgrad vom Typ M (mehrfach) macht es nochmals erforderlich, die Beziehungsrelation nach einem weiteren Tupel mit dem Teilschlüssel Kundennummer (K#) K001 zu durchsuchen. Da es hiervon aber nur 2 Tupel in unserem Beispiel gibt, geht die Suche diesmal nicht erfolgreich aus, und es ist somit bekannt, daß es keine weiteren Rechnungen mehr für den Kunden mit der Kundennummer (K#) K001 gibt.

Da jeder Zugriff auf die Relationen mehr oder minder viel Zeit in Anspruch nimmt, addiert sich die Antwortzeit eines derart verfahrenden Computersystems zu einer möglicherweise nicht akzeptablen Dauer.

Integration von Beziehungsmengen in Entitätsmengen

Die Anzahl der erforderlichen Zugriffe zum Finden einer gewünschten Information kann verringert und damit der Zeitbedarf minimiert werden, wenn die Beziehungsmengen, wo immer zulässig, in die Entitätsmengen integriert werden.

Eine Integration der Beziehungsmengen in Entitätsmengen ist immer dann zulässig und unter Geschwindigkeitsgründen empfehlenswert, wenn dadurch keine Verletzung der Normalformen bei den betroffenen Entitätsrelationen eintreten.

Hierbei kommt lediglich die Verletzung der *ersten Normalform* (1NF) in Betracht.

Da ein Beziehungselement hauptsächlich aus dem Beziehungsschlüssel besteht, an den noch weitere Nichtschlüsselattribute angefügt sein können, geht es bei der Integration darum, das *Beziehungselement in ein Entitätstupel einzubauen.* Hierbei darf jedoch die erste Normalform des Entitätstupels nicht verletzen werden, d. h. hierbei dürfen nicht mehrere Beziehungselemente von der gleichen Art in das Entitätstupel einbaubar sein.

Betrachten wir hierzu wieder unsere Beispielsrelationen und stellen fest, in welcher Entitätsrelation, "Kunde" oder "Rechnung", die Beziehungsrelation "erhalten" eingebaut werden könnte, ohne daß hierbei Wiederholungsgruppen auftreten können.

<table>
<tr>
<td>

```
    Kunde
     K#

    K001
    K003
```

</td>
<td>

```
   erhalten
    K#R#

  K001,  R001
  K001,  R002

  K003,  R003
```

</td>
<td>

```
   Rechnung
      R#

     R001
     R002
     R003
```

</td>
</tr>
</table>

Abbildung 42: Beziehungsrelation ist nicht in Entitätsrelation integriert.

Würden wir die *beiden* Beziehungselemente (Beziehungstupel) aus der Relation "erhalten" mit dem Teilschlüssel Kundennummer (K#) K001 in das Tupel K001 der Entitätsrelation "Kunde" integrieren, würde dort eine *Wiederholungsgruppe* entstehen. Hierbei wären dem Primärschlüssel Kundennummer (K#) K001 in der Entitätsrelation "Kunde" die beiden aus "erhalten" ausgelagerten Tupel zuzuordnen.

Aus den ausgelagerten "erhalten"-Tupeln würde man natürlich die Komponente Kundennummer (K#) K001 streichen, weil sie im Entitätstupel von "Kunde" bereits vorhanden ist. Aber dennoch wäre damit die erste Normalform der Relation "Kunde" verloren, weil in dem neu einzurichtenden Attribut "Rechnungsnummer" in der Entitätsrelation "Kunde" am Kreuzungspunkt von Tupel K001 und Attribut "Rechnungsnummer" nun 2 Werte, R001 und R002, erscheinen würden.

Integrieren wir dagegen die beiden Beziehungstupel aus der Beziehungsrelation "erhalten" in die Entitätsrelation "Rechnung", so entsteht hierbei keine Wiederholungsgruppe. Da nun in den Rechnungstupeln die Rechnungsnummern (R#) R001 und R002 bereits vorhanden sind, können jetzt diese Werte in den beiden Beziehungstupeln gestrichen werden. Übrig bleiben die beiden Kundennummern (K#) K001 und K001. Um diese in der Rechnungsrelation unterbringen zu können, erweitern wir die Rechnungsrelation um das Attribut Kundennummer. An den Kreuzungen von Attribut Kundennummer und den beiden Rechnungstupeln R001 und R002 setzen wir die beiden gleichlautenden Kundennummer K001 ein.

Ebenso verfahren wir mit dem dritten Beziehungstupel aus "erhalten" und ordnen damit die Kundennummer K003 der Rechnungsnummer R003 zu.

Auf diese Weise integrieren wir die Beziehungsrelation "erhalten" *ohne Informationsverlust* in die Entitätsrelation "Rechnung". Das in der Entitätsrelation Rechnung neu eingerichtete Attribut Kundennummer (K#) bezeichnet man als ein *Fremdschlüsselattribut*, weil es in einer fremden Relation, hier in der Entitätsrelation "Kunde", als Primärschlüsselattribut vorhanden ist.

> **In einer Relation ist ein Attribut ein Fremdschlüssel, wenn es in einer anderen Relation Primärschlüssel ist.**

Fremdschlüssel dienen der Verbindung von Relationen, die in Beziehung stehen. Der Primärschlüssel und der Fremdschlüssel in einer Relation, z. B. "Rechnungsnummer" (R#) und "Kundennummer" (K#) in der Relation "Rechnung", realisieren zusammen die nun die in der Entitätsrelation "Rechnung" integrierte Beziehungsrelation "erhalten".

```
   Kunde                        Rechnung
    K#                          R#       K#

   K001                         R001    K001
   K003                         R002    K001
                                R003    K003
```

Abbildung 43: Beziehungsrelation ist in Entitätsrelation integriert.

Die Konzeption des Fremdschlüssels ermöglicht es uns, die Anzahl der erforderlichen Relationen zur Abbildung unserer Miniwelt und die Anzahl der erforderlichen Zugriffe zur Informationsgewinnung zu minimieren. Obwohl diese Optimierungsstrategie die im Entitäts-Beziehungs-Diagramm noch klar ausgewiesenen Datenbankstruktur nun im relationalen Datenbankmodell beim ersten Anblick verschleiert, wird sie immer angewendet. Es gilt eben auch hier die Erkenntnis aus der Informatik, die da lautet: "Optimierung beeinträchtigt die Struktur."

Wenn wir nun aus den mit dem Fremdschlüsselkonzept erweiterten Entitätsrelationen die Frage beantworten wollen, welcher Kunde die Rechnung mit der Rechnungsnummer (R#) R001 erhalten hat, so müssen wir nur noch 2 anstatt vorher 3 Zugriffe auf die Relationen durchführen:

Erster Zugriff: In der Relation "Rechnung" wird das Tupel mit dem Schlüssel R001 gesucht. Wenn es gefunden wurde, steht fest, daß es dieses gibt und wie der Fremdschlüssel Kundennummer (K#) lautet, z. B. K001. Weiterhin sind die Nichtschlüsselattribute verfügbar, falls gewünscht.

Zweiter Zugriff: In der Relation "Kunde" wird nun das Tupel mit der Kundennummer (K#) K001 gesucht. Dieses muß vorhanden sein, weil der Komplexitätsgrad der Beziehung "erhalten" aus der Sicht von "Rechnung" vom Typ 1 ist. Damit ist die Information bekannt, die die gestellte Frage beantwortet.

Wiederum müssen wir ähnlich verfahren, wenn wir, ausgehend von einem bestimmten Kunden, beispielsweise vom Kunden mit der Kundennummer K001, die von ihm erhaltenen Rechnungen wiedergegeben haben wollen. Zur Beantwortung dieser Frage sind in der optimierten Version nur noch 4 statt vorher 6 Zugriffe erforderlich:

Erster Zugriff: In der Relation "Kunde" wird das Tupel mit der Kundennummer (K#) K001 gesucht. Wenn es gefunden wird, ist bekannt, daß es den Kunden gibt und welche sonstigen Attributwerte ihn beschreiben.

Zweiter Zugriff: In der Relation "Rechnung" wird ein Tupel mit einem Fremdschlüssel Kundennummer (K#) K001 gesucht. Falls es gefunden wird, ist bekannt, daß der Kunde K001 eine Rechnung erhalten hat und wie die Rechnungsnummer (R#) lautet. In unserem Falle lautet sie R001. Würde kein Tupel mit dem Fremdschlüsselwert K001 in der Relation "Rechnung" gefunden werden, so würde der Kunde noch keine Rechnung von uns erhalten haben, aber bereits als potentieller Kunde erfaßt sein.

Dritter Zugriff: In der Relation "Rechnung" wird ein weiteres Tupel mit einem Fremdschlüssel Kundennummer (K#) K001 gesucht, da der Komplexitätsgrad der hierin integrierten Beziehung "erhalten" vom Typ M (mehrfach) ist. Falls das Tupel gefunden wird, ist bekannt, daß der Kunde K001 eine weitere Rechnung erhalten hat und wie die Rechnungsnummer (R#) lautet. In unserem Beispiel lautet sie diesmal R002. Würde kein Tupel mit dem Fremdschlüsselwert (K#) K001 in der Relation "Rechnung" gefunden werden, so hätte der Kunde K001 von uns nur eine Rechnung erhalten.

Vierter Zugriff: Der Komplexitätsgrad vom Typ M (mehrfach) macht es erforderlich, nochmals die Rechnungsrelation nach einem weiteren Tupel mit dem Fremdschlüsselwert K001 zu durchsuchen. Da es aber nur 2 hiervon in unserem Beispiel gibt, geht die Suche diesmal nicht erfolgreich aus, und es ist somit bekannt, daß es keine weiteren Rechnungen mehr für den Kunden mit der Kundennummer (K#) K001 gibt.

3.3 Integrierbare Beziehungsrelationen

Nachdem Sie erfahren haben, was eine Integration einer Beziehungsrelation in eine Entitätsrelation bedeutet, wollen wir nun *umfassend* feststellen, welche Arten von Beziehungsmengen in welche Entitätsrelationen integriert werden können und welche nicht. Hierzu betrachten wir wieder die Kombinationsmöglichkeiten von zweiseitig gerichteten Beziehungen. In Abbildung 44 sind die Kombinationsbeziehungen in der (1-C-M)-Notation dargestellt.

Komplexität B nach A Von A nach B	Einfach Typ (1)	Bedingt Typ (C)	Komplex Typ (M)
Einfach Typ (1)	(1,1)	(1,C)	(1,M)
Bedingt Typ (C)	(C,1)	(C,C)	(C,M)
Komplex Typ (M)	(M,1)	(M,C)	(M,M)

Abbildung 44: Binäre Kombinationsbeziehungen in der (1CM)-Notation.

Aus Abbildung 44 ist ersichtlich, daß es 3 mal 3, d. h. 9 Kombinationsmöglichkeiten der Komplexitätsgrade bei zweiseitig gerichteten Beziehungen gibt. Da es jedoch unerheblich ist, auf welcher Seite einer Beziehungsmenge die beiden Entitätsmengen A und B stehen, können 3 der 9 Kombinationen gestrichen werden. Es handelt sich hierbei um die zueinander *symmetrischen* Kombinationen (1, C) und (C, 1), (1, M) und (M, 1) sowie (C, M) und (M, C). Die unter der Diagonalen liegenden Kombinationen (C, 1), (M, 1) und (M, C) sollen für die weitere Betrachtung als gestrichen gelten. Somit gilt es, die 6 verbliebenen Kombinationen

```
(1, 1), (1, C), (1, M), (C, C), (C, M) und (M, M)
```

dahingehend zu untersuchen, in welche Entitätsrelation die durch sie ausgezeichneten Beziehungsmengen integriert werden können.

Bei der Integration kommt es darauf an, daß das in eine Entitätsrelation einzubauende Fremdschlüsselattribut *keine Wiederholungsgruppe* darstellt, da hierdurch die erste Normalform der Entitätsrelation verloren gehen würde. Wiederholungsgruppen können nur dann entstehen, wenn einer oder beide der kombinierten *Komplexitätsgrade vom Typ M* (mehrfach) ist bzw. sind.

Regeln für den Einbau von Beziehungsrelationen in Entitätsrelationen

Komplexitätsgrad (1, 1)

Der jeweilige Fremdschlüssel kann *in jede* der beiden über die Beziehung miteinander verbundenen Entitätsrelationen eingebaut werden. Für eine der beiden gleichwertigen Möglichkeiten muß man sich entscheiden.

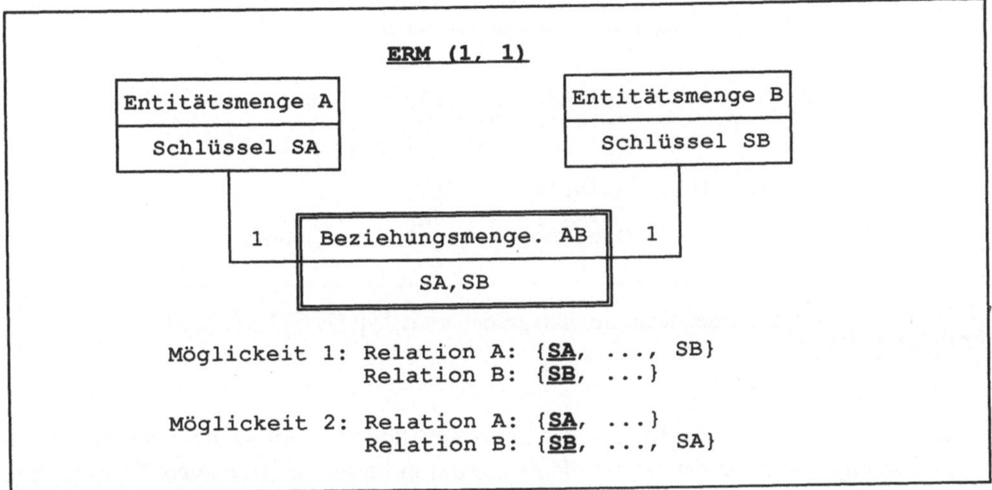

Abbildung 45: Einbau eines Komplexitätsgrades vom Typ (1, 1) in Entitätsrelationen.

Komplexitätsgrad (1, C), symmetrisch zu (C, 1)

Der jeweilige Fremdschlüssel zum Einbau der Beziehungsrelation könnte *in beiden* Entitätsrelationen untergebracht werden, ohne deren erste Normalform zu verletzen. Speicherplatzsparend ist es jedoch, ihn in der Relation mit dem Komplexitätsgrad vom Typ 1 unterzubringen. In dieser Relation erhält hierbei jedes Tupel einen Fremdschlüsselwert, denn 1 bedeutet: Das Beziehungselement existiert auf alle Fälle.

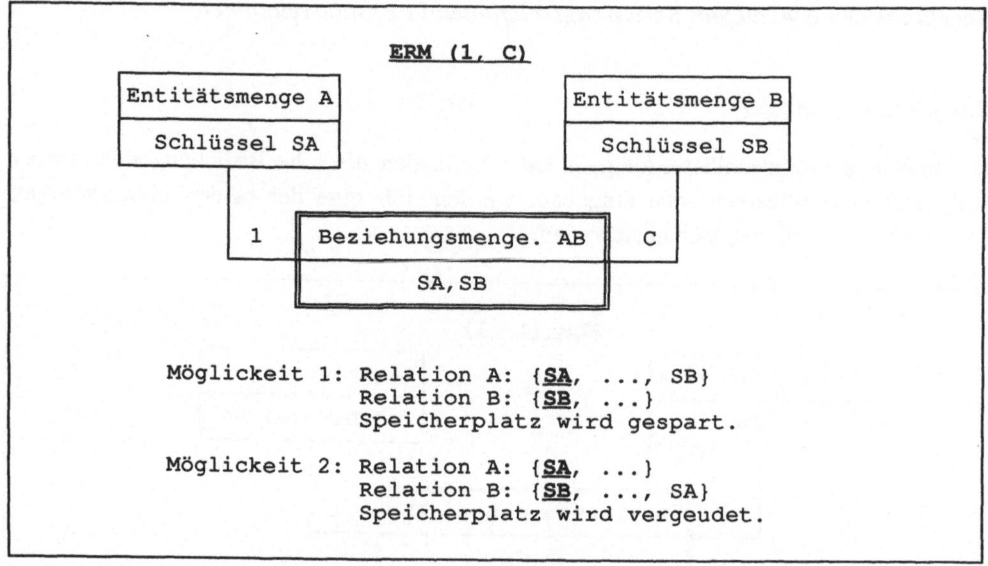

Abbildung 46: Einbau eines Komplexitätsgrades vom Typ (1, C) bzw. (C, 1) in Entitätsrelationen.

Würde das Fremdschlüsselattribut in der Entitätsrelation mit dem Komplexitätsgrad vom Typ C untergebracht werden, so würde es sodann in dieser Relation auch Tupel geben, die zu einem Zeitpunkt *nicht* mit einem Tupel aus der anderen Entitätsrelation verbunden wären. Denn der Beziehungstyp C besagt, daß eine Beziehungsausprägung, d. h. ein Beziehungselement, für ein Tupel existieren *kann*, aber nicht existieren muß. Der Wert des Beziehungsschlüssels bei einer aktuell nicht eingegangenen Beziehung lautet *NULL*. NULL ist nicht mit dem numerischen Wert Null gleichbedeutend.

NULL als Fremdschlüsselwert drückt aus, daß, aus der Sicht des betrachteten Tupels gesehen, keine Beziehung von der Art existiert, für die der Fremdschlüssel eingesetzt ist.

Komplexitätsgrad (1, M), symmetrisch zu (M, 1)

Das Fremdschlüsselattribut kann ohne Verletzung der ersten Normalform *nur in der Relation mit dem Komplexitätsgrad vom Typ 1 eingebaut* werden. Dieser Komplexitätsgrad besagt, daß jedes Tupel der betroffenen Entitätsrelation im Rahmen der betrachteten Beziehung mit einem Tupel der anderen Relation verbunden ist.

Würde man das Fremdschlüsselattribut in die Entitätsrelation mit dem Komplexitätsgrad vom Typ M (mehrfach) einbauen, wäre dieses Attribut eine *Wiederholungsgruppe*, d. h. es müßten an einer Kreuzung eines Tupels mit dem Fremschlüsselattribut mehrere Fremdschlüsselwerte prinzipiell verwaltbar sein. Durch diese Eigenschaft des Fremdschlüsselattributes wäre die Forderung nach der ersten Normalform nicht mehr erfüllbar.

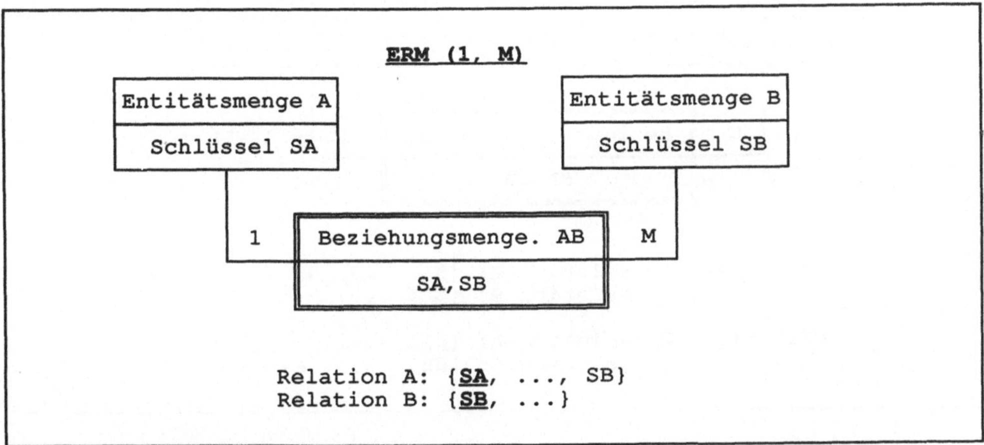

Abbildung 47: Einbau eines Komplexitätsgrades vom Typ (1, M) bzw. (M, 1) in die Entitätsrelation mit dem Beziehungstyp 1.

Komplexitätsgrad (C, C)

Die Beziehungsrelation *kann in beide Entitätsrelationen* mit Hilfe des jeweiligen Fremdschlüsselattributes eingebaut werden. *In beiden Fällen wird es NULL-Fremdschlüsselwerte geben*, da der Komplexitätsgrad vom Typ C besagt, daß für ein Tupel auch keine Beziehung der betrachteten Art ausgeprägt sein kann. Aus Gründen der Speicherökonomie ist es daher sinnvoll, das Fremdschlüsselattribut in die Entitätsrelation mit der geringeren Anzahl an Tupeln einzubauen. Hierdurch spart man Speicherplatz für nicht erforderliche NULL-Werte im Fremdschlüssel, wenn man alternativ den Einbau in die Entitätsrelation mit der größeren Tupelanzahl in Erwägung zieht.

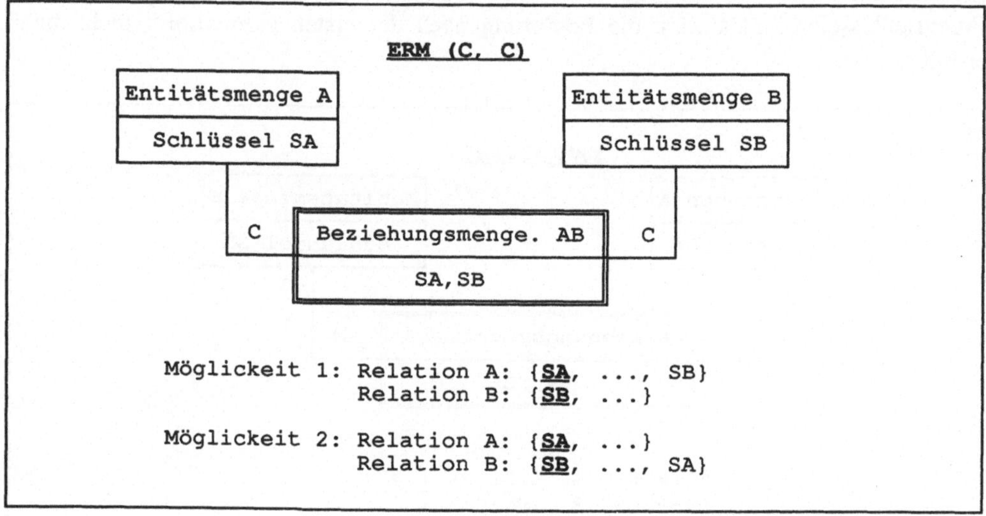

Abbildung 48: Einbau eines Komplexitätsgrades vom Typ (C, C) in Entitätsrelationen.

Komplexitätsgrad (C, M), symmetrisch zu (M, C)

Das Fremdschlüsselattribut kann ohne Verletzung der ersten Normalform ***nur in der Relation mit dem Komplexitätsgrad vom Typ C*** eingebaut werden. Dieser Komplexitätsgrad besagt, daß jedes Tupel der betroffenen Entitätsrelation im Rahmen der betrachteten Beziehung mit einem Tupel der anderen Relation verbunden sein ***kann***. In gegebenem Falle enthält das jeweilige Tupel einen Fremdschlüsselwert. Ist die Beziehung für dieses Tupel jedoch nicht ausgeprägt, enthält es als Fremdschlüssel den Wert *NULL*.

Würde man das Fremdschlüsselattribut in die Entitätsrelation mit dem Komplexitätsgrad vom Typ M (mehrfach) einbauen, wäre dieses Attribut eine ***Wiederholungsgruppe***, d. h. es müßten an einer Kreuzung eines Tupels mit dem Fremdschlüsselattribut mehrere Fremdschlüsselwerte prinzipiell verwaltbar sein. Durch diese Eigenschaft des Fremdschlüsselattributes wäre die Forderung nach der ersten Normalform nicht mehr erfüllbar.

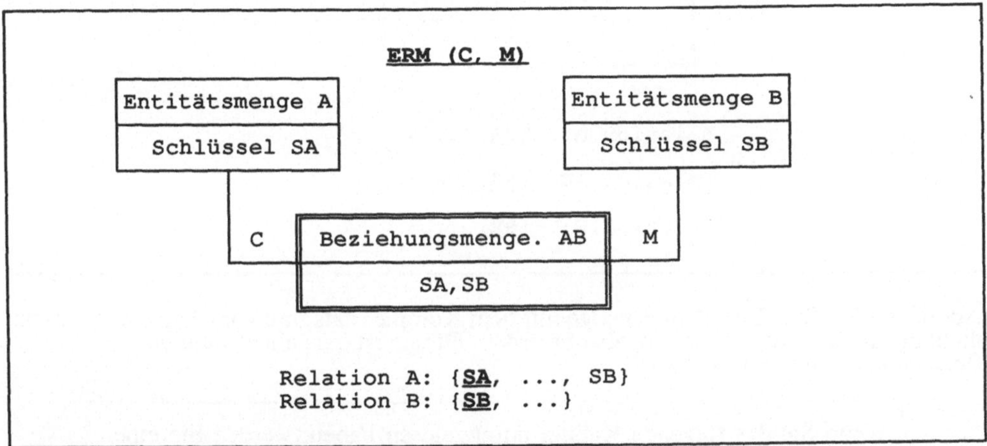

Abbildung 49: Einbau eines Komplexitätsgrades vom Typ (C, M) bzw. (M, C) in die Entitätsrelation mit dem Beziehungstyp C.

Komplexitätsgrad (M, M)

Eine Beziehungsrelation mit dem Komplexitätsgrad vom Typ (M, M) kann in *keine der beiden Entitätsrelationen eingebaut werden*, da hierdurch in jeder betroffenen Entitätsrelation die erste Normalform verletzt wäre. Somit *muß* eine Beziehungsrelation mit dem Komplexitätsgrad vom Typ (M, M) *eine selbständige Relation bleiben*.

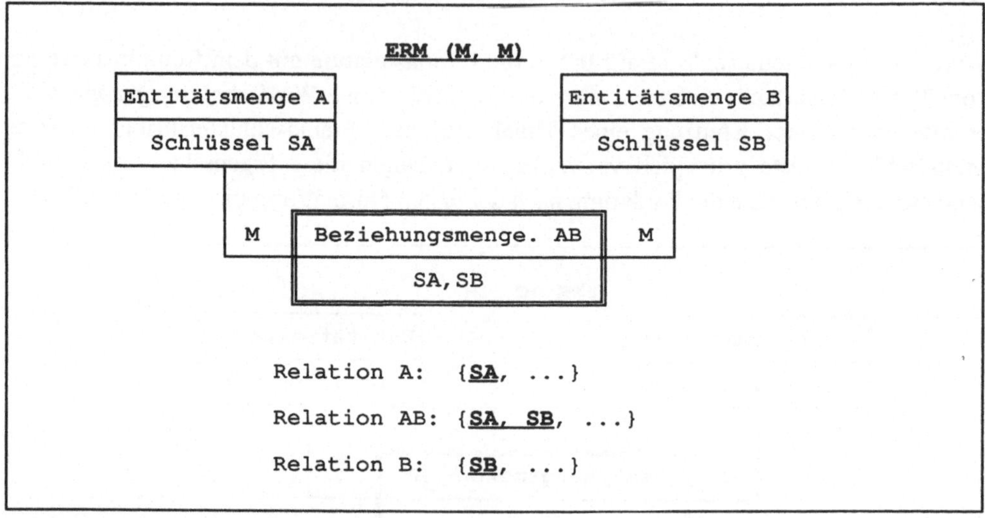

Abbildung 50: Eine Beziehungsmenge mit dem Komplexitätsgrad vom Typ (M, M) kann nicht in eine Entitätsrelation eingebaut werden. Für sie ist eine eigenständige Beziehungsrelation erforderlich.

> Wenn Sie das folgende Kapitel durchgelesen haben, werden Sie einen Überblick über die Datenbanksprache SQL besitzen.

4 Die Datenbanksprache SQL

Die Datenbanksprache SQL (engl. ***Structured Query Language***, strukturierte Abfragesprache) ist eine sprachliche Fassung des relationalen Datenbankmodells von ***Codd***. Sie enthält Sprachmittel zur ***Definition*** und ***Manipulation*** von Relationen. Die Manipulationssprache umfaßt Spracheinrichtungen zum Einfügen, Verändern und Löschen von Daten in Relationen sowie zum Wiedergewinnen von Daten aus Relationen. Das Besondere hierbei ist, daß der ***Benutzer sich die Relationen als zweidimensionale Tabellen vorstellen*** kann, und die Sprachmittel für die Datenwiedergewinnung die ***relationale Algebra*** zum Ausdruck bringen.

Neben diesen grundsätzlichen Sprachmitteln von SQL gibt es noch solche zur Definition weiterer Datenbankobjekte, wie beispielsweise von Datenbanken, Indexen, externen Sichten, usw. Auf Einzelheiten werden wir in den folgenden Kapiteln eingehen.

SQL ist eine *deskriptive* Sprache. Mit einer deskriptiven Sprache formuliert man, *was* ein Computer produzieren soll. Das *Wie*, also die einzelnen Arbeitsschritte zur Erzielung dieses Ergebnisses, ist Sache der Sprache und der hinter ihr stehenden Programme.

Obwohl SQL in einer *ANSI-Norm* genormt ist (ANSI, American National Standards Institute, Norm: X3.135/136.1986), statten die SQL-Hersteller ihre SQL-Datenbankverwaltungssysteme mit Sprachumfängen aus, die teilweise erheblich von der Norm abweichen. Die hierbei entstehenden *SQL-Dialekte* verhindern in gewissem Umfang die Übertragbarkeit (Portabilität) von SQL-Anwendungssoftware und SQL-Kenntnissen innerhalb der unterschiedlichen Systeme.

> **Auch die SQL-Implementierung von Ashton-Tate im Rahmen von dBASE ist solch ein SQL-Dialekt.**

Die SQL-Sprache kann, wie einführend schon erwähnt, grob in eine Datendefinitions- und eine Datenmanipulationssprache eingeteilt werden. Mit den Sprachelementen der Datendefinitionssprache (*DDL*, engl. Data Description Language) werden die Datenbankobjekte beschrieben. Die Datenmanipulationssprache (*DML*, engl. Data Manipulation Language) dient zum Schreiben, Löschen, Verändern und Lesen (Wiedergewinnen) von Daten.

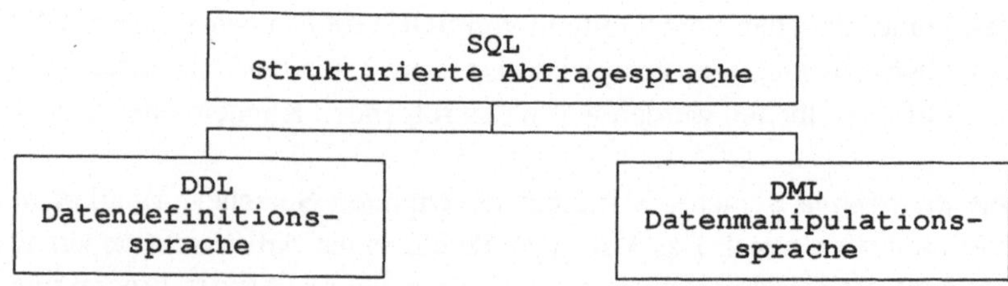

Abbildung 51: Grobeinteilung von SQL.

Die besondere Mächtigkeit des relationalen Datenbankmodells und der darauf aufbauenden Datenbanksprache SQL ist die *Mengenorientierung* der zentralen Sprachelemente. Das bedeutet beispielsweise, daß als Ergebnis einer Datenbankabfrage nicht nur ein Tupel beim Datenbankbenutzer angeliefert wird, wie dies bei den herkömmlichen Datenbanksystemen üblich ist, sondern, daß *prinzipiell beliebig viele Tupel* an der Schnittstelle zwischen dem Datenbankverwaltungssystem und dem Benutzer von SQL präsentiert werden.

Damit auch die herkömmlichen Programmiersprachen, die dieses Mengenkonzept nicht unterstützen, mit SQL-Datenbanken kommunizieren können, werden die ausgewählten Tupel auf Wunsch auch auf der Basis *einzelner* Tupel an der Programmiersprachenschnittstelle von SQL dem Anwendungsprogramm präsentiert.

Eine weitere Besonderheit von SQL liegt darin, daß die meisten SQL-Befehle sowohl als *Kommandos* als auch als *Anweisungen* verwendet werden können. Ein Befehl wird als Kommando eingesetzt, wenn er *sofort* nach seiner Eingabe in den Computer von diesem ausgeführt werden soll. Den Kommandomodus bezeichnet man auch als *interaktiven* Modus. Als Anweisung verwendet, kommt ein Befehl erst dann zur Ausführung, wenn das ihn enthaltende Programm ausgeführt wird.

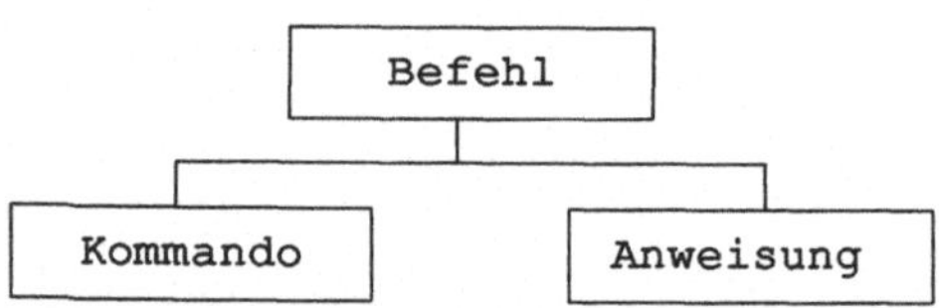

Abbildung 52: Verwendungsarten von Befehlen.

Neben der herkömmlichen Terminologie zur Bezeichnung der Datenbankkonstruktionselemente des relationalen Datenbankmodells, die im vorausgehenden Kapitel intensiv verwendet wurde, sind in SQL synonyme, d. h. gleichbedeutende Bezeichnungen üblich geworden. Die folgende Tabelle zeigt die gegenseitigen Entsprechungen innerhalb der relationalen und der SQL-Sprechweise.

Relationaler Begriff	SQL-Begriff
Relation	Tabelle
Attribut	Spalte
Tupel	Zeile
Domäne	Wertebereich

Tabelle 4: Gegenüberstellung von relationalen und SQL-Begriffen.

4.1 Befehle für Datenbanken

Die nachfolgend aufgeführten SQL-Befehle dienen dazu, Datenbanken zu

- vereinbaren
- anzuzeigen
- verändern und zu
- löschen.

4.1.1 Der SQL-Katalog

SQL verwaltet die *Strukturinformationen über Datenbanken* in *Metadatenverzeichnissen*. Metadaten sind beschreibende Daten über andere Daten, meistens Benutzerdaten. Ein Metadatenverzeichnis wird in SQL als *Katalog* bezeichnet. Ein Katalog besteht aus mehreren SQL-Tabellen, den sogenannten *Systemtabellen*.

Das Katalogsystem von SQL ist *hierarchisch* gegliedert. An der Spitze der Hierarchie befindet sich der *Hauptkatalog*. Er besteht aus 11 Systemtabellen und ist im DOS-Dateiverzeichnis (DOS: engl. Disk Operating System, Betriebssystem) mit dem Namen *\SQLHOME* enthalten. Er ist der Katalog für den Katalog selbst, indem er die Strukturdaten über die weiteren Katalogtabellen enthält. Denn auch die Katalogtabellen sind Informationsverzeichnisse, die nach dem relationalen Datenbankmodell strukturiert sind und nach dessen Philosophie beschrieben und verwaltet werden.

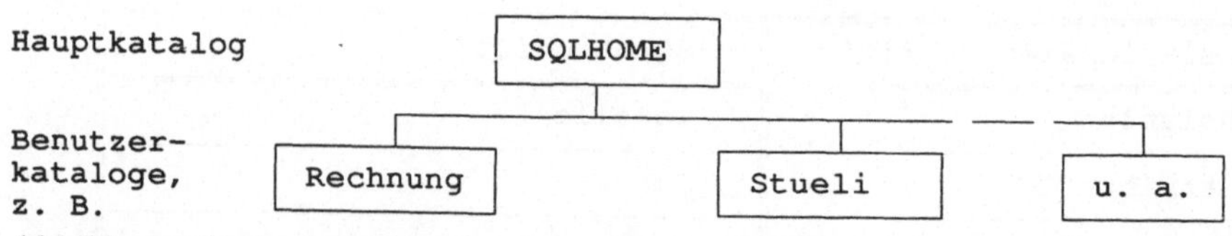

Abbildung 53: Struktur des Katalogsystems von SQL.

SQLHOME

Im Hauptkatalog SQLHOME sind die Strukturinformationen für die Beschreibung der SQL-Systemtabellen enthalten. Eine besondere Systemtabelle, die *nur in SQLHOME* enthalten ist, heißt

SYSDBS.DBF .

Sie enthält an zentralem Punkt die Namen der Benutzerdatenbanken und die Hinweise, wo diese Datenbanken im peripheren Speicher abgespeichert sind. Die Lageinformationen bestehen aus der Laufwerksbezeichnung und dem Pfadnamen von DOS.

Weiterhin enthält der Hauptkatalog SQLHOME die folgenden Systemtabellen, die es ebenfalls je Benutzerdatenbank in dem *für jede Datenbank* speziell eingerichteten Benutzerkatalog gibt. Jede Benutzerdatenbank, und somit jeder Benutzerkatalog, wird in einem eigenen Dateiverzeichnis von DOS verwaltet.

Die folgende Tabelle vermittelt einen kurzen Überblick darüber, in welcher Datei welche
SQL-Objekte verwaltet werden

SYSTABLS.DBF	In ihr werden die Namen der Tabellen verwaltet.
SYSCOLS.DBF	Sie enthält die Namen und Datentypen der Spalten sowie die Tabellennamen der Tabellen, zu denen die Spalten gehören.
SYSIDXS.DBF	Sie enthält die Namen der Tabellen und einen Hinweis auf die Anzahl der Attribute, auf die sich die Indexe beziehen.
SYSKEYS.DBF	In ihr befinden sich die Namen der Indexe und die Namen der Spalten, auf denen die Indexe aufgebaut sind.
SYSSYNS.DBF	In ihr werden die Synonyme, d. h. zusätzliche Namen einer Tabelle, verwaltet.
SYSAUTH.DBF	Sie enthält Informationen über die Zugriffsberechtigungen der Benutzer auf die Tabellen.
SYSCOLAU.DBF	In ihr sind die Zugriffsberechtigungen der Benutzer auf einzelne Spalten der Tabellen vermerkt.

Tabelle 5: Dateien des SQL-Kataloges.

4.1.2 Miniwelt des SQL-Kataloges

Die Miniwelt von SQL, die im SQL-Katalog abgebildet wird, besteht aus folgenden Entitäts- und Beziehungsmengen:

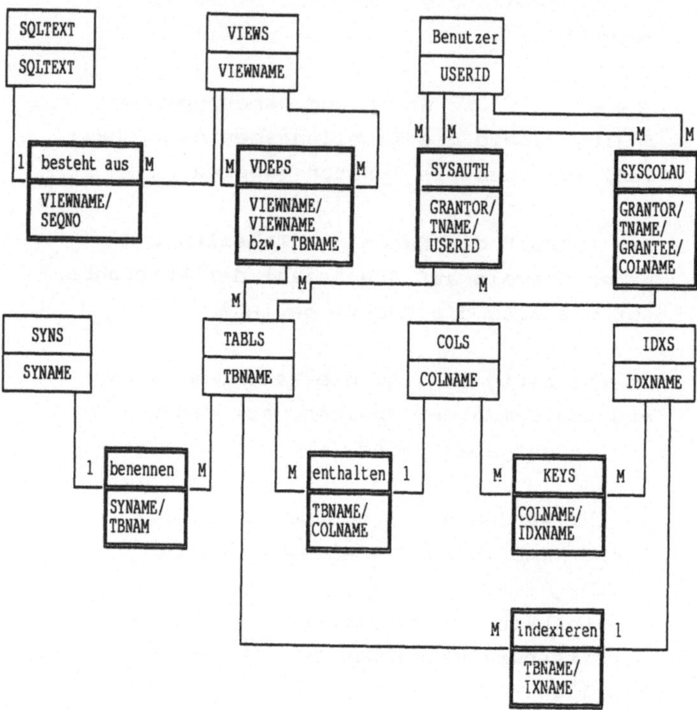

Abbildung 54: Entitäts-Beziehungs-Diagramm der Miniwelt SQL-Katalog.

Im obigen Entitäts-Beziehungs-Diagramm sind die Bezeichner, die auch im SQL-System verwendet werden, in Großschrift wiedergegeben. Die in Gemischt- oder Kleinschrift geschriebenen Namen stammen nicht aus SQL. Sie sind zur Erklärung des jeweiligen Sachverhaltes frei gewählt worden. Die Umrahmungen mit einfachen Strichen bezeichnen die Entitätsmengen des Kataloges. Die Beziehungsmengen sind doppelt gerahmt dargestellt.

4.1.3 SHOW DATABASE

Mit dem Befehl SHOW DATABASE wird erreicht, daß alle in einem Hauptkatalog verwalteten Datenbanken am Bildschirm aufgelistet werden. dBASE-SQL realisiert dies, indem es auf die Systemkatalogtabelle *SYSDBS* im aktuellen Hauptkatalog zugreift, der sich im DOS-Unterverzeichnis SQLHOME des aktuellen Laufwerkes befindet. Dieser Systemtabelle, die die Namen der im aktuellen System vorhandenen Datenbanken enthält, werden dann die Metadaten wie z. B. Datenbankname und Zugriffspfad entnommen.

Die Syntax lautet:

```
SHOW DATABASE;
```

Beachten Sie bitte, daß jeder SQL-Befehl mit einem *Semikolon* abschließt.

4.1.4 CREATE DATABASE

Mit Hilfe des Befehls **CREATE DATABASE** wird eine Datenbank vereinbart. Der Befehl bewirkt, daß dBASE-SQL ein DOS-Unterverzeichnis auf dem aktuellen Laufwerk anlegt, welches den angegebenen Datenbanknamen als DOS-Verzeichnisnamen erhält. In dieses Unterverzeichnis legt dBASE-SQL sodann alle SQL-Systemtabellen ab, die zusammen einen neuen SQL-Unterkatalog bilden und in welchem die Struktur der gerade vereinbarten Datenbank beschrieben wird. Dieser neue Katalog enthält somit Metadaten *nur über diese eine Datenbank*.

Die Syntax lautet:

```
CREATE DATABASE <Datenbankname>;
```

Der Datenbankname muß den Konventionen des Betriebssystems genügen. DOS fordert z. B., daß der Verzeichnisname nicht mehr als 8 Zeichen lang sein darf.

Beispiel:

```
CREATE DATABASE Rechnung;
```

Nach der Vereinbarung einer Datenbank ist diese sogleich auch aktiv, so daß mit ihr gearbeitet werden kann.

4.1.5 START DATABASE

START DATABASE aktiviert (eröffnet) eine im System bereits vorhandene Datenbank. Anschließend kann mit geeigneten Befehlen auf die Datenbankobjekte zugegriffen werden. Die Syntax lautet:

```
START DATABASE <Datenbankname>;
```

Nach Ausführung des Befehls START DATABASE beziehen sich sodann alle SQL-Befehle auf die mit <Datenbankname> benannte Datenbank, gleichgültig ob es sich um Befehle zur Datendefinition oder Datenmanipulation handelt. Falls zur Ausführungszeit des Befehls START DATABASE eine andere Datenbank aktiv ist, wird diese vom System automatisch deaktiviert. Es kann somit immer nur eine Datenbank aktiv sein.

Beispiel:

```
START DATABASE Rechnung;
```

4.1.6 STOP DATABASE

Mit dem Befehl STOP DATABASE wird die gerade aktive Datenbank deaktiviert (geschlossen). Nach der Ausführung des Befehls ist sodann keine Datenbank mehr aktiv. Die Syntax lautet:

```
STOP DATABASE;
```

Merken sollte man sich, daß hinter dem Schlüsselwort DATABASE kein Datenbankname mehr folgt. Dies ist verständlich, weil der Befehl STOP DATABASE sich nur auf die aktive Datenbank beziehen kann.

4.1.7 DROP DATABASE

Mit dem Befehl DROP DATABASE wird eine Datenbank gelöscht. Der Katalog dieser Datenbank, ihre Benutzertabellen, Indexdateien und der Datenbankname im Hauptkatalog von SQLHOME werden hierbei ebenfalls gelöscht. Das DOS-Unterverzeichnis, in dem die Datenbank existent war, wird jedoch nicht gelöscht.

Es ist nicht möglich, eine aktive Datenbank zu löschen. Ist dies gewünscht, so muß vor Ausführung des Befehls DROP DATABASE die aktive Datenbank mit dem Befehl STOP DATABASE deaktiviert oder eine andere Datenbank mit dem Befehl START DATABASE aktiviert werden. Die Syntax lautet:

```
DROP DATABASE <Datenbankname>;
```

Beispiel:

```
DROP DATABASE Rechnung;
```

> Wenn Sie das folgende Kapitel durchgelesen haben, können Sie Ihren relationalen Datenbankentwurf in der SQL-Sprache von dBASE formulieren und auf Ihrem Computer abbilden.

5 Befehle für Tabellen als Ganzes

Hierunter wollen wir alle SQL-Befehle verstehen, die sich auf eine Tabelle in ihrer *Gesamtheit oder Struktur* auswirken und nicht auf deren Dateninhalte. Die folgende Aufstellung vermittelt einen kurzen Überblick.

Name des Befehls	Bedeutung
CREATE TABLE	Tabelle wird vereinbart
ALTER TABLE	Tabellenstruktur wird verändert
DROP TABLE	Tabelle wird gelöscht

Tabelle 6: Befehle für Tabellen in ihrer Gesamtheit.

5.1 Datentypen von SQL

Bevor wir uns mit der Vereinbarung von Tabellen beschäftigen, wollen wir zunächst die in SQL möglichen Datentypen kennenlernen. Bei der Vereinbarung einer Tabellenspalte muß einer dieser Datentypen dieser Spalte zugeorgnet werden. Hieraus ist ersichtlich, daß SQL derzeit noch nicht das in den einführenden Kapiteln dargestellte Domänenkonzept (Wertebereich) unterstützt, siehe Abbildung 9 auf Seite 17. Vielmehr verwendet SQL das bereits in der Welt der Programmiersprachen übliche Datentypkonzept.

Die folgende Aufstellung vermittelt Ihnen eine Kurzübersicht über die verfügbaren Datentypen.

SMALLINT	Numerisch, Wertebereich von $-99\ 999$ bis $999\ 999$
INTEGER	Numerisch, Wertebereich von $-9\ 999\ 999\ 999$ bis $99\ 999\ 999\ 999$
DECIMAL	Numerisch mit (p, q), wobei p: 1 .. 19 und q: 0 .. 18
NUMERIC	Numerisch mit (p, q), wobei p: 1 .. 19 und q: 0 .. 18
FLOAT	Numerisch mit (p, q), wobei p: 1 .. 20 und q: 0 .. 18
CHAR	Zeichenkette CHAR(n), wobei n: 1 .. 254

DATE	Datum
LOGICAL	Boolisch

Tabelle 7: Datentypen in SQL.

5.1.1 SMALLINT

Tabellenspalten vom Datentyp SMALLINT können ganzzahlige Werte annehmen, die mit Hilfe von *maximal sechs Dezimalziffern* (einschließlich Vorzeichen) dargestellt werden können.

Die Syntax lautet:

```
SMALLINT
```

Daraus ergibt sich der Wertebereich

von -99 999 bis 999 999.

5.1.2 INTEGER

Tabellenspalten vom Datentyp INTEGER können ganzzahlige Werte annehmen, die mit Hilfe von *maximal elf Ziffern* (einschließlich Vorzeichen) dargestellt werden können.

Die Syntax lautet:

```
INTEGER
```

Daraus ergibt sich ein Wertebereich

von -9 999 999 999 bis 99 999 999 999.

5.1.3 DECIMAL

Tabellenspalten vom Datentyp DECIMAL können Dezimalzahlen mit einer festlegbaren Anzahl an Vor- und Nachkommastellen aufnehmen.

Die Syntax lautet:

```
DECIMAL (p, q)
```

p gibt hierbei die gesamte Anzahl der Stellen (Ziffern und Vorzeichen mitgerechnet) an. Durch q werden die Nachkommastellen angegeben. p kann Werte von 1 bis 19 und q Werte von 0 bis 18 annehmen. Es ist jedoch zu beachten, daß der q-Wert kleiner als der p-Wert sein muß, da andernfalls die Anzahl der Ziffern der Nachkommastellen größer als die gesamte Anzahl der Ziffernstellen der Spalte wären und vom System als fehlerhaft gemeldet würden. Wird in der Vereinbarung die Angabe des qWertes weggelassen, so wird 0 als Standardwert hierfür angenommen.

Beispielsweise sei eine Tabellenspalte mit dem Datentyp DECIMAL (6, 2) vereinbart. Der daraus entstehende Wertebereich ist: -999.99 bis 9999.99

5.1.4 NUMERIC

Für den Datentyp NUMERIC gelten prinzipiell dieselben Angaben wie für DECIMAL. Der einzige Unterschied besteht darin, daß in dem Wert der p-Angabe auch noch die Stelle für den Dezimalpunkt enthalten ist.

Die Syntax lautet:

```
NUMERIC (p, q)
```

Würde man im obigen Beispiel die Angabe für p = 6 und q = 2 beibehalten, wäre der Wertebereich für NUMERIC (6, 2) definiert durch die Schranken

-99.99 bis 999.99

5.1.5 FLOAT

Tabellenspalten vom Datentyp FLOAT enthalten Gleitpunktzahlen.

Die Syntax lautet:

```
FLOAT (p, q)
```

Mit dem Wert p werden die Stellen für die gesamte Anzahl der Ziffern inklusive Vorzeichen und Dezimalpunkt angegeben. Der Wert von q spezifiziert die Anzahl der Ziffern der Nachkommastellen. Der Wertebereich dieses Datentyps ist definiert:

von -0.1 * 10 exp 307 bis 0.9 * 10 exp +308.

Der Wert von q muß mindestens um 2 kleiner sein als der Wert von p.

5.1.6 CHAR

Tabellenspalten vom Datentyp CHAR enthalten Zeichenketten. Zeichenketten bestehen aus Groß- und/oder Kleinbuchstaben, Ziffern und Sonderzeichen.

Die Syntax lautet:

```
CHAR (n)
```

wobei n die Länge der Zeichenkette angibt. Erlaubte Werte für n liegen zwischen 1 und 254.

5.1.7 DATE

Tabellenspalten vom Datentyp DATE können nur Daten vom Typ Datum enthalten.

Die Syntax lautet:

```
DATE.
```

Anmerkung:

Mit Hilfe des dBASE-Befehls SET DATE TO <Landesbezeichner> kann das an der externen Schnittstelle präsentierte Datumsformat an das im Lande übliche Format angepaßt werden.

```
mm steht für Monat,
tt für Tag und
jj für Jahr.

Landesbezeichner                    Datumformat
------------------------------------------------
    american                        mm/tt/jj
    german                          tt.mm.jj
    british/french                  tt/mm/jj
```

Die Trennung erfolgt durch Querstriche oder Punkte. dBASE führt eine Plausibilitätsprüfung auf das Datum durch.

Beispiel: SET DATE TO GERMAN

5.1.8 LOGICAL

Eine mit dem Datentyp LOGICAL vereinbarte Tabellenspalte kann nur Wahrheitswerte aufnehmen. Diese sind in dBASE-SQL .T. oder .Y. für *WAHR* und .F. oder .N. für *FALSCH*. Diese Werte können auch kleingeschrieben werden.

5.2 Tabelle

Die folgenden Befehle werden verwendet, um Tabellen zu vereinbaren, in ihrer Struktur zu ändern und um Tabellen aus dem Katalog zu löschen.

5.2.1 Tabelle vereinbaren: CREATE TABLE

Mit CREATE TABLE werden die Strukturdaten (Metadaten) über eine neue Benutzertabelle in den Katalog der aktiven Datenbank eingetragen. Der Tabellenname darf in dieser noch nicht vorhanden sein. Nach der Eintragung existiert sodann die Tabelle, sie ist aber noch leer. Erst nach der Ausführung des ersten INSERT-Befehls, der auf Seite 96 beschrieben ist, werden Zeilen in die Tabelle eingefügt.

Die Syntax lautet:

```
CREATE TABLE <Tabellenname>
    (<Spaltenname> <Datentyp>
    [,<Spaltenname> <Datentyp>] ... );
```

Die Spaltennamen müssen innerhalb der Tabelle eindeutig sein und dürfen aus maximal 10 alphanumerischen Zeichen und dem Sonderzeichen "Strich unten: _" bestehen, wobei das erste Zeichen ein Buchstabe sein muß.

Für die Beschreibung der Grammatik der SQL-Befehle wird die übliche *Metasprache* nach Backus-Naur, die *Backus-Naur-Notation* verwendet. Hierbei gelten die folgenden einfachen Regeln:

Metasprache

• In Großbuchstaben geschriebene Worte werden in einem Befehl genau so
geschrieben, wie sie in der Syntaxbeschreibung notiert sind.
Z. B.: CREATE TABLE

• In Normalschrift geschriebene und in Spitzklammern eingefaßte Worte sind
Platzhalter für sinngemäß einzusetzende Worte des SQL-Anwenders.
Z. B.: <Tabellenname>

• In eckigen Klammern eingeschlossene Worte können wahlweise verwendet
werden.
Z. B.: [,<Spaltenname> <Datentyp>]

• ... besagt, daß das davorstehende Konstrukt im
Befehl wiederholt angegeben werden kann.
Z. B.: [,<Spaltenname> <Datentyp>] ...

Abbildung 55: Metasprache Backus-Naur-Notation.

Beispiele:

```
CREATE TABLE Kunde
     (Kunden_Nr   CHAR ( 4),
      Vorname     CHAR (15),
      Zuname      CHAR (15),
      Strasse     CHAR (15),
      Plz         CHAR ( 6),
      Ort         CHAR (15));

CREATE TABLE Rechnung
     (Rechnu_Nr   CHAR (4),
      Kunden_Nr   CHAR (4),
      Datum       DATE,
      Betrag      DECIMAL (8,2),
      Mahnung_Nr  DECIMAL (1,0),
      Bezahlt     LOGICAL);
```

Abbildung 56: Beispiele für CREATE TABLE.

Beispiel Rechnungschreibung

Nachdem Sie gesehen haben, wie eine Tabelle in SQL vereinbart wird, wollen wir nun *alle* Tabellen für die Rechnungsdatenbank vereinbaren. Hierbei gehen wir zunächst wieder vom Entitäts-Beziehungs-Diagramm unserer Miniwelt aus.

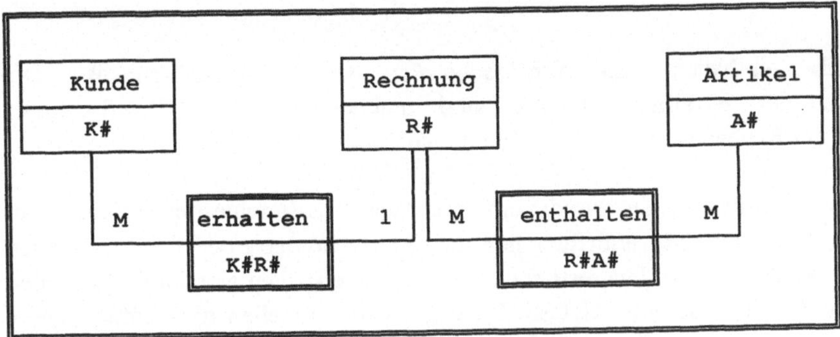

Abbildung 57: Miniwelt.

Wenn wir die Komplexitätsgrade von "erhalten" ansehen, erinnern wir uns an die Ausführungen auf Seite 60. Dort haben wir erkannt, daß die Beziehungsmenge "erhalten" aufgrund ihres Komplexitätsgrades vom Typ (M, 1) in die Entitätsmenge Rechnung zu *integrieren* ist. Die Beziehungsmenge "enthalten" kann wegen ihres Komplexitätsgrades vom Typ (M, M) nicht in eine Entitätsmenge integriert werden, da hierdurch die erste Normalform der betroffenen Entitätsmenge verletzt werden würde. Somit bleiben die 4 Relationen

- Kunde,
- Rechnung,
- enthalten und
- Artikel

übrig. Jede von ihnen muß in einer SQL-Tabelle dargestellt werden.

```
  Kunde         Rechnung                enthalte                Artikel

Kunden_Nr   Rechnu_Nr  Kunden_Nr   Rechnu_Nr, Artikel_Nr   Artikel_Nr
---------   ---------------------   --------------------   ----------
  K001        R001       K001         R001      A001          A001
  K002        R002       K001         R001      A002          A002
  K003        R003       K002         R002      A002          A003
                                      R002      A003        . A004
                                      R003      A004
```

Abbildung 58: Schlüsselgerüst für die Rechnungschreibung.

In Abbildung 58 sind die 4 Tabellen

- Kunde
- Rechnung
- enthalte
- Artikel

dargestellt. Sie enthalten das *Schlüsselgerüst* der Beispielsdatenbank. Die Primärschlüssel der jeweiligen Tabelle sind unterstrichen. Der Fremdschlüssel Kunden_Nr in der Rechnungstabelle ist nicht unterstrichen.

Für die obigen 4 Tabellen werden nun die erforderlichen SQL-Befehle zur Erzeugung der SQL-Tabellen dargestellt. Sie enthalten nur die Vereinbarungen der Schlüsselspalten (Primär- und Fremdschlüssel). Die restlichen Nichtschlüsselspalten werden im folgenden Kapitel mittels des SQL-Befehls ALTER TABLE zu den Tabellen hinzugefügt. Diese Vorgehensweise wurde gewählt, um Ihnen die Wirkungsweise von ALTER TABLE an unserem Rechnungsbeispiel demonstrieren zu können. Normalerweise würde man natürlich alle bekannten Spalten bei der Vereinbarung der jeweiligen Tabelle angeben.

Wichtig ist auch, daß die *Namen* aus der Datenarchitektur, der Datenanalyse und aus dem Relationenmodell nun auch bei der Vereinbarung der SQL-Tabellen verwendet werden. Hierdurch erreichen wir einen festen Zusammenhang der miteinander korrespondierenden Dokumente auf den verschiedenen Entwurfsebenen.

Hierin erkennen wir auch eines der zentralen Prinzipien des *Softwareengineering*, nämlich das zentrale Prinzip zur Bewältigung der Komplexität von Systemen, das Prinzip der schrittweisen (fortschreitenden) Verfeinerung, das *top down-Prinzip*. Von Entwicklungsebene zu Entwicklungsebene werden immer mehr Implementierungseinzelheiten in das System aufgenommen, wobei jedoch dessen Struktur nicht angetastet wird.

```
*  ***********************************/************************
*                        Programm: P1                         *
*        Vereinbarung der Tabellen mit ihren Schluesseln.      *
*                                                              *
*  **********************************************************

   CREATE TABLE Kunde
      (Kunden_Nr   CHAR (4));

   CREATE TABLE Rechnung
      (Rechnu_Nr   CHAR (4),
       Kunden_Nr   CHAR (4));

   CREATE TABLE Enthalte
      (Rechnu_Nr   CHAR (4),
       Artikel_Nr CHAR (4));

   CREATE TABLE Artikel
      (Artikel_Nr CHAR (4));
```

Programm 1: Vereinbarung der Tabellen für die Rechnungsschreibung.

5.2.2 Tabellenstruktur ändern: ALTER TABLE

Mit dem Befehl ALTER TABLE wird die *Struktur* einer Tabelle geändert, indem neue
Spalten in eine bestehende Tabelle angefügt werden. Der *Inhalt* einer Tabelle, d. h. eine
oder mehrere Zeilen, wird mit dem Befehl UPDATE geändert, siehe Seite 99

Die Syntax lautet:

```
ALTER TABLE <Tabellenname> ADD
     (<Spaltenname>  <Datentyp>
     [,<Spaltenname> <Datentyp>] ... );
```

Der von SQL für jedes vorhandene Tupel automatisch erzeugte Wert in diesen neuen Spalten ist der spezielle Wert zur Darstellung des Tatbestandes "Unbekannt".

In dBASE-SQL ist der Wert "Unbekannt" in Abhängigkeit vom Datentyp einer Spalte wie folgt verschlüsselt:

```
Datentyp              "Unbekannt"-Wert

SMALLINT        Leerzeichen   (Blank)
INTEGER         Leerzeichen
DECIMAL         Leerzeichen
NUMERIC         Leerzeichen
CHAR            Leerzeichen
DATE            Leerzeichen
LOGICAL         F
```

Tabelle 8: Verschlüsselung des Wertes "Unbekannt".

Der Wert "Unbekannt" ist nicht mit dem Wert Null bei den numerischen Datentypen gleichzusetzten. Null bedeutet hier bekannt und vom Wert Null. Gleiches gilt beim Datentyp DATE. Auch hier ist der Wert "Unbekannt" nicht mit dem Datum Null, dem Zeitpunkt von Christi Geburt, gleichzusetzen. Beim Datentyp CHAR ist der Löschwert und der Wert "Unbekannt" identisch. Beide Tatbestände werden durch das Leerzeichen (Blank) repräsentiert. Beim Datentyp LOGICAL fällt der Wert "Unbekannt" mit der Repräsentation von "falsch" zusammen. In beiden Fällen wird das Zeichen F verwendet.

Soll die Strukturänderung einer Tabelle derart erfolgen, daß von dieser Tabelle *Spalten gelöscht* werden sollen, so ist dies nicht durch ALTER TABLE, sondern nur über folgende Vorgehensweise zu realisieren: Eine *neue* Tabelle wird mit CREATE TABLE erzeugt. Diese Tabelle soll nur die Spalten enthalten, die den Spalten der alten Tabelle entsprechen, welche nicht gelöscht werden sollen. Es können aber auch weitere, in der alten Tabelle nicht vorhandenen Spalten in die neue Tabelle aufgenommen werden.

In diese neue Tabelle werden sodann mit Hilfe des Datenmanipulationsbefehls INSERT, siehe Seite 96, die relevanten Daten aus der alten Tabelle eingefügt. Die alte Tabelle ist anschließend zu löschen, und die neue Tabelle erhält anschließend deren Namen mit Hilfe der Einrichtung des Synonyms, siehe Seite 88.

Beispiel Rechnungschreibung

```
*  ****************************************************
*                      Programm: P2                   *
*                                                      *
*      Hinzufügen weiterer Spalten zu den Tabellen.    *
*                                                      *
*  ****************************************************


ALTER TABLE Kunde
    ADD (Vorname    CHAR      (15),
         Zuname     CHAR      (15),
         Strasse    CHAR      (15),
         Plz        DECIMAL   (4,0),
         Ort        CHAR      (15));


ALTER TABLE Rechnung
    ADD (Datum       DATE,
         Betrag      DECIMAL (8,2),
         Mahnung_Nr  DECIMAL (1,0),
         Bezahlt     LOGICAL);


ALTER TABLE Enthalte
    ADD (Position   DECIMAL (2,0),
         Anzahl     DECIMAL (4,0));


ALTER TABLE Artikel
    ADD (Name       CHAR      (15),
         Preis      DECIMAL (8,2));
```

Programm 2: Veränderung der Tabellenstruktur.

5.2.3 Tabelle löschen: DROP TABLE

Mit dem Befehl DROP TABLE wird eine Tabelle aus der aktiven Datenbank gelöscht.

Die Syntax lautet:

```
DROP TABLE <Tabellenname>;
```

Neben dem Tabelleninhalt werden noch alle zur Tabelle gehörenden Indexdateien gelöscht. Auch der Katalog wird hierbei aktualisiert.

Beispiel Rechnungschreibung

```
* ****************************************************************
*                          Programm: P3                         *
*         Löschen der Tabellen von der Datenbank Rechnung.       *
*                                                                *
* ****************************************************************


DROP TABLE Kunde;
DROP TABLE Rechnung;
DROP TABLE Enthalte;
DROP TABLE Artikel;
```

Programm 3: Löschen der Tabellen.

5.3 Synonym

Synonyme, d. h. zusätzliche und *gleichbedeutende* Namen, können für Tabellen- und
View-Namen vereinbart werden. Mit einem Synonymnamen kann man dann genauso wie
mit dem ihm zugrunde liegenden Tabellen- bzw. View-Namen umgehen.

Synonyme sind dann erforderlich, wenn die Benutzergemeinschaft es gewohnt ist, sich
mit unterschiedlichen Namen auf dieselben Daten zu beziehen. Solche abweichenden
Namenskonventionen kommen häufig in unterschiedlichen Fachabteilungen, in multina-
tionalen, mehrsprachigen Konzernen, bei Unternehmenszusammenschlüssen und bei
unterschiedlichen Anwendern vorgefertigter Software vor. Manchmal ist es auch sinnvoll, neben einem langen und ausführlichen Tabellennamen noch einen Kurznamen für
diese verfügbar zu haben, um den Schreibaufwand bei der häufigen Verwendung dieses
Namens zu reduzieren.

5.3.1 Synonym vereinbaren: CREATE SYNONYM

Mit dem Befehl CREATE SYNONYM wird ein Synonym für den angegebenen Tabellen- oder View-Namen erstellt und in den Systemkalog SYSSYNS eingetragen.

Die Syntax lautet:

```
CREATE SYNONYM <Synonymname>
     FOR <Tabellen- /Viewname>;
```

Beispiel :

```
CREATE SYNONYM Client
       FOR Kunde;
```

Anschließend kann auf die Kundentabelle mit dem Tabellennamen Kunde und dem hierzu synonymen Namen Client Bezug genommen werden.

5.3.2 Synonym löschen: DROP SYNONYM

Mit dem Befehl DROP SYNONYM werden Synonyme aus dem Katalog gelöscht.

Die Syntax lautet:

```
DROP SYNONYM <Synonymname>;
```

Beispiel:

```
DROP SYNONYM Client;
```

5.4 Indizierung

Wenn ein Datenzugriff auf eine Tabelle erfolgen soll, muß das System die ganze Tabelle von Anfang an nach den gewünschten Reihen durchsuchen. Daraus ergibt sich eine Zugriffszahl z von:

$$z = Anzahl\ der\ Tabellenzeilen.$$

Wenn eine Tabelle aus vielen Zeilen besteht, wird z groß und mithin die Antwortzeit des Systems bei Zugriffen auf diese Tabelle entsprechend lang. Durch die Möglichkeit, einen Index auf die Tabelle bei der Suche zu verwenden, läßt sich die Antwortzeit des Systems verkürzen.

Ein Index kann man sich als eine Tabelle mit zwei Spalten vorstellen. In der ersten Spalte dieser Indextabelle werden die Werte der indizierten Basistabelle abgelegt, auf die der Index sich bezieht. In der zweiten Spalte sind die Adressen der korrespondierenden Reihen der indizierten Basistabelle gespeichert. Die Reihen der Indextabelle sind nach den Werten der ersten Spalte geordnet, je nach Spezifikation auf- oder absteigend. Der Anwender kann auf die Zeilen des Indexes nicht zugreifen.

Auf eine Basistabelle können in dBASE-SQL maximal 47 Indexe definiert werden. Ein View kann nicht indiziert werden. Jedoch werden bei einem Zugriff mittels eines Views auf eine ihm zugrundeliegende, indizierte Basistabelle die auf die Basistabelle definierten Indexe zur Beschleunigung des Zugriffs berücksichtigt.

5.4.1 Index vereinbaren: CREATE INDEX

Mit dem Befehl CREATE INDEX wird ein Index vereinbart. Wenn die Tabelle bereits vorhanden ist, wird der Index hierdurch auch sogleich aufgebaut.

Die Syntax lautet:

```
CREATE [UNIQUE] INDEX <Indexname>
     ON <Tabellenname> (<Spaltenliste>);
```

Hierbei ist <Spaltenliste> definiert als:

<Spaltenname> [ASC/DESC] [,<Spaltenname> [ASC/DESC]] ...

Durch <Indexname> wird der Name des Indexes festgelegt und durch <Tabellenname> die Basistabelle bezeichnet, auf die der Index sich beziehen soll.

Die Option **UNIQUE** bewirkt, daß in dem Index kein Wert mehrmals vorkommen kann. Somit kann in der Spalte bzw. den Spalten, auf die der Index definiert wird, derselbe Wert, skalar (d. h. nicht zusammengesetzt) oder zusammengesetzt, ebenfalls nicht mehrfach vorkommen.

> Die Option UNIQUE in Verbindung mit der Indizierung ist somit geeignet, die *Einmaligkeit* des Auftretens eines Wertes zu gewährleisten.

Die Überwachung hinsichtlich des *nur einmaligen Auftretens eines Wertes* mit Hilfe eines UNIQUE Indexes ist bei Primärschlüsseln und bei Sekundärschlüsseln erforderlich, weil dBASE-SQL zur Realisierung dieser wichtigen Dienstleistung kein weiteres Sprachmittel zur Verfügung stellt.

In der <Spaltenliste> werden die Spaltennamen der Basistabelle angegeben, auf die der Index definiert wird. Wird mehr als eine Spalte und UNIQUE angegeben, so darf in den Spalten für sich alleine betrachtet ein Wert durchaus mehrmals vorkommen. Zusammensetzungen der Werte aus mehreren Spalten dürfen jedoch nicht zu identischen, zusammengesetzten Werten führen.

Die wahlweise Angabe ASC (engl. ascending: aufsteigend) oder DESC (engl. descending: absteigend) bewirkt, daß im Index die Werte in auf- bzw. absteigender Reihenfolge sortiert werden. Wird weder ASC noch DESC angegeben, nimmt das System ASC an.

Ein Index kann zu jeder Zeit erstellt werden. Er wird beim Einfügen, Verändern und Löschen einer Zeile in der Basistabelle vom System automatisch aktualisiert. Beim nachträglichen Indizieren einer Tabelle mit der Option UNIQUE muß darauf geachtet werden, daß in den betroffenen Spalten der Tabelle keine Werte mehrmals vorkommen. Ist dies nicht der Fall, so gibt das System eine Fehlermeldung zurück.

Beispiel:

Eindeutiger Index auf das Schlüsselattribut Kunden_Nr der Tabelle Kunde:

```
CREATE UNIQUE INDEX KunInd
     ON Kunde (Kunden_Nr);
```

Beispiel:

Mehrdeutiger Index auf die Fremdschlüsselspalte Kundennummer (Kund_Nr) in der Tabelle Rechnung:

$$Rechnu\_Nr \quad << \!\!-\!\!-\!\!> \quad Kunden\_Nr.$$

Das bedeutet, daß eine Rechnung genau an einen Kunden geht, wobei ein Kunde viele Rechnungen von uns erhalten kann, bzw. je Rechnungsnummer gibt es genau eine Kundennummer, wobei eine Kundennummer in vielen Rechnungen vorkommen kann. Es liegt somit der Komplexitätsgrad vom Typ (1, M) vor.

```
CREATE INDEX ReKuInd
   ON Rechnung (Kunden_Nr);
```

Beispiel Rechnungschreibung

```
* ***********************************************
*                    Programm: P4                *
*          Vereinbarung der erforderlichen Indexe. *
*                                                 *
* ***********************************************


* *********************************************
*      Erstelle die Indexe auf den Schluesseln.    *
* *********************************************

CREATE UNIQUE INDEX Kundeind
   ON Kunde
        (Kunden_Nr ASC);

CREATE UNIQUE INDEX Rechnind
   ON Rechnung
        (Rechnu_Nr ASC);

CREATE UNIQUE INDEX Enthaind
   ON Enthalte
        (Rechnu_Nr  ASC,
         Artikel_Nr ASC);

CREATE UNIQUE INDEX Artikind
   ON Artikel
        (Artikel_Nr ASC);


* *********************************************
*                                              *
*      Erstelle Indexe auf den Fremdschluesseln.  *
*            Die Indexe sind NONUNIQUE          *
*                                              *
* *********************************************

CREATE INDEX Rechfind
   ON Rechnung
        (Kunden_Nr ASC);

CREATE INDEX Enthfind
   ON Enthalte
        (Artikel_Nr ASC);
```

Programm 4: Vereinbarung der erforderlichen Indexe.

5.4.2 Index löschen: DROP INDEX

Durch den Befehl DROP INDEX wird ein Index gelöscht. Die Daten innerhalb der Basistabelle werden davon nicht berührt.

Die Syntax lautet:

```
DROP INDEX <Indexname>;
```

Beispiel:

```
DROP INDEX ReKuInd;
```

5.4.3 Gründe für die Indizierung

Ein wesentlicher Grund für den Einsatz eines UNIQUE Indexes ist die Gewährleistung der *Entitätsintegrität*. Unter Entitätsintegrität versteht man den Sachverhalt, daß eine Entität nur einmalig, also *nicht redundant*, in einer Datenbank abgebildet werden kann, um Dateninkonsistenzen bei Datenbankänderungen zu vermeiden.

Die Entitätsintegrität ist gewährleistet, wenn ein UNIQUE Index auf dem *Primärschlüssel* einer Tabelle aufgebaut ist. Will man unter dieser Voraussetzung eine Zeile mit einem Primärschlüsselwert in die Tabelle einfügen, den bereits eine vorhandene Zeile aufweist, wird dieses Einfügebegehren von SQL abgeleht.

> **Die Entitätsintegrität in SQL-Tabellen wird mit einem UNIQUE-Index auf der Primärschlüsselspalte ermöglicht.**

Ein weiterer Einsatzbereich der UNIQUE-Indizierung ist die Überwachung der Einmaligkeit von Werten bei den restlichen Schlüsselkanditaten (Sekundärschlüsseln) in einer Tabelle. Ferner können Fremdschlüsselspalten vom Beziehungstyp (1, 1) mit einem UNIQUE-Index auf die Einmaligkeit der Fremdschlüsselwerte überwacht werden. Der Einsatz von nicht einmaligen Indexen kommt zur Erhöhung der *Zugriffsgeschwindigkeit* (Performance) beim Suchen von Daten in Betracht.

Die Indizierung verlangsamt aber die Einfüge- und Änderungsvorgänge auf eine indizierte Basistabelle. Dies liegt daran, daß ein Index immer aktualisiert werden muß, sobald Änderungen an der Basistabelle erfolgen.

Ein Index sollte deshalb nur dann definiert werden,

- wenn die Einmaligkeit gewährleistet sein muß:
  - Schlüsselattribut (unique),
  - Schlüsselkandidat (unique) und
  - Fremdschlüsselattribute (Beziehungstyp 1,1),

- wenn auf bestimmten Attributen ein Hochgeschwindigkeits-pfad möglich sein muß oder
- wenn hierüber häufig zugegriffen wird, besonders dann,
- wenn die Ausgabe sortiert oder gruppiert werden soll.

Die Vor- und Nachteile von Indexen in einer Datenbank müssen gegeneinander abgewogen werden, was in der Datenbankpraxis oft nur durch Systemmessungen möglich ist.

> Wenn Sie das folgende Kapitel durchgelesen haben, werden Sie die
> Daten in Datenbanken manipulieren können. Insbesondere werden Sie
> Daten einfügen, ausgeben, verändern und löschen können.

6 Befehle für Tabelleninhalte

Befehle zur Datenmanipulation beziehen sich ausschließlich auf Zeilen in Benutzertabellen. Sie bilden die Datenmanipulationssprache von SQL (engl. Data Manipulation Langugage, *DML*). Katalogdaten können hiermit nicht eingefügt, verändert oder gelöscht werden. Lediglich der SELECT-Befehl ist zugelassen, um Katalogdaten anzuzeigen.

Die folgende Tabelle gibt Ihnen eine Kurzübersicht über die anschließend behandelten SQL-Befehle.

```
INSERT      Eine Zeile in eine Tabelle einfügen.
SELECT      Daten aus einer Tabelle ausgeben.
REPLACE     Werte in Zeilen verändern.
DELETE      Zeilen aus einer Tabelle entfernen.
```

Tabelle 9: Kurzübersicht über die Befehle zur Datenmanipulation.

6.1 Zeile einfügen: INSERT-Befehl

Der Befehl INSERT wird dazu benutzt, Reihen in eine Tabelle einzufügen.

Die Syntax lautet:

```
INSERT INTO <Tabellenname> [(<Spaltenliste>)]
      VALUES (<Werteliste>) | SELECT-Befehl;
```

Wird keine <Spaltenliste> angegeben, so nimmt das System an, daß in *alle* Spalten der durch <Tabellenname> angegebenen Tabelle je ein Wert eingefügt werden soll.

Werteliste ist definiert als: <Wert> [,<Wert>] ...

Wird **VALUES** mit einer nachfolgenden <Werteliste> angegeben, so muß die Anzahl sowie der Datentyp der Werte mit den Spalten der Tabelle übereinstimmen. Ist eine <Spaltenliste> angegeben, so gilt dies analog für die Anzahl und die Datentypen der aufgeführten Spalten in der <Spaltenliste>.

Wenn in eine Tabelle bestehende Werte aus anderen Tabellen hinzugefügt werden sollen, so kann die VALUES-Klausel durch eine **SELECT-Klausel** ersetzt werden. Die Reihen, die als Ergebnisreihen der SELECT-Klausel zurückgegeben werden, werden zu der Tabelle hinzugefügt. Es muß auch hier darauf geachtet werden, daß die Ergebnisspalten der SELECT-Klausel in Anzahl und Datentyp mit den Spalten der empfangenden Tabelle übereinstimmen.

Ist auch in diesem Zusammenhang eine <Spaltenliste> angegeben, so gilt dies ebenfalls für die Anzahl und die Datentypen der aufgeführten Spalten in der <Spaltenliste>.

Beispiele:

    INSERT INTO Kunde
      (Kunden_Nr, Zuname)
      VALUES ("K001", "MÜLLER");

6.1.1 Beispiel Rechnungschreibung

Die **INSERT**-Anweisungen im folgenden Programm "P5" dienen dazu, die vier Tabellen "Kunde", "Rechnung", "Enthalte" und "Artikel" des Beispiels Rechnungschreibung mit Daten zu laden. Hierbei werden zunächst lediglich die Schlüssel- und Fremdschlüsselwerte in die Tabellen eingefügt. Die Nichtschlüsseldaten werden mit dem UPDATE-Befehl ab dem Programm Nummer 6 auf Seite 100 nachgereicht. Diese Strategie wird hier angewendet, um den Befehl UPDATE an einem sinnvollen Beispiel zeigen zu können.

```
* ***********************************************************
*                     Programm: P5                         *
*                  Laden der Tabellen.                      *
* ***********************************************************

INSERT INTO Kunde
   VALUES ("K001");

INSERT INTO Kunde
   VALUES ("K002");

INSERT INTO Kunde
   VALUES ("K003");

* ***********************************************************
```

```
        INSERT INTO Rechnung
           VALUES ("R001", "K001");

        INSERT INTO Rechnung
           VALUES ("R002", "K001");

        INSERT INTO Rechnung
           VALUES ("R003", "K002");

        * **********************************************************

        INSERT INTO Enthalte
           VALUES ("R001", "A001");

        INSERT INTO Enthalte
           VALUES ("R001", "A002");

        INSERT INTO Enthalte
           VALUES ("R002", "A002");

        INSERT INTO Enthalte
           VALUES ("R002", "A003");

        INSERT INTO Enthalte
           VALUES ("R003", "A001");

        * **********************************************************

        INSERT INTO Artikel
           VALUES ("A001");

        INSERT INTO Artikel
           VALUES ("A002");

        INSERT INTO Artikel
           VALUES ("A003");

        INSERT INTO Artikel
           VALUES ("A004");
```

Programm 5: Laden der Schlüssel in die Tabellen.

6.2 Zeile verändern: UPDATE-Befehl

Durch den Befehl UPDATE werden bestehende Reihen einer Tabelle geändert.

Die Syntax lautet:

```
UPDATE <Tabellenname>
   SET  <Spaltenname> = <Ausdruck>
        [,Spaltenname> = <Ausdruck>] ...
   [ WHERE <Bedingungsausdruck> ];
```

Die Spalte mit dem Namen <Spaltenname> erhält den Wert des zugehörigen <Ausdruck>. Dieser muß mit dem Datentyp der jeweiligen Spalte übereinstimmen. Im <Bedingungsausdruck> der WHERE-Komponente wird angegeben, in welchen Reihen der Tabelle <Tabellenname> die Veränderungen erfolgen sollen. Wird kein <Bedingungsausdruck> angegeben, so werden *alle* Reihen der Tabelle <Tabellenname> geändert. Hieran zeigt sich die mengenorientierte Wirkungsweise von SQL.

Beispiel:

```
UPDATE Kunde
   SET  Zuname  = "MEYER"
   WHERE Kunden_Nr = "K001";
```

6.2.1 Beispiel Rechnungschreibung

In den folgenden Programmen P6 bis P9 werden die noch nicht erfaßten Nichtschlüsseldaten in die Tabellen "Kunde", "Rechnung", "Enthalte" und "Artikel" mit Hilfe des **UPDATE**-Befehls eingebaut.

```
    * ************************************************************
    *                                                            *
    *                       Programm: P6                         *
    *        Veränderung der Tabelleninhalte der Tabelle Kunde    *
    *                                                            *
    * ************************************************************


    UPDATE Kunde
       SET Vorname = "Hugo",
           Zuname  = "Mueller",
           Strasse = "Gartenstr. 4a",
           Plz     = 6900,
           Ort     = "Heidelberg"
         WHERE Kunden_Nr = "K001";

    UPDATE Kunde
       SET Vorname = "Georg",
           Zuname  = "Mayer",
           Strasse = "Neckarstr. 1",
           Plz     = 6900,
           Ort     = "Heidelberg"
         WHERE Kunden_Nr = "K002";

    UPDATE Kunde
       SET Vorname = "Eva",
           Zuname  = "Schulze",
           Strasse = "Hauptstr. 7",
           Plz     = 6944,
           Ort     = "Hemsbach"
         WHERE Kunden_Nr = "K003";

    ? "Der aktuelle Stand der Kundenstammsaetze ist folgender:"
    ?


    SELECT *
       FROM Kunde;
```

Programm 6: Veränderung der Kundentabelle.


```
* ********************** Ergebnis: **********************

Der aktuelle Stand der Kundenstammsaetze ist folgender:

KUNDEN_NR VORNAME       ZUNAME        STRASSE        PLZ  ORT
K001      Hugo          Mueller       Gartenstr. 4a  6900 Heidelberg
K002      Georg         Mayer         Neckarstr. 1   6900 Heidelberg
K003      Eva           Schulze       Hauptstr. 7    6944 Hemsbach
```
Ergebnis 1: Kundentabelle nach der Änderung.

```
    * **************************************************************
    *                                                              *
    *                      Programm: P7                            *
    *    Veränderung der Tabelleninhalte der Tabelle Rechnung      *
    *                                                              *
    * **************************************************************

    UPDATE Rechnung
       SET Datum        = CTOD( "04.04.91"),
           Betrag       = 13000.00,
           Mahnung_Nr   = 0,
           Bezahlt      = .N.
       WHERE Rechnu_Nr = "R001";

    UPDATE Rechnung
       SET Datum        = CTOD( "05.04.91"),
           Betrag       = 2000.00,
           Mahnung_Nr   = 0,
           Bezahlt      = .N.
       WHERE Rechnu_Nr = "R002";

    UPDATE Rechnung
       SET Datum        = CTOD( "05.04.91"),
           Betrag       = 5000.00,
           Mahnung_Nr   = 0,
           Bezahlt      = .N.
       WHERE Rechnu_Nr = "R003";


    ? "Der aktuelle Stand der Rechnungssaetze ist folgender:"
    ?


    SELECT *
       FROM Rechnung;
```

Programm 7: Veränderung der Rechnungstabelle.


```
* ********************** Ergebnis: **********************

Der aktuelle Stand der Rechnungssaetze ist folgender:

RECHNU_NR KUNDEN_NR DATUM       BETRAG MAHNUNG_NR BEZAHLT
R001      K001      04.04.91  13000,00          0 .F.
R002      K001      05.04.91   2000,00          0 .F.
R003      K002      05.04.91   5000,00          0 .F.
```

Ergebnis 2: Rechnungstabelle nach der Änderung.

```
*  *************************************************************
*                                                             *
*                      Programm: P8                           *
*     Veränderung der Tabellen-Werte von Tabelle Enthalte     *
*                                                             *
*  *************************************************************

UPDATE Enthalte
   SET Position = 1,
       Anzahl   = 2
   WHERE Rechnu_Nr  = "R001" AND
         Artikel_Nr = "A001";
UPDATE Enthalte
   SET Position = 2,
       Anzahl   = 3
   WHERE Rechnu_Nr  = "R001" AND
          Artikel_Nr = "A002";
UPDATE Enthalte
   SET Position = 1,
       Anzahl   = 1
   WHERE Rechnu_Nr  = "R002" AND
         Artikel_Nr = "A002";
UPDATE Enthalte
   SET Position = 2,
       Anzahl   = 2
   WHERE Rechnu_Nr  = "R002" AND
         Artikel_Nr = "A003";
UPDATE Enthalte
   SET Position = 1,
       Anzahl   = 1
   WHERE Rechnu_Nr  = "R003" AND
         Artikel_Nr = "A001";
? "Der aktuelle Stand der Enthalten-Tabelle ist folgender:"
?
SELECT *
   FROM Enthalte;
```

Programm 8: Veränderung der Enthaltetabelle.

```
*  ********************* Ergebnis: ***********************

Der aktuelle Stand der Enthalten-Tabelle ist folgender:

RECHNU_NR ARTIKEL_NR POSITION ANZAHL
R001      A001              1      2
R001      A002              2      3
R002      A002              1      1
R002      A003              2      2
R003      A001              1      1
```

Ergebnis 3: Enthaltentabelle nach der Änderung.

```
*  ******************************************************
*                     Programm: P9                      *
*                                                        *
*   Veränderung der Tabellen-Werte der Tabelle Artikel   *
*                                                        *
*  ******************************************************

UPDATE Artikel
    SET Name  = "Computer",
        Preis = 5000
    WHERE Artikel_Nr = "A001";

UPDATE Artikel
    SET Name  = "Drucker",
        Preis = 1000
    WHERE Artikel_Nr = "A002";

UPDATE Artikel
    SET Name  = "Bildschirm",
        Preis = 500
    WHERE Artikel_Nr = "A003";

UPDATE Artikel
    SET Name  = "Kabel",
        Preis = 50
    WHERE Artikel_Nr = "A004";

? "Der aktuelle Stand der Artikel-Tabelle ist folgender:"
?
SELECT *
    FROM Artikel;
```

Programm 9: Veränderung der Artikeltabelle.


```
* ********************* Ergebnis: *********************

Der aktuelle Stand der Artikel-Tabelle ist folgender:

ARTIKEL_NR NAME                PREIS
A001       Computer         5000,00
A002       Drucker          1000,00
A003       Bildschirm        500,00
A004       Kabel              50,00
```
Ergebnis 4: Artikeltabelle nach der Änderung.

6.3 Zeile löschen: DELETE-Befehl

Der Befehl DELETE wird dazu benutzt, um Reihen aus einer Tabelle zu löschen.

Die Syntax lautet:

```
DELETE FROM <Tabellenname>
[WHERE <Bedingungsausdruck>];
```

Es werden diejenigen Reihen aus der Tabelle <Tabellenname> gelöscht, die durch die WHERE-Komponente selektiert werden. Wird keine WHERE-Komponente angegeben, so ist *Vorsicht* geboten, denn es werden alle Reihen der Tabelle <Tabellenname> gelöscht

Beispiel:

Der Kunde mit der Kundennummer "K001" sollen gelöscht werden.

```
DELETE FROM Kunde
   WHERE Kunden_Nr = "K001";
```

6.4 Zeilen ausgeben: SELECT-Befehl

Der Befehl SELECT kann als der zentrale Befehl von SQL aufgefaßt werden. Er ist sehr vielseitig. Mit Hilfe seiner Komponenten wird die relationale *Algebra* zum Ausdruck gebracht.

Relationale Algebra

Die relationale Algebra umfaßt alle Operationen, mit denen Tabellen zerlegt und zusammengefügt werden können. In der Abbildung 59 auf Seite 105 sind die einzelnen Operationen grafisch dargestellt, um eine einführende Übersicht zu gewinnen.

Die hierbei dargestellten Operationen sind wie folgt zu verstehen:

Auswahl: Sie wählt bestimmte **Zeilen** aus einer Tabelle aus.

Projektion: Sie wählt bestimmte **Spalten** aus einer Tabelle aus.

Verbund: Er erzeugt eine neue Tabelle aus vorhanden Tabellen.

Vereinigung: Sie erzeugt eine neue Tabelle aus allen Zeilen
                          vorhandener Tabellen mit gleichen Strukturen.

Durchschnitt: Er erzeugt eine neue Tabelle, die aus bestimmten Zeilen vorhandener Tabellen besteht. Die Zeilen müssen jeweils in allen vorhandenen Tabellen vorkommen.

Differenz: Sie erzeugt eine neue Tabelle, die aus bestimmten Zeilen einer vorhandener Tabelle besteht, wobei diese Zeilen in der anderen Tabelle nicht vorkommen dürfen.

Für die Bildung des Durchschnitts und der Differenz von Tabellen gibt es in SQL keine speziell hierzu vorgesehene Sprachmittel.

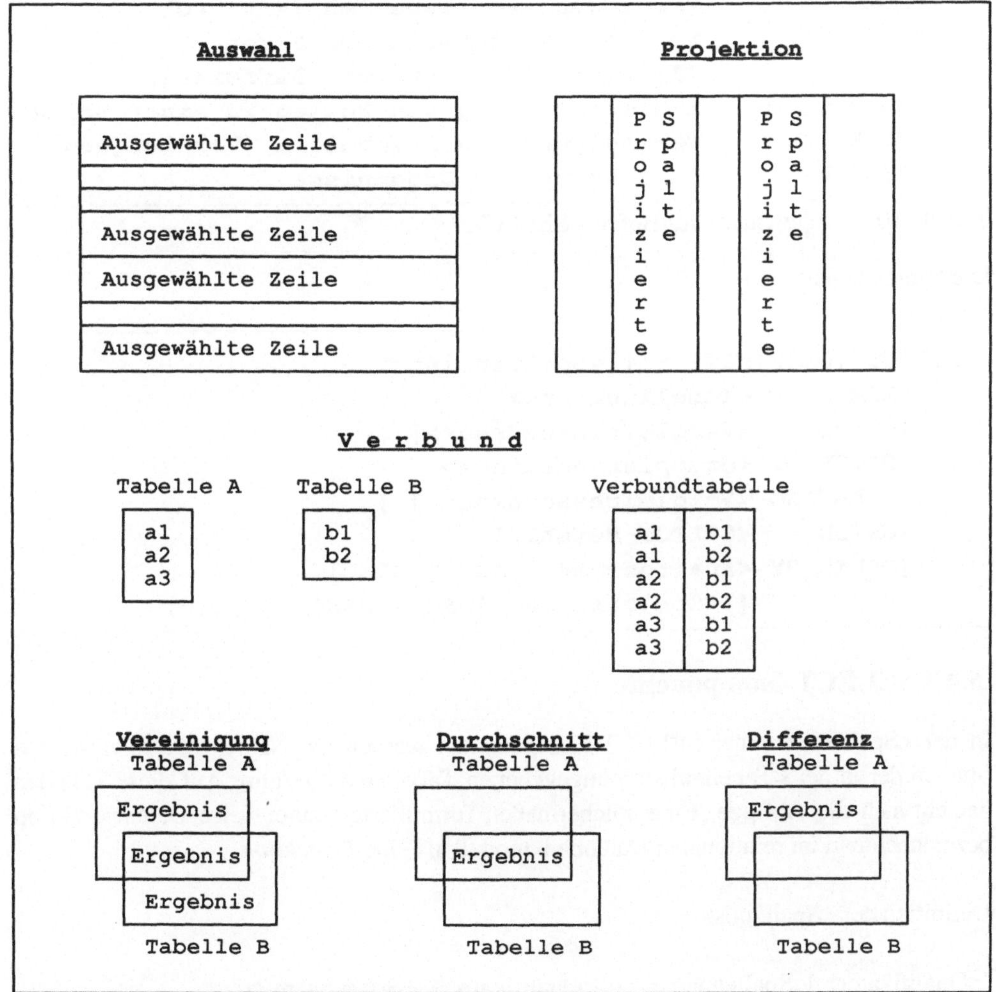

Abbildung 59: Übersicht über die relationale Algebra.

Der SELECT-Befehl kann alleine stehen, um Daten unter Anwendung der relationalen Algebra abzufragen. Er kann auch als Komponente in anderen Befehlen enthalten sein, wie z. B. beim INSERT-Befehl dargestellt. Der SELECT-Befehl kann wiederum mit Komponenten versehen werden, die auch in anderen Befehlen enthalten sein können. Jede Komponente entfaltet bei der Ausführung des SELECT-Befehls ihre spezielle Wirkung. Die folgende Tabelle gibt Ihnen hierüber einen Kurzüberblick:

Komponente	Wirkung
SELECT	Spaltenweise Kopie der Daten (Projektion)
FROM	Verbindung von Tabellen (Verbund)
WHERE	Zeilenweise Auswahl der Daten
	(Auswahl, Durchschnitt, Differenz)
GROUP BY	Zusammenfassung von Zeilen zu einer Zeile
UNION	Vereinigung von 2 Tabellen (Vereinigung)
ORDER BY	Sortierung der Ergebnisse

Tabelle 10: Komponenten des Befehls SELECT.

Die Syntax lautet:

```
SELECT [DISTINCT] * | <Spaltenliste>
   FROM        <Tabellenliste>
   [WHERE      <Vergleichsausdruck>]
   [GROUP BY <Gruppierungsliste>
     [HAVING <Vergleichsausdruck>] ]
   [UNION      <SELECT-Befehl>]
   [ORDER BY <Spaltenname> [ASC | DESC]
             [,<Spaltenname> [ASC | DESC] ] ... ;
```

6.4.1 SELECT-Komponente

In der <Spaltenliste> der SELECT-Komponenten werden die Namen der gewünschten Spalten der in der <Tabellenliste> angegebenen Tabellen aufgeführt. Auf diese Tabellen bezieht sich die Abfrage. Eine solchermaßen formulierte spaltenweise Datenextraktion bezeichnet man im relationalen Datenbankmodell als eine *Projektion*.

Definition der <Spaltenliste>:

[<Qualifikator>.]<Spaltenname> [,[<Qualifikator>.]<Spaltenname>] ...

Wie Sie sehen, steht vor einem Spaltennamen, durch einen Punkt getrennt, ein sogenannter *Qualifikator*. Hierunter versteht man in der Informatik eine Namenserweiterung, um einen nicht eindeutigen Namen *eindeutig* zu machen.

Ein Qualifikator wird in der Spaltenliste immer dann erforderlich, wenn die Angabe eines Spaltennamens alleine keine eindeutige Benennung der gewünschten Spalte ergeben würde. In einer Tabelle für sich alleine betrachtet kann ein Spaltenname nicht mehrfach vorkommen, weil dies von SQL nicht zugelassen wird. Innerhalb einer Tabelle ist ein Name deshalb immer eindeutig. Anders ist es jedoch, wenn 2 oder mehr Tabellen miteinander verbunden werden. Dann kann es vorkommen, daß derselbe Spaltenname in diesen Tabellen zusammengenommen mehrmals vorkommt. In der verbundenen Ergebnistabelle muß der sodann mehrfach auftretende Name durch einen Qualifikator eindeutig gemacht werden.

Als Qualifikator kann entweder der vollständige Tabellenname der jeweiligen Tabelle, oder ein in der <Tabellenliste> festlegbarer *Aliasname* einer Tabelle stehen. Unter einem Aliasnamen versteht man in diesem Zusammenhang einen zusätzlichen Namen für eine Tabelle, der nur innerhalb des SELECT-Befehls zur Namensqualifikation verwendet werden kann. Ein Aliasname ist meistens ein *kurzer* Name, der somit auch für die verkürzte Schreibweise eines qualifizierten Namens eingesetzt werden kann.

Ein Aliasname darf nicht mit einem Synonym verwechselt werden. Ein Aliasname ist nur innerhalb eines SELECT-Befehls bekannt. Ein Synonym dagegen ist global bekannt. Die Zwecke, die mit beiden Namensarten verfolgt werden, sind unterschiedlich. So dient die Konzeption des Aliasnamens hauptsächlich der kurzen und somit wirtschaftlichen und übersichtlichen Namensqualifikation. Das Synonym hingegen soll vornehmlich den unterschiedlichen Benennungsgewohnheiten einer heterogenen Benutzergemeinschaft für eine Tabelle entgegenkommt.

Wird anstelle der <Spaltenliste> ein *Stern "*"* in der SELECT-Komponenten angegeben, so werden *alle* Spalten der in der <Tabellenliste> verzeichneten Tabellen als Ergebnis der Ausführung des SELECT-Befehls zurückgegeben. Es findet somit aufgrund der Sternnotation keine Projektion, d. h. keine Auswahl unter den Spalten statt.

Nach der Ausführung eines SELECT-Befehls ist es möglich, daß im Ergebnis mehrere Reihen mit denselben Werten vorkommen. Wenn im Ergebnis nur ein einmaliges Auftreten dieser mehrfachen Reihen gewünscht wird, so muß in der SELECT-Komponenten die Option **DISTINCT** (engl.: distinct, unterschiedlich) angegeben werden.

6.4.2 FROM-Komponente

In der *<Tabellenliste>* der FROM-Komponenten werden die Tabellennamen angegeben, auf die sich der SELECT-Befehl bezieht. Mehr als eine Tabellenangabe erzeugt aus diesen Tabellen einen sogenannten *Verbund* (engl.:*join*).

Die <Tabellenliste> ist folgendermaßen definiert:

<Tabellenname> [<Aliasname>]
[,<Tabellenname> [<Aliasname>]] ...

Anstelle von Tabellennamen können in der Tabellenliste auch die Namen von Views und Synonymen stehen.

Tritt ein und derselbe Tabellenname in der FROM-Komponente eines SELECT-Befehls *mehrfach* auf, was auch möglich ist (Eigenverbund, engl.: self join), so *muß* hierbei jeweils ein unterschiedlicher Aliasname vergeben werden.

Beispiel:

Es sollen von allen Kunden deren Kundennummern, Vornamen und Zunamen ausgegeben werden:

```
*   *************************************************************
*                          Programm: 10                        *
*      Ausgabe der Kundendaten: Kunden_Nr, Vorname, Zuname      *
*                          Projektion                          *
*   *************************************************************


SELECT   Kunden_Nr,
         Vorname,
         Zuname
    FROM Kunde;


RETURN
```

Programm 10: Kundendaten ausgeben (Projektion).

```
* ********************** Ergebnis:  **********************
```

```
KUNDEN_NR VORNAME        ZUNAME
K001      Hugo           Mueller
K002      Georg          Mayer
K003      Eva            Schulze
```

Ergebnis 5: Kundendaten als Projektion.

Es werden alle Tabellenzeilen der Tabelle Kunde ausgegeben. In jeder Zeile der Ergebnistabelle werden jedoch nur die Spalten Kunden_Nr, Vorname und Zuname angezeigt (projiziert).

Beispiel:

Es sollen alle Daten von allen Kunden ausgegeben werden:

```
*  ***************************************************************
*                      Programm: 11                             *
*                  Ausgabe aller Kundendaten                    *
*  ***************************************************************


SELECT  *
    FROM Kunde;


RETURN
```

Programm 11: Ausgabe aller Kundendaten.

```
* ********************** Ergebnis:  **********************
```

```
KUNDEN_NR VORNAME  ZUNAME    STRASSE         PLZ   ORT
K001      Hugo     Mueller   Gartenstr. 4a   6900  Heidelberg
K002      Georg    Mayer     Neckarstr. 1    6900  Heidelberg
K003      Eva      Schulze   Hauptstr. 7     6944  Hemsbach
```

Ergebnis 6: Alle Kundendaten.

6.4.3 WHERE-Komponente

Der WHERE-Komponente folgt eine <Ausdrucksliste>, die die *Suchbedingung* des SELECT-Befehls darstellt. Die Auswertung der Suchbedingung ergibt entweder den Wahrheitswert "wahr" oder "falsch". Mit Hilfe des Wahrheitswertes wird sodann von SQL entschieden, ob die aktuell untersuchte Zeile in das Ergebnis des SELECT-Befehls übernommen wird oder nicht. Ist der Wahrheitswert "wahr", wird die Zeile übernommen, bei "falsch" wird sie verworfen.

Die Sprachelemente zur Formulierung der Suchbedingung sind in SQL recht mächtig und umfangreich. Deshalb wollen wir sie anschließend auch in handhabbaren Portionen beschreiben.

Mit Suchbedingungen werden *Prädikate* geschrieben.

In SQL versteht man unter einem Prädikat eine Aussage über eine Eigenschaft einer Zeile. Ist die Eigenschaft bei einer Zeile vorhanden, wird diese in das Ergebnis des SELECT-Befehls übernommen.

Anstelle des Begriffs Aussage, der aus der Methematik stammt und etwas abstrakt anmutet, kann man ein Prädikat in der WHERE-Komonente sinngemäß auch mit *Anforderungsvorschrift* oder, wie bereits angeführt, mit *Suchbedingung* bzw. *Entscheidungsbedingung* umschreiben.

Ein Prädikat kann aus mehreren Teilprädikaten aufgebaut sein. Erfüllt eine aktuell von SQL untersuchte Zeile die Anforderungen des Prädikates, so wird, wie schon erwähnt, diese Zeile in die Ergebnistabelle des SELECT-Befehls übernommen.

Die folgende Aufstellung soll Ihnen eine schnelle Übersicht über die Prädikate vermitteln, die in der WHERE-Komponente angegeben werden können:

```
einfacher Vergleichsausdruck
zusammengesetzter Vergleichsausdruck
BETWEEN-Prädikat
IN-      Prädikat
ANY-     Prädikat
ALL-     Prädikat
LIKE-    Prädikat
```

Tabelle 11: Übersicht der Prädikate von SQL.

Die zunächst einführende Definition von <Ausdrucksliste>, die einen *einfachen oder einen zusammengesetzten Vergleichsausdruck* darstellt, lautet:

```
<Ausdruck> <Relator> <Ausdruck>
       [<logischer Operator>
<Ausdruck> <Relator> <Ausdruck>] ...
```

Solche einfachen bzw. zusammengesetzten Bedingungsausdrücke sind in jeder höheren Programmiersprache zur Einleitung von Alternativen möglich.

Beispiel:

Es sollen alle Kunden ausgegeben werden, deren Kundennummern kleiner als "K100" sind.

```
*    ************************************************************
*                        Programm: P12                        *
*       Ausgabe der Kundendaten: Kunden_Nr, Vorname, Zuname   *
*              der Kunden mit den Kundennummern < K100        *
*              Kombination von Projektion und Selektion       *
*    ************************************************************


SELECT   Kunden_Nr,
         Vorname,
         Zuname,
         Ort
     FROM Kunde
     WHERE Kunden_Nr < "K100";

     RETURN
```

Programm 12: Ausgabe einer Auswahl an Kundendaten (Selektion).

```
* ********************** Ergebnis: **********************

KUNDEN_NR VORNAME          ZUNAME            ORT
K001      Hugo             Mueller           Heidelberg
K002      Georg            Mayer             Heidelberg
K003      Eva              Schulze           Hemsbach
```

Ergebnis 7: Auswahl von Kundendaten.

Auf die weiteren Prädikate (BETWEEN, IN, ALL, ANY und LIKE), die zur Formulierung von Suchbedingungen verwendet werden können, gehen wir ausführlich ab der Seite 115 ein.

Neben der oben dargestellten Form der <Ausdrucksliste> gibt es noch eine weitere Form:

```
        <Ausdruck> <Relator> <Unterabfrage>
```

Diese besondere Art der Ausdrucksliste, die eine *Unterabfrage* enthält, werden wir auf der Seite 113 besonders behandeln.

Einfacher Vergleichsausdruck

Einfache Vergleichsausdrücke bestehen aus zwei ***Operanden*** (Ausdrücken) und einem ***Relator*** (Vergleichsoperator). In dem in dBASE implementierten SQL sind 6 Relatoren verfügbar:

```
=   :    Gleich
<   :    Kleiner
>   :    Größer
<=  :    Kleiner oder gleich
>=  :    Größer oder gleich
<>  :    Ungleich
```

Wird das Aufrufezeichen "!" den einstelligen Relatoren (=, <, >) vorangestellt, negiert es diese, z. B.:

> != entspricht ***nicht gleich***
> und ist gleichbedeutend mit <>.

> !< entspricht ***nicht kleiner als***
> und ist gleichbedeutend mit >=

> !> entspricht ***nicht größer als***
> und ist gleichbedeutend mit <=

Einer der Ausdrücke (Operanden) in einem Vergleichsausdruck muß einen ***Spaltennamen*** enthalten, um einen Bezug zur Tabelle herzustellen.

Die Ausdrücke können ansonsten Literale (Konstanten), SQL-Standardfunktionen, erlaubte dBASE-Funktionen, Variablen, Verknüpfungen oder Berechnungen aus diesen sein. Voraussetzung ist, daß die Ausdrücke Ergebnisse liefern, die vom gleichen Datentyp sind.

Zusammengesetzte Vergleichsausdrücke

Mehrere einfache Vergleichsausdrücke (Suchbedingungen, Prädikate) werden mit Hilfe von ***logischen (boole'schen) Operatoren*** zu zusammengesetzten Vergleichsausdrücken miteinander verknüpft. SQL kennt die logischen Operatoren **AND**, **OR** und **NOT**. Mit AND und OR werden zwei Vergleichsausdrücke zu einem zusammengesetzten Vergleichsausdruck verknüpft. Hierdurch entsteht eine neue Suchbedingung. Mit NOT wird eine Suchbedingung negiert.

Beispiel:

Es werden alle Kundenzeilen ausgegeben, deren Kundennummern im Interval zwischen der Untergrenze "K001" und der Obergrenze "K002" liegen, beide Intervallgrenzen eingeschlossen.

```
*  ***********************************************************
*                       Programm: P13                       *
*          Zusammengesetzter Vergleichsausdruck mit AND      *
*  ***********************************************************


SELECT   Kunden_Nr, Vorname, Zuname, Ort
   FROM   Kunde
   WHERE Kunden_Nr >= "K001" AND
         Kunden_Nr <= "K002";


RETURN
```

Programm 13: Ausgabe der Kundendaten (Selektion) aus einem bestimmten Schlüsselwertebereich.

```
*  ********************** Ergebnis: **********************

KUNDEN_NR VORNAME          ZUNAME          ORT
K001      Hugo             Mueller         Heidelberg
K002      Georg            Mayer           Heidelberg
```

Ergebnis 8: Kundendaten im Schlüsselwertebereich.

Unterabfrage

In der WHERE-Komponente eines SELECT-Befehls ist es möglich, einen weiteren SELECT-Befehl anzugeben. Dieser geschachtelte SELECT-Befehl wird *Unterabfragen* (engl.: subquery) genannt.

Unterabfragen werden nach zweierlei Gesichtspunkten unterschieden:

- Liefert die Unterabfrage als Ergebnis *eine oder mehrere* Zeilen?

- Wird die Unterabfrage *nur einmal ausgeführt* und ihr Ergebnis sodann in die Hauptabfrage eingesetzt *oder* wird sie für jede Zeile der Hauptabfrage einmal ausgeführt, also *öfters*?

Bei der letzteren Unterscheidung spricht man von unkorrelierten und korrelierten Unterabfragen. Bei einer *unkorrelierten* Unterabfrage wird die Unterabfrage zuerst abgearbeitet und ihr Ergebnis in die übergeordnete Hauptabfrage eingesetzt.

Bei einer *korrelierten* Unterabfrage wird die Unterabfrage für jeden Zeile der Hauptabfrage einmal abgearbeitet und ihr Ergebnis dafür verwendet zu entscheiden, ob diese jeweilige Zeile der Hauptabfrage in das Abfrageergebnis aufgenommen werden soll oder nicht.

Beispiel:

Welche Kunden haben Rechnungen mit einem Rechnungsbetrag größer als 10000 erhalten?

```
*  ****************************************************************
*                        Programm: P14                          *
*      Ausgabe der Kunden mit Rechnungsbeträgen > 10000,--       *
*                         SUBSELECT                              *
*  ****************************************************************

SELECT   Kunden_Nr,
         Vorname,
         Zuname,
         Ort
    FROM Kunde K
    WHERE 10000 <=
        (SELECT MAX (Betrag)
            FROM   Rechnung R
            WHERE R.Kunden_Nr = K.Kunden_Nr);

RETURN
```

Programm 14: Ausgabe der Kundendaten (Selektion) durch Anwendung einer Unterabfrage (korreliert).

```
* ********************** Ergebnis:  **********************

K->KUNDEN_NR K->VORNAME        K->ZUNAME         K->ORT
K001         Hugo             Mueller           Heidelberg
```
Ergebnis 9: Kunden mit Rechnungsbeträgen über 10.000,-- DM.

In dieser Abfrage wurde zusätzlich eine SQL-Funktion (**MAX**) verwendet, die im obigen Falle den größten (maximalen) Betrag der Spalte mit dem Namen Betrag ermittelt.

Wenden wir uns nochmals dem Gesichtspunkt der Anzahl zurückgegebener Zeilen durch eine Unterabfrage zu. Hier gilt es, die Unterabfragen zu unterscheiden in solche, die als Ergebnis *genau eine* Zeile zurückgeben und solche, die als Ergebnis *mehrere* Zeilen zurückgeben können.

Gibt eine Unterabfrage genau eine Zeile und hierin einen Wert zurück, kann dieser Wert sofort als Operand in der <Ausdrucksliste> der WHERE-Komponente verwendet werden, um die äußere Abfrage zu steuern. Gibt eine Unterabfrage jedoch mehrere Zeilen und mithin mehrere Werte zurück, muß die WHERE-Komponente der äußeren Abfrage auch mehrere Werte auswerten können. Dazu muß ein geeignetes *Prädikat* in der WHERE-Komponente angegeben werden.

6.4.4 Prädikate in der WHERE-Komponente

Die anschließend zu behandelnden Prädikate sind dazu geeignet, weitere Arten von Vergleichsausdrücken zu formulieren. All diese zusätzlich zu den bereits dargestellten Grundprädikaten (Relatoren) vorhandenen höheren Prädikate können mit einem vorangestellten NOT negiert werden.

BETWEEN-Prädikat

Ein Vergleichsausdruck, der mit dem Prädikat BETWEEN und AND formuliert ist, z. B. WHERE Betrag BETWEEN 100 AND 1000, ist WAHR, wenn der interessierende Ausdruck (Betrag) innerhalb des mit BETWEEN und AND definierten Wertebereiches liegt. Die beiden Bereichsgrenzen sind im Wertebereich enthalten. Sie und der Ausdruck (Betrag, 100, 1000) müssen von kompatiblem Datentyp sein. Mit dem BETWEEN-Prädikat wird somit geprüft, *ob ein Wert innerhalb eines Intervalls (Wertebereich) liegt.*

Mit Ausnahme des Datentyps LOGICAL sind alle Datentypen im BETWEEN-Prädikat zulässig.

Die Verwendung des BETWEEN-Prädikats

        Betrag BETWEEN 100 AND 1000

ist eine benutzerfreundliche Formulierung der zusammengesetzten Bedingung

        Betrag >= 100 AND Betrag <= 1000.

Die Syntax des BETWEEN-Prädikats lautet:

<Ausdruck> BETWEEN <Ausdruck> AND <Ausdruck>

Z. B.: 5 BETWEEN 3 AND 10 ist wahr.
     1 BETWEEN 3 AND 10 ist falsch.

Mit **NOT BETWEEN** kann leicht getestet werden, ob ein Wert *außerhalb eines Werteintervalls* liegt, z. B.:
     5 NOT BETWEEN 3 AND 10 ist falsch.
     1 NOT BETWEEN 3 AND 10 ist wahr.

Beispiel:

SELECT Kunden_Nr, Vorname, Zuname, Ort
   FROM Kunde
   WHERE Kunden_Nr BETWEEN "K100" AND "K200";

Es sollen alle Kunden mit einer Kundennummer zwischen "K100" und "K200" ausgegeben werden.

```
*  *************************************************************
*                                                             *
*                      Programm: P15                          *
*             Anwendung des Prädikats BETWEEN                 *
*  *************************************************************

SELECT  Kunden_Nr, Vorname, Zuname, Ort
   FROM  Kunde
   WHERE Kunden_Nr BETWEEN "K001" AND "K002";

RETURN
```

Programm 15: Ausgabe der Kundendaten (Selektion) Anwendung des Prädikates
BETWEEN.


```
* ********************* Ergebnis: *********************

KUNDEN_NR VORNAME           ZUNAME            ORT
K001      Hugo              Mueller           Heidelberg
K002      Georg             Mayer             Heidelberg
```
Ergebnis 10: Kundendaten mit dem Prädikat BETWEEN eingegrenzt.

Im folgenden Beispiel wird gezeigt, wie das Prädikat BETWEEN mit herkömmlichen Grundprädikaten und dem boole'schen Operator UND simuliert werden kann:

```
*  ****************************************************************
*                        Programm: P16                          *
*            Auswahl von Zeilen mit einem Prädikat.             *
*                     Prädikat: BETWEEN                         *
*    Simulation von BETWEEN mittels eines zusammengesetzten   *
*    Bedingungsausdrucks, zusammengesetzt mit AND.            *
*  ****************************************************************

?  "Anfang: Auswahl der Kunden zwischen M und N."
?  "Die Auswahldaten werden in Form von Intervalgrenzen"
?  "angegeben."
?
?  "Steuerung der Auswahl mit dem Prädikat BETWEEN:"
?


SELECT Kunden_Nr,
       Zuname
    FROM  Kunde
    WHERE Zuname BETWEEN "A" AND "N";
?
?  "Steuerung der Auswahl mit einer zusammengesetzten"
?  "Bedingung: "
?
SELECT Kunden_Nr,
       Zuname
    FROM  Kunde
    WHERE Zuname >= "A" AND
          Zuname <= "N";


RETURN
```

Programm 16: Simulation des Prädikates BETWEEN.

```
* ********************** Ergebnis: ***********************

Anfang: Auswahl der Kunden zwischen M und N.
Die Auswahldaten werden in Form von Intervallgrenzen
angegeben.

Steuerung der Auswahl mit dem Prädikat BETWEEN:

 KUNDEN_NR ZUNAME
 K001      Mueller
 K002      Mayer

Steuerung der Auswahl mit einer zusammengesetzten
Bedingung:

 KUNDEN_NR ZUNAME
 K001      Mueller
 K002      Mayer
```

Ergebnis 11: Simulation des Prädikates BETWEEN.

IN-Prädikat

Ein Vergleichsausdruck, der mit Anwendung des IN-Prädikats formuliert ist, ist WAHR,
wenn der vor IN aufgeführte Ausdruck in der nach IN angegebenen Ausdrucksliste bzw.
Wertemenge (Aufzählung von zulässigen Werten) enthalten ist. Die Wertemenge kann
auch das Ergebnis einer Unterabfrage sein. Beim Einsatz einer Unterabfrage ergibt sich
die Aufzählung nicht statisch aufgrund einer Niederschrift der geforderten Werte, sondern
dynamisch bei der Ausführung der Unterabfrage.

Bei der Auswertung des IN-Prädikates prüft SQL, ob der Wert des Ausdrucks, der vor
dem Schlüsselwort IN steht, Element der Menge ist, die durch die Ausdrucksliste definiert wird. In gegebenem Falle ist das Ergebnis des IN-Prädikates wahr, ansonsten falsch.

Die Syntax des IN-Prädikates lautet:

```
            <Ausdruck> IN (<Ausdrucksliste>)
```

Die Ausdrucksliste kann entweder durch eine Aufzählung der zulässigen Werte *statisch*
oder durch eine Unterabfrage *dynamisch* bestimmt werden.

Beispiel: Statische Festlegung der Wertemenge:

```
       <Ausdruck> IN (<Ausdruck> [,<Ausdruck>] ... )
```

Bzw.: Dynamische Festlegung der Wertemenge:

```
<Ausdruck> IN (<Unterabfrage>)
```

Z. B.:   4711 IN (4702, 4802, 4711) ist wahr.
         4700 IN (4702, 4802, 4711) ist falsch.

Beispiel:

Gesucht sind die Daten aller Kunden mit den verschiedenen Schreibweisen von Meier ... .

```
*  ************************************************************
*                      Programm: P17                        *
*                  Anwendung des Prädikats IN               *
*  ************************************************************

? "Abfrage mit Prädikat IN:"

SELECT  Kunden_Nr, Vorname, Zuname, Ort
   FROM  Kunde
   WHERE Zuname IN ("Meyer", "Mayer", "Meier", "Maier");
?
? "Abfrage mit zusammengesetztem Bedingungsausdruck."
? "Die Zusammensetzung erfolgt mittels OR"
?
SELECT  Kunden_Nr, Vorname, Zuname, Ort
   FROM  Kunde
   WHERE Zuname = "Meyer" OR
         Zuname = "Mayer" OR
         Zuname = "Meier" OR
         Zuname = "Maier";

RETURN
```

Programm 17: Prädikat IN und seine Simulation.

```
* ********************* Ergebnis: ***********************

Abfrage mit Prädikat IN:
 KUNDEN_NR VORNAME          ZUNAME          ORT
 K002      Georg            Mayer           Heidelberg

Abfrage mit zusammengesetztem Bedingungsausdruck.
Die Zusammensetzung erfolgt mittels OR

 KUNDEN_NR VORNAME          ZUNAME          ORT
 K002      Georg            Mayer           Heidelberg
```

Ergebnis 12: Kundendaten der Kunden Meier ...

Beispiel mit Unterabfrage:

Welche Kunden haben Rechnungen von 10.000,-- DM und mehr erhalten?

```
* *****************************************************************
*                        Programm: P18                          *
*           Anwendung des Prädikats IN mit Unterabfrage          *
* *****************************************************************


SELECT  Kunden_Nr, Vorname, Zuname, Ort
    FROM   Kunde
    WHERE Kunden_Nr IN
        (SELECT Kunden_Nr
            FROM   Rechnung
            WHERE Betrag >= 10000);


RETURN
```

Programm 18: Prädikat IN und Unterabfrage - Kunden mit Rechnungen über 10.000,--.

```
* ********************* Ergebnis: **********************

 KUNDEN_NR VORNAME          ZUNAME          ORT
 K001      Hugo             Mueller         Heidelberg
```

Ergebnis 13: Kunde mit Rechnungen über DM 10.000,-- DM.

Beispiel:

Es sollen die Kunden ausgegeben werden, die eine Rechnung (mindestens eine) erhalten haben.

Hierzu soll das Prädikat IN mit einer Unterabfrage eingesetzt werden. Weiterhin soll das gleiche Ergebnis mit Hilfe eines Verbundes ermittelt werden.

```
* *****************************************************************
*                       Programm: P19                           *
*             Auswahl von Zeilen mit dem Prädikat IN.           *
*     Erzielung des gleichen Ergebnisses mit einem Verbund.    *
* *****************************************************************

? "Auswahl der Kunden, die eine Rechnung erhalten haben,"
? "mit einer Unterauswahl."
?


SELECT Kunden_Nr, Zuname
    FROM   Kunde
    WHERE Kunden_Nr IN
        (SELECT Rechnung.Kunden_Nr
            FROM Rechnung);


?
? "Auswahl der Kunden, die eine Rechnung erhalten haben,"
? "mit einem Verbund."
?
SELECT DISTINCT  K.Kunden_Nr, K.Zuname
    FROM   Kunde K, Rechnung R
    WHERE R.Kunden_Nr = K.Kunden_Nr;


RETURN
```

Programm 19: Prädikat IN mit Unterauswahl und alternativ hierzu Einsatz eines Verbundes.

```
* ********************** Ergebnis: **********************

Auswahl der Kunden, die eine Rechnung erhalten haben,
mit einer Unterauswahl.

 KUNDEN_NR ZUNAME
 K001      Mueller
 K002      Mayer


Auswahl der Kunden, die eine Rechnung erhalten haben,
mit einem Verbund.

 K->KUNDEN_NR K->ZUNAME
 K001         Mueller
 K002         Mayer
```

Ergebnis 14: Prädikat IN.

EXISTS-Prädikat

Ein Vergleichsausdruck mit dem EXISTS-Prädikat ist dann wahr, wenn die dem
EXISTS-Prädikat nachfolgende Unterabfrage *mindestens eine Tabellenzeile liefert*. Die
Aussage EXISTS lautet somit in übertragenem Sinne: "Es gibt mindestens eine
Ergebniszeile bei der Ausführung des folgenden SELECT-Befehls".

Die Syntax des EXISTS-Prädikates lautet:

```
EXISTS ( <SELECT-Befehl> )
```

Liefert der SELECT-Befehl mindestens eine Tabellenzeile, so ist das Ergebnis des Prädikates EXISTS (SELECT usw.) wahr, und die aktuelle Zeile der Hauptabfrage wird in
das Ergebnis übernommen.

Beispiele:

a) Gib alle Kunden aus, die mindestens eine Rechnung erhalten haben.

b) Gib alle Kunden aus, die noch keine Rechnung erhalten haben.

c) Wähle die Artikel aus, die mindestens in einem Verkaufsakt verkauft wurden, gleichgültig, wieviele Artikelexemplare des jeweiligen Artikels hierbei verkauft wurden.

Zur Lösung der Aufgaben aus den Beispielen orientieren wir uns an dem Entitäts-Beziehungs-Diagramm (ERM). Hierbei müssen wir beachten, daß bei der Umsetzung des ERM
in Relationen die Beziehung "erhalten" als Fremdschlüssel in der Tabelle "Rechnung"
verwirklicht worden ist. Für die Beziehung "enthalten" ist eine eigenständige Tabelle mit

dem Namen "enthalte" (verkürzter Name durch die Einschränkungen des Betriebssystems DOS) entstanden.

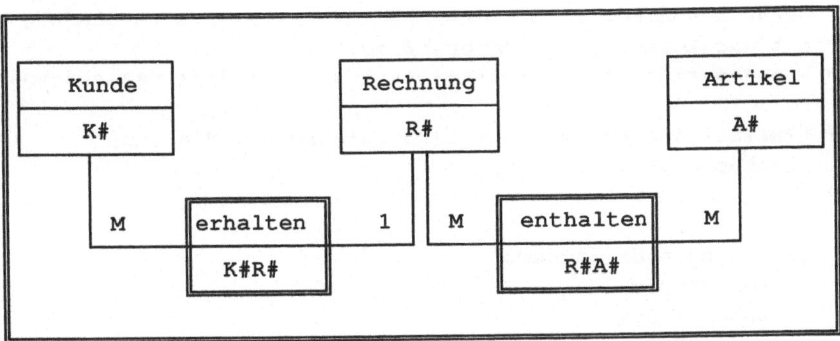

Abbildung 60: Miniwelt.

Überlegungen zu den Lösungen der Aufgaben:

Zu a) Für jede Zeile der Tabelle "Kunde" ist zu prüfen, ob in der Tabelle "Rechnung" *mindestens eine* Zeile mit dem Kundennummernwert existiert, den die aktuelle Zeile in der Kundentabelle enthält. Mit anderen Worten: Es ist zu prüfen, ob der Primärschlüsselwert in "Kunden_Nr" aus der aktuell untersuchten Zeile der Tabelle Kunde als Fremdschlüsselwert in der Tabelle Rechnung *existiert*.

Zu b) Für jede Zeile der Tabelle "Kunde" ist zu prüfen, ob in der Tabelle "Rechnung" *keine* Zeile mit dem Kundennummernwert existiert, den die aktuelle Zeile in der Kundentabelle enthält. Mit anderen Worten: Es ist zu prüfen, ob der Primärschlüsselwert in "Kunden_Nr" aus der aktuell untersuchten Zeile der Tabelle Kunde als Fremdschlüsselwert in der Tabelle Rechnung *nicht existiert*.

Zu c) Für jede Zeile der Tabelle "Artikel" ist zu prüfen, ob in der Tabelle "enthalte" *mindestens eine* Zeile mit dem Artikelnummernwert existiert, den die aktuelle Zeile in der Artikeltabelle enthält. Mit anderen Worten: Es ist zu prüfen, ob der Primäschlüsselwert in "Artikel_Nr" aus der aktuell untersuchten Zeile der Tabelle Artikel als Fremdschlüsselwert in der Tabelle "enthalte" *existiert*.

```
*  **********************************************************
*                         Programm: P20                    *
*  Auswahl von Zeilen mit dem Prädikat EXISTS in Verbindung *
*  mit der korrelierten Unterabfrage.                       *
*  **********************************************************


? "Auswahl der Kunden mittels Unterauswahl, die eine"
? "Rechnung erhalten haben."
?


SELECT Kunden_Nr, Zuname
    FROM   Kunde
    WHERE EXISTS
        (SELECT Rechnung.Kunden_Nr
            FROM Rechnung
            WHERE Rechnung.Kunden_Nr = Kunde.Kunden_Nr);


?
? "Auswahl der Kunden mittels Unterauswahl, die keine"
? "Rechnung erhalten haben."
?


SELECT Kunden_Nr, Zuname
    FROM   Kunde
    WHERE NOT EXISTS
        (SELECT Rechnung.Kunden_Nr
            FROM Rechnung
            WHERE Rechnung.Kunden_Nr = Kunde.Kunden_Nr);



WAIT
CLEAR
? "Auswahl der Artikel, für die mindestens ein Verkauf"
? "existiert, d. h., die mindestens einmal verkauft wurden."
?


SELECT *
    FROM   Artikel
    WHERE EXISTS
        (SELECT enthalte.Artikel_Nr
            FROM   enthalte
            WHERE enthalte.Artikel_Nr = Artikel.Artikel_Nr);


RETURN
```

Programm 20: Anwendung des Prädikates EXIST mit einer korrelierten Unterabfrage.

```
* ********************** Ergebnis: **********************

Auswahl der Kunden mittels Unterauswahl, die eine
Rechnung erhalten haben.

 KUNDE->KUNDEN_NR KUNDE->ZUNAME
 K001             Mueller
 K002             Mayer

Auswahl der Kunden mittels Unterauswahl, die keine
Rechnung erhalten haben.

 KUNDE->KUNDEN_NR KUNDE->ZUNAME
 K003             Schulze

Weiter mit beliebiger Taste
Auswahl d : Artikel, für die mindestens ein Verkauf
existiert, d. h., die mindestens einmal verkauft wurden.

 ARTIKEL->ARTIKEL_NR ARTIKEL->NAME    ARTIKEL->PREIS
 A001                Computer            5000,00
 A002                Drucker             1000,00
 A003                Bildschirm           500,00
```

Ergebnis 15: Auswahlen mit Hilfe des Prädikates EXIST mit einer korrelierten Unterabfrage.

In der Unterabfrage wird ein Spaltenname (z. B. Kunde.Kunden_Nr bzw. Artikel_Nr) des übergeordneten SELECT-Befehls verwendet. In einem solchen Fall spricht man von einer *korrelierten Unterabfrage*. Hierbei wird die Unterabfrage, im Gegensatz zur üblichen Vorgehensweise ohne Korrelation, für jede Zeile der übergeordneten Tabelle einmal ausgeführt. Die Unterabfrage ist quasi der "Schnelläufer", die Hauptabfrage der "Langsamläufer".

ANY-Prädikat

Das Prädikat ANY ist nur zulässig in Verbindung mit einer Unterabfrage. Unterabfragen haben prinzipiell die gleiche Syntax wie der SELECT-Befehl, wobei folgende Befehlsbestandteile nicht zulässig sind:

- DISTINCT
- ALL
- *
- ORDER BY

Die Syntax des Prädikates ANY lautet:

```
     <Ausdruck> <Operator> ANY ( <Unterabfrage> )
```

Die durch die Unterabfrage gewonnenen Zwischenergebnisse werden mit *OR* verknüpft und in den Vergleichsausdruck der WHERE-Komponente der äußeren Abfrage eingesetzt. *Das Prädikat ANY bildet somit einen zusammengesetzten Vergleichsausdruck mit einer nicht festgesetzten Anzahl von Einzelvergleichen, die dynamisch mit ODER untereinander verbunden werden.* Wenn *irgend einer* (englisch: any) dieser Einzelvergleiche wahr ist, so ist auch das Ergebnis des Prädikates ANY wahr. Ist keiner der Einzelvergleiche wahr, so ist das Ergebnis des Prädikates falsch.

Wird in der WHERE-Komponente der äußeren Abfrage mit dem Gleichheitsrelator = auf ANY verglichen, so ist das gleichbedeutend zu WHERE <Wert> IN (<Ausdrucksliste>).

Beispiel:

Es sollen alle Kunden ausgegeben werden, die noch unbezahlte Rechnungen haben.

```
* ***************************************************************
*                         Programm: P21                        *
*                    Anwendung des Prädikats ANY               *
* ***************************************************************

SELECT    Kunden_Nr, Vorname, Zuname, Ort
   FROM   Kunde
   WHERE Kunde.Kunden_Nr = ANY
      (SELECT    Rechnung.Kunden_Nr
          FROM   Rechnung
          WHERE Bezahlt = .F.);


RETURN
```

Programm 21: Anwendung des Prädikats ANY.


```
* ********************** Ergebnis: **********************
```

KUNDEN_NR	VORNAME	ZUNAME	ORT
K001	Hugo	Mueller	Heidelberg
K002	Georg	Mayer	Heidelberg

Ergebnis 16: Mittels ANY ermittelte Kunden mit offenen Rechnungen.

ALL-Prädikat

Das Prädikat ALL ist nur zulässig in Verbindung mit einer Unterabfrage.

Die Syntax des Prädikates ALL lautet:

```
<Ausdruck> <Operator> ALL ( <Unterabfrage> )
```

Die durch die Unterabfrage gewonnenen Zwischenergebnisse werden mit **AND** verknüpft und in den Vergleichsausdruck der WHERE-Komponente der äußeren Abfrage einge- setzt. *Das Prädikat ALL bildet somit einen zusammengesetzten Vergleichsausdruck mit einer nicht festgesetzten Anzahl von Einzelvergleichen, die dynamisch mit UND untereinander verbunden werden.* Wenn *all* diese Einzelvergleiche wahr sind, so ist auch das Ergebnis des Prädikates ALL wahr. Ist nur einer der Einzelvergleiche nicht wahr, so ist das Ergebnis des Prädikates falsch.

Beispiel:

a) Suche den billigsten Artikel, d. h. den Artikel mit dem niedrigsten (minimalen) Preis:
b) Suche den teuersten Artikel, d. h. den Artikel mit dem höchsten (maximalen) Preis:

```
*  ****************************************************************
*                            Programm: P22                       *
*                    Anwendung des Prädikats ALL                 *
*  ****************************************************************

?  "Alle Artikel: "
?

SELECT *
   FROM Artikel;


?
?  "Der billigste Artikel ist: "
?

SELECT    *
   FROM  Artikel
   WHERE Preis <= ALL
      (SELECT   Preis
         FROM  Artikel);

?
?  "Der teuerste Artikel ist: "
?

SELECT    *
   FROM  Artikel
   WHERE Preis >= ALL
      (SELECT   Preis
         FROM  Artikel);


RETURN
```

Programm 22: Anwendung des Prädikats ALL zum Auswählen des billigsten und des teuersten Artikels.

```
* ********************** Ergebnis: **********************

Alle Artikel:

ARTIKEL_NR NAME                   PREIS
A001       Computer             5000,00
A002       Drucker              1000,00
A003       Bildschirm            500,00
A004       Kabel                  50,00

Der billigste Artikel ist:

ARTIKEL_NR NAME                   PREIS
A004       Kabel                  50,00

Der teuerste Artikel ist:

ARTIKEL_NR NAME                   PREIS
A001       Computer             5000,00
```

Ergebnis 17: Ergebnis mit dem Prädikat ALL ermittelt.

6.4.5 LIKE-Prädikat

Ein Vergleichsausdruck, mit dem Prädikat LIKE verwirklicht, ist WAHR, wenn der Vergleichswert in dem nach LIKE angegebenen Ausdruck enthalten ist. Die Ausdrücke müssen vom Zeichenkettentyp CHAR sein.

Die Syntax lautet:

```
<Vergleichswert> LIKE <Ausdruck>
```

In dem nach LIKE angegebenen Ausdruck können *Platzhalter* verwendet werden. So bedeutet der Unterstrich "_" *genau ein* beliebiges Zeichen, das Prozentzeichen "%" steht für eine *beliebig lange*, nur durch die Implementierung von SQL begrenzte Zeichenkette, also mehrere Zeichen.

Z. B.: "Auto" LIKE "_u%" ist wahr
       (lediglich die zweite Stelle muß mit dem Zeichen "u"
       besetzt sein).
       "Auto" LIKE "_a%" ist falsch.

Beispiel:

Es werden alle Kunden ausgegeben, deren Namen aus 5 Buchstaben bestehen, deren Namen mit "M" beginnen und mit "er" enden.

```
*   ****************************************************************
*                         Programm: P23                          *
*                   Anwendung des Prädikats LIKE                  *
*   ****************************************************************


SELECT   Kunden_Nr, Vorname, Zuname, Ort
    FROM  Kunde
    WHERE Zuname LIKE "M__er%";


RETURN
```

Programm 23: Anwendung des Prädikates LIKE zur Ermittlung der Kunden mit einer beliebigen Schreibweise von Meier, ...

```
* ********************** Ergebnis: **********************

KUNDEN_NR VORNAME          ZUNAME          ORT
K002      Georg            Mayer           Heidelberg
```

Ergebnis 18: Kunde Mayer wurde mit Hilfe von LIKE gefunden.

6.4.6 GROUP BY Komponente

Mit Hilfe der GROUP BY-Komponente werden mehrere Zeilen aufgrund eines in der Komponenten angegebenen Gruppierungsbegriffs zu einem Zwischenergebnis zusammengefaßt.

Die Syntax lautet:

```
GROUP BY <Spaltenname>
         [, <Spaltenname>] ...
```

Jeder in der GROUP BY-Komponente verwendete Spaltenname muß in der <Spaltenliste> der SELECT-Komponente ebenfalls angegeben worden sein. Zusätzlich zu diesen Spaltennamen dürfen in der Spaltenliste der SELECT-Komponente noch SQL-Funktionen auftreten.

Beispiel:

Es ist eine Liste zu erzeugen, die die Summe der Rechungsbeträge je Kunde enthält.
Außer dieser Summe sind der Zuname und die Kundennummer des jeweiligen Kunden
auszugeben.

```
*  ***********************************************************
*                      Programm: P24                        *
*              Anwendung der GROUP BY Komponente            *
*  ***********************************************************


? "Alle Rechnungen: "
?


SELECT *
    FROM Rechnung;


?
? "Summe aller Rechnungsbeträge je Kunde: "
?


SELECT    Zuname, Kunde.Kunden_Nr, SUM(Betrag)
    FROM  Kunde, Rechnung
    WHERE Kunde.Kunden_Nr = Rechnung.Kunden_Nr
    GROUP BY Zuname, Kunde.Kunden_Nr;


RETURN
```

Programm 24: Anwendung der GROUP BY-Komponente.


```
* ********************** Ergebnis: **********************

Alle Rechnungen:

RECHNU_NR KUNDEN_NR DATUM        BETRAG MAHNUNG_NR BEZAHLT
R001      K001      04.04.91  13000,00          0 .F.
R002      K001      05.04.91   2000,00          0 .F.
R003      K002      05.04.91   5000,00          0 .F.

Summe aller Rechnungsbeträge je Kunde:

G_ZUNAME         G_KUNDEN_N        SUM1
Mayer            K002              5000
Mueller          K001             15000
```

Ergebnis 19: Die Rechnungszeilen gruppiert (zusammengefaßt) nach Kunden und die
Kundennamen mit angegeben.

Beispiel:

Es ist die Frage zu beantworten, wieviele Artikelnummern in jeder der Rechnungen angegeben sind, d. h., wieviele Rechnungsposten eine jeweilige Rechnung aufweist:

```
* ***********************************************************
*                      Programm: P25                        *
*              Anwendung der GROUP BY Komponente            *
* ***********************************************************


? "Alle Rechnungspositionen: "
?


SELECT *
   FROM Enthalte;


?
? "Die Anzahl der Rechnungsposten in der jeweiligen "
? "Rechnung sind: "
?


SELECT    Rechnu_Nr, COUNT(*)
   FROM   Enthalte
   GROUP BY Rechnu_Nr;


RETURN
```

Programm 25: Anwendung der GROUP BY - Komponente.

```
* ********************** Ergebnis:  **********************

Alle Rechnungspositionen:

RECHNU_NR ARTIKEL_NR POSITION ANZAHL
R001      A001              1      2
R001      A002              2      3
R002      A002              1      1
R002      A003              2      2
R003      A001              1      1


Die Anzahl der Rechnungsposten in der jeweiligen
Rechnung sind:

G_RECHNU_N       COUNT1
R001                  2
R002                  2
R003                  1
```

Ergebnis 20: Mit Hilfe der GROUP BY - Komponente ermittelte Anzahl der Rechnungspositionen je Rechnung.

HAVING Komponente

Die HAVING-Komponente ist *nur in Zusammenhang mit der GROUP BY-Komponente* angebbar.

Die Syntax lautet:

```
HAVING <Ausdruck> <Relator> <Ausdruck>
```

Die Ausdrücke können wieder zusammengesetzt sein und Standardfunktionen enthalten.

Mit der HAVING-Komponente werden die aus der GROUP BY-Komponente hervorgegangenen *Gruppen* nach bestimmten Gruppeneigenschaften *ausgewählt*. Die nicht ausgewählten Gruppen werden hierbei übergangen.

Die HAVING-Komponente der GROUP BY-Komponente darf nicht mit der WHERE-Komponente verwechselt werden. Beide Komponenten dienen dazu, eine Auswahl aus den möglichen *Auswahlkandidaten* zu treffen. Bei der WHERE-Komponente sind die Kandidaten die Zeilen der angegebenen Tabelle. Bei der HAVING-Komponente dagegen sind die Kandidaten der Auswahl die Gruppierungsergebnisse, die aufgrund der GROUP BY-Komponente zustandegekommen sind. Sowohl die WHERE- als auch die HAVING-Komponente können in einem SELECT-Befehl gemeinsam vorkommen.

Beispiel:

In die Ausgabeliste sollen nur Kunden aufgenommen werden, deren Rechnungen
zusammengenommen einen Wert > 5.000,-- DM aufweisen.

```
   * ****************************************************************
   *                        Programm: P26                          *
   *                 Anwendung der HAVING  Komponente              *
   *                                                               *
   * ****************************************************************


   ? "Alle Rechnungen: "
   ?


   SELECT *
      FROM Rechnung;


   ?
   ? "Kunden mit zusammengefaßten Rechnungsbeträgen größer "
   ? "als 5.000,-- DM "
   ?


   SELECT    Zuname, Kunde.Kunden_Nr, SUM(Betrag)
      FROM   Kunde, Rechnung
      WHERE  Kunde.Kunden_Nr = Rechnung.Kunden_Nr
      GROUP  BY Zuname, Kunde.Kunden_Nr
      HAVING SUM(Betrag) > 5000;


   RETURN
```

Programm 26: Anwendung der HAVING-Komponente zur Auswahl von Kandidaten, die
aufgrund der GROUP BY-Komponente zustandegekommen sind.

```
* ********************** Ergebnis: **********************

Alle Rechnungen:

RECHNU_NR KUNDEN_NR DATUM        BETRAG MAHNUNG_NR BEZAHLT
R001      K001      04.04.91  13000,00          0 .F.
R002      K001      05.04.91   2000,00          0 .F.
R003      K002      05.04.91   5000,00          0 .F.

Kunden mit zusammengefaßten Rechnungsbeträgen größer
als 5.000,-- DM

G_ZUNAME          G_KUNDEN_N       SUM1
Mueller           K001             15000
```

Ergebnis 21: Mit der HAVING-Komponente ausgewähltes Gruppierungsergebnis.

Beispiel:

Welcher Artikel wurde genau in einer Rechnung verkauft?

```
    * *********************************************************
    *                      Programm: P27                     *
    *              Anwendung der HAVING  Komponente           *
    * *********************************************************


    ? "Alle Verkäufe: "
    ?


    SELECT *
       FROM Enthalte;


    ?
    ? "Genau in einer Rechnung verkauft wurde Artikel Nr.:   "
    ?


    SELECT      Artikel_Nr
       FROM      Enthalte
       GROUP BY Artikel_Nr
       HAVING    COUNT(*) = 1;


    RETURN
```

Programm 27: Anwendung der HAVING-Komponente.


```
* ********************** Ergebnis: **********************

Alle Verkäufe:

RECHNU_NR ARTIKEL_NR POSITION ANZAHL
R001      A001              1      2
R001      A002              2      3
R002      A002              1      1
R002      A003              2      2
R003      A001              1      1

Genau in einer Rechnung verkauft wurde Artikel Nr.:

 G_ARTIKEL_NR
 A003
```

Ergebnis 22: Auswahl des Gruppierungsergebnisses mit der HAVING-Komponente.

6.4.7 ORDER BY-Komponente

Mit der ORDER BY-Komponente wird das Ergebnis einer Abfrage in einer gewünschten Reihenfolge bereitgestellt.

Die Syntax lautet:

```
ORDER BY    <Spaltenname> | <Ganzzahl> [ASC|DESC]
            [,<Spaltenname> | <Ganzzahl> [ASC|DESC] ] ...
```

Die Ergebnisreihen werden nach den Werten in den angegebenen Spalten sortiert bereitgestellt. Je nach Angabe von ASC oder DESC auf- oder absteigend. Werden mehrere Spaltennamen angegeben, so ergibt sich hierdurch ein *hierarchischer Sortierbegriff*. Die angegebenen Spaltennamen müssen in der <Spaltenliste> der SELECT-Komponente enthalten sein.

Wird anstatt eines <Spaltennamens> eine <Ganzzahl> angegeben, so wird nach der Spalte geordnet, die in der <Spaltenliste> der SELECT-Komponente an der *Position* <Ganzzahl> steht. Eine Positionsangabe ist immer dann erforderlich, wenn der Sortierbegriff nicht durch einen Spaltennamen angebbar ist. Dieser Fall tritt ein, wenn der Sortierbegriff das Ergebnis einer zulässigen *Funktion* in der SELECT-Komponente und nicht ein Spaltenname ist.

Beispiel:

Es soll eine nach Zuname und Vorname sortierte Kundenliste erzeugt werden.

```
*  ************************************************************
*                      Programm: P28                        *
*              Anwendung der ORDER BY Komponente             *
*  ************************************************************


? "Die unsortierten Kundendaten: "
?


SELECT  Kunden_Nr, Vorname, Zuname
   FROM Kunde;


?
? "Die nach Zunamen und Vornamen sortierten Kundendaten: "
?


SELECT  Kunden_Nr, Vorname, Zuname
   FROM Kunde
   ORDER BY Zuname, Vorname;


RETURN
```

Programm 28: Anwendung der ORDER BY-Komponente zur Herstellung einer
alphabetisch sortierten Kundenliste.

```
* ********************** Ergebnis: **********************

Die unsortierten Kundendaten:

KUNDEN_NR VORNAME          ZUNAME
K001      Hugo             Mueller
K002      Georg            Mayer
K003      Eva              Schulze

Die nach Zunamen und Vornamen sortierten Kundendaten:

KUNDEN_NR VORNAME          ZUNAME
K002      Georg            Mayer
K001      Hugo             Mueller
K003      Eva              Schulze
```

Ergebnis 23: Mit der ORDER BY-Komponente sortierte Kundendaten.

6.4.8 SAVE TO TEMP Komponente

Mit der SAVE TO TEMP-Komponente wird das Ergebnis des SELECT-Befehls *in einer Tabelle abgespeichert*. Die Tabelle muß vorher noch nicht existiert haben. Auf diese Tabelle kann sodann während der laufenden SQL-Sitzung mit weiteren SQL-Befehlen zugegriffen werden. Mit Beendigung der Sitzung wird die Tabelle von SQL automatisch gelöscht. Somit erzeugt die SAVE TO TEMP-Komponente eine *temporäre*, d. h. nur zeitweise existierende Tabelle. Auf diesen Sachverhalt deutet auch das Schlüsselwort *TEMP* hin.

Sollen die gespeicherten Daten das Sitzungsende, d. h. die Abmeldung des Benutzers bei SQL überdauern, um in einer folgenden SQL-Sitzung noch verfügbar zu sein, so kann hierfür die Option **KEEP** in der SAVE TO TEMP-Komponente eingesetzt werden.

Mit Anwendung des SQL-Befehls **DBDEFINE** wird die zunächst aufgrund von KEEP nicht gelöschte Tabelle zu einer ständig verfügbaren Tabelle erkoren und als solche im Katalog vermerkt.

Die Syntax der SAVE TO TEMP-Komponente lautet somit:

```
        SAVE TO TEMP <Tabellenname>
             [(<Spaltenliste>)]
                  [KEEP]
```

Wie Sie aus der Syntax erkennen können, ist es sogar möglich, mit Hilfe der Spaltenliste den Spalten in der neuen Tabelle (Datensenke) andere Namen zu geben, als diese in der Tabelle der FROM-Komponente (Datenquelle) haben.

```
* ************************************************************
*                      Programm: P29                         *
*            Anwendung der SAVE TO TEMP   Komponente          *
*                                                            *
*  Die mittels SELECT ausgewählten Daten werden zunächst     *
*  in einer temporären Tabelle gespeichert. Anschließend     *
*  wird auf die Tabelle mit dem folgenden SELECT-Befehl       *
*  zugegriffen.                                              *
* ************************************************************

? "Daten der Rechnungsdatei werden in einer Tabelle"
? "temporär gespeichert."
?


SELECT *
   FROM Rechnung
   SAVE TO TEMP Hilfsta1;


?
? "Nun wird die Hilfstabelle gelesen: "
?


SELECT *
   FROM Hilfsta1;

WAIT
CLEAR

? "Daten der Rechnungstabelle werden in eine weitere,"
? "diesmal beständige Tabelle gespeichert."
? "Die Spalten dieser Tabelle erhalten neue Namen."
?


SELECT *
   FROM Rechnung
   SAVE TO TEMP Hilfsta2 (R, K, D, B, M, Bez)
   KEEP;


?
? "Nun wird die zweite Tabelle gelesen:"
?
```

```
    SELECT *
       FROM Hilfsta2;


    ?

    ? "Nun wird diese Tabelle doch gelöscht."
    ?


    DROP TABLE Hilfsta2;


    RETURN
```

Programm 29: Anwendung der SAVE TO TEMP-Komponente.


```
* ********************** Ergebnis: **********************

Daten der Rechnungsdatei werden in einer Tabelle
temporär gespeichert.


Nun wird die Hilfstabelle gelesen:

RECHNU_NR KUNDEN_NR DATUM        BETRAG MAHNUNG_NR BEZAHLT
R001      K001      04.04.91  13000,00          0 .F.
R002      K001      05.04.91   2000,00          0 .F.
R003      K002      05.04.91   5000,00          0 .F.

Weiter mit beliebiger Taste

Daten der Rechnungstabelle werden in eine weitere,
diesmal beständige Tabelle gespeichert.
Die Spalten dieser Tabelle erhalten neue Namen.


Nun wird die zweite Tabelle gelesen:

R    K    D            B  M BEZ
R001 K001 04.04.91  13000,00  0 .F.
R002 K001 05.04.91   2000,00  0 .F.
R003 K002 05.04.91   5000,00  0 .F.

Nun wird diese Tabelle doch gelöscht.
```

Ergebnis 24: Anwendung der SAVE TO TEMP-Komponente.

6.5 Vereinigung mehrerer Tabellen

Bei der Vereinigung von Tabellen werden die Zeilen der hierbei beteiligten Tabellen zu einer gemeinsamen Ergebnistabelle zusammengefaßt. Die SQL-Vereinigung entspricht der Vereinigungsoperation aus der *Mengenlehre*.

Tabellen können natürlich nur dann vereinigt werden, wenn sie die gleiche Struktur aufweisen. Man sagt, sie müssen *vereinigungskompatibel* sein. Von mehreren wertmäßig gleichen Zeilen wird beim Vereinigungsprozeß nur eine Zeile übernommen, d. h. daß Redundanz eliminiert wird.

Beispiel:

Es sollen zwei vereinigungskompatible "enthalte"-Tabellen vereinigt werden.

Um den Schreibaufwand zu reduzieren, soll zur Lösung dieser Aufgabe aus der Tabelle "enthalte" eine neue Tabelle (z. B. enthtemp) abgeleitet werden. Aufgrund der eins-zu-eins-Ableitung ist diese abgeleitete Tabelle zu ihrer Ausgangstabelle vereinigungskompatibel. Anschließend werden die Zeilen der abgeleiteten Tabelle verändert, damit sie beim Vereinigungsprozeß nicht eliminiert werden. *Es werden in die Ergebnistabelle keine Zeilen mit denselben Werten übernommen.*

```
* *************************************************************
*                        Programm: P30                       *
*                                                             *
*         Vereinigung kompatibler Tabellen mit der            *
*            UNION-Komponente des SELECT-Befehls.             *
*                                                             *
* *************************************************************

? "Die Enthalte-Tabelle wird in eine temporäre Hilfstabelle"
? "kopiert."
?


SELECT *
   FROM Enthalte
   SAVE TO TEMP Enthtemp;


?
? "Die Zeilen der temporären Tabelle werden verändert, "
? "damit bei der folgenden Vereinigung keine doppelten "
? "Zeilen eliminiert werden."
?


UPDATE Enthtemp
   SET Anzahl = Anzahl + 100;


?
? "Die kompatiblen Enthalte-Tabellen werden nun"
? "vereinigt."
?


SELECT *
   FROM Enthalte
   UNION
   SELECT *
   FROM Enthtemp;


RETURN
```

Programm 30: Vereinigung kompatibler Tabellen mit Hilfe des Operators UNION.

```
* ********************** Ergebnis: ***********************

Die Enthalte-Tabelle wird in eine temporäre Hilfstabelle
kopiert.


Die Zeilen der temporären Tabelle werden verändert,
damit bei der folgenden Vereinigung keine doppelten
Zeilen eliminiert werden.


Die kompatiblen Enthalte-Tabellen werden nun
vereinigt.

RECHNU_NR  ARTIKEL_NR POSITION  ANZAHL
R001       A001              1       2
R001       A001              1     102
R001       A002              2       3
R001       A002              2     103
R002       A002              1       1
R002       A002              1     101
R002       A003              2       2
R002       A003              2     102
R003       A001              1       1
R003       A001              1     101
```

Ergebnis 25: Anwendungsergebnis von UNION.

6.6 Eingebaute SQL-Funktionen

SQL bietet mehrere Funktionen (Standardfunktionen), die als Erweiterung des Operatorensatzes von SQL betrachtet werden können, und die für häufig erforderliche SQL-Dienste benötigt werden, z. B. für statistische Auswertungen von Tabellendaten.

6.6.1 COUNT-Funktion

Die Funktion COUNT (engl.: count, Anzahl) liefert die Anzahl der ausgewählten Reihen an die Stelle ihrer Niederschrift zurück.

Die Syntax lautet:

```
COUNT (<Spaltenname> | *)
```

Beispiel:

Wieviele Kunden gibt es?

```
*  ******************************************************************
*                          Programm: P31                          *
*                   Anwendung der Funktion COUNT                   *
*  ******************************************************************


? "Die Tabelle Kunde: "
?
SELECT  Kunden_Nr, Vorname, Zuname
   FROM Kunde;
?
? "Ergebnis der Funktion COUNT: "
?
SELECT  COUNT(*)
   FROM Kunde;
RETURN
```

Programm 31: Anwendung der Funktion COUNT zum zählen der Kunden.

```
* ********************** Ergebnis: **********************
Die Tabelle Kunde:
 KUNDEN_NR VORNAME          ZUNAME
 K001      Hugo             Mueller
 K002      Georg            Mayer
 K003      Eva              Schulze
Ergebnis der Funktion COUNT:
    COUNT1
        3
```

Ergebnis 26: Anzahl der Kunden mit COUNT ermittelt.

6.6.2 SUM-Funktion

Die Funktion SUM (engl.: sum, Summe) liefert die Summe aller Werte in den selektierten Reihen einer numerischen Spalte.

Die Syntax lautet:

```
SUM (<numerische Spalte>)
```

Beispiel:

a) Wie lautet die Summe aller Rechnungsbeträge?
b) Wie lautet die Summe der Rechnungsbeträge von Kunde "K001"?

```
*  ***********************************************************
*                       Programm: P32                       *
*                 Anwendung der Funktion SUM                 *
*  ***********************************************************

? "Die Tabelle Rechnung: "
?
SELECT  *
   FROM Rechnung;
?
? "Ergebnis der Funktion SUM: "
? "Summe aller Rechnungen: "
?
SELECT  SUM(Betrag)
   FROM Rechnung;
?
? "Summe der Rechnungen des Kunden K001: "
?
SELECT  SUM(Betrag)
   FROM  Rechnung
   WHERE Kunden_Nr = "K001";
RETURN
```

Programm 32: Anwendung der Funktion SUM zum Bilden von Summen numerischer
Spalten (Rechnungsbetrag).

```
* ********************** Ergebnis: **********************
Die Tabelle Rechnung:

RECHNU_NR KUNDEN_NR DATUM        BETRAG MAHNUNG_NR BEZAHLT
R001      K001      04.04.91  13000,00          0 .F.
R002      K001      05.04.91   2000,00          0 .F.
R003      K002      05.04.91   5000,00          0 .F.

Ergebnis der Funktion SUM:

Summe aller Rechnungen:
     SUM1
     20000

Summe der Rechnungen des Kunden K001:
     SUM1
     15000
```

Ergebnis 27: Summen mit Funktion SUM ermittelt.

6.6.3 MIN-Funktion

Die Funktion MIN (engl.: minimum) liefert den niedrigsten Wert aller selektierten Reihen
einer Spalte.
Die Syntax lautet:

```
                        MIN (<Spaltenname>)
```

Beispiel:

Wie lautet der niedrigste Rechnungsbetrag?

```
*  ************************************************************
*                        Programm: P33                       *
*                   Anwendung der Funktion MIN               *
*  ************************************************************

? "Die Tabelle Rechnung: "
?
SELECT  *
   FROM Rechnung;
?
? "Ergebnis der Funktion MIN: "
? "Die Rechnung mit dem kleinsten Rechnungsbetrag: "
?
SELECT  MIN(Betrag)
   FROM Rechnung;
RETURN
```

Programm 33: Anwendung der Funktion MIN zur Ermittlung des kleinsten Rechnungsbetrages.

```
* ********************** Ergebnis: **********************
Die Tabelle Rechnung:

RECHNU_NR KUNDEN_NR DATUM        BETRAG MAHNUNG_NR BEZAHLT
R001      K001      04.04.91  13000,00          0 .F.
R002      K001      05.04.91   2000,00          0 .F.
R003      K002      05.04.91   5000,00          0 .F.

Ergebnis der Funktion MIN:
Die Rechnung mit dem kleinsten Rechnungsbetrag:
      MIN1
      2000
```

Ergebnis 28: Der kleinste Rechnungsbetrag mit der Funktion MIN ermittelt.

6.6.4 MAX

Die Funktion MAX (engl.: maximum) liefert den größten Wert aller selektierten Reihen einer Spalte. MAX ist das Gegenteil von MIN.

Die Syntax lautet:

```
MAX (<Spaltenname>)
```

Beispiel:

Wie lautet der größte Rechnungsbetrag?

```
* ***********************************************************
*                      Programm: P34                       *
*                 Anwendung der Funktion MAX               *
* ***********************************************************


? "Die Tabelle Rechnung: "
?
SELECT  *
   FROM Rechnung;
?
? "Ergebnis der Funktion MAX: "
? "Die Rechnung mit dem größten Rechnungsbetrag: "
?
SELECT  MAX(Betrag)
   FROM Rechnung;
RETURN
```

Programm 34: Anwendung der Funktion MAX zur Ermittlung des größten Rechnungsbetrages.

```
* ********************** Ergebnis: **********************

Die Tabelle Rechnung:
 RECHNU_NR KUNDEN_NR DATUM        BETRAG MAHNUNG_NR BEZAHLT
 R001      K001      04.04.91   13000,00          0 .F.
 R002      K001      05.04.91    2000,00          0 .F.
 R003      K002      05.04.91    5000,00          0 .F.

Ergebnis der Funktion MAX:
Die Rechnung mit dem größten Rechnungsbetrag:
     MAX1
     13000
```

Ergebnis 29: Der größte Rechnungsbetrag mit der Funktion MAX ermittelt.

6.6.5 AVG-Funktion

Die Funktion AVG (engl.: average, Durchschnitt) liefert das gewogene arithmetische
Mittel der Werte aller selektierten Reihen einer numerischen Spalte.
Die Syntax lautet:

```
AVG (<Numerische spalte>)
```

Beispiel:

Wie lautet der Durchschnitt aller Rechnungsbeträge?

```
* *********************************************************
*                      Programm: P35                     *
*                 Anwendung der Funktion AVG             *
* *********************************************************


? "Die Tabelle Rechnung: "
?
SELECT  *
   FROM Rechnung;
?
? "Ergebnis der Funktion AVG: "
? "Der Durchschnittsbetrag aller Rechnungsbeträge: "
?
SELECT  AVG(Betrag)
   FROM Rechnung;
RETURN
```

Programm 35: Anwendung der Funktion AVG zur Ermittlung des Durchschnitts aller
Rechnungsbeträge.

```
* ********************** Ergebnis: **********************
Die Tabelle Rechnung:

RECHNU_NR KUNDEN_NR DATUM        BETRAG MAHNUNG_NR BEZAHLT
R001      K001      04.04.91  13000,00          0 .F.
R002      K001      05.04.91   2000,00          0 .F.
R003      K002      05.04.91   5000,00          0 .F.

Ergebnis der Funktion AVG:
Der Durchschnittsbetrag aller Rechnungsbeträge:
        AVG1
      6666,67
```

Ergebnis 30: Das arithmetische Mittel (Durchschnitt) aller Rechnungsbeträge mit der
Funktion AVG ermittelt.

6.6.6 Statistik mit eingebauten Funktionen

Mittelwerte

Beispiel:

Folgende Mittelwertarten der Statistik werden im Beispiel programmiert:
a) Ungewogenes arithmetisches Mittel.
b) Gewogenes arithmetisches Mittel.
c) Häufigkeit.

```
* ***********************************************************
*                    Programm: P36                         *
*      Ermittlung statistischer Größen mittels SQL          *
*      Ungewogenes und gewogenes arithmetisches Mittel,     *
*      Häufigkeit eines Wertes.                             *
* ***********************************************************

? "Die Artikeltabelle:"

SELECT *
   FROM Artikel
   SAVE TO TEMP Artikel2;

INSERT INTO Artikel2
   VALUES ( "A005", "Scanner", 1000);

SELECT *
   FROM Artikel2;

? "Ungewogenes arithmetisches Mittel aller Artikelpreise"
? "durch Anwendung der Option DISTINCT in der Funktion AVG:"
?

SELECT AVG( DISTINCT Preis )
   FROM Artikel2;


?
? "Gewogenes arithmetisches Mittel aller Artikelpreise."
? "Die Option DISTINCT wird nicht angewendet."
?
```

```
    SELECT AVG( Preis )
       FROM Artikel2;


    ?
    ? "Häufigkeitstabelle der Artikelpreise:"
    ?


    SELECT Preis, COUNT(*)
       FROM      Artikel2
       GROUP BY Preis;


    RETURN
```

Programm 36: Mittelwerte aus der Statistik.


```
* ********************** Ergebnis:  **********************

Die Artikeltabelle:
 ARTIKEL_NR NAME                    PREIS
 A001       Computer               5000,00
 A002       Drucker                1000,00
 A003       Bildschirm              500,00
 A004       Kabel                    50,00
 A005       Scanner                1000,00

Ungewogenes arithmetisches Mittel aller Artikelpreise
durch Anwendung der Option DISTINCT in der Funktion AVG:
         AVG1
       1637,50

Gewogenes arithmetisches Mittel aller Artikelpreise.
Die Option DISTINCT wird nicht angewendet.

         AVG1
       1510,00

Häufigkeitstabelle der Artikelpreise:

    G_PREIS       COUNT1
         50            1
        500            1
       1000            2
       5000            1
```

Ergebnis 31: Mittelwerte aus der Statistik.

Streuwerte

Folgende Streuwerte der Statistik werden programmiert:

a) Streubreite (Weite).

b) Mittlere absolute Abweichung.

c) Mittlere quadratische Abweichung.

```
* ****************************************************************
*                        Programm: P37                          *
*           Ermittlung statistischer Größen mittels SQL          *
*                        Streuwerte                              *
* ****************************************************************

? "Artikeltabelle: "
?


SELECT *
   FROM Artikel;


?
? "Streubreite (Weite) der Artikelpreise:"
?

SELECT MAX( Preis ) - MIN( Preis )
   FROM Artikel;


?
? "Mittlere absolute Abweichung MAA:"
?

SELECT  A1.Artikel_Nr, ABS(A1.Preis - AVG(A2.Preis))
   FROM       Artikel A1, Artikel A2
   GROUP BY A1.Artikel_Nr, A1.Preis
   SAVE TO TEMP Artikel4 (Artikel_Nr, Abweichung);

SELECT  AVG( Abweichung )
   FROM Artikel4;


?
? "Mittlere quadratische Abweichung - Varianz:"
?

SELECT  A1.Artikel_Nr,
        (A1.Preis - AVG(A2.Preis)) ** 2
   FROM       Artikel A1, Artikel A2
   GROUP BY A1.Artikel_Nr, A1.Preis
   SAVE TO TEMP Artikel5 (Artikel_Nr, Abweichung);

SELECT  SQRT( AVG( Abweichung ) )
   FROM Artikel5;


RETURN
```

Programm 37: Streuwerte der Statistik.

```
* ********************** Ergebnis: **********************
Artikeltabelle:

ARTIKEL_NR NAME                 PREIS
A001       Computer           5000,00
A002       Drucker            1000,00
A003       Bildschirm          500,00
A004       Kabel                50,00

Streubreite (Weite) der Artikelpreise:

     EXP1
     4950

Mittlere absolute Abweichung MAA:

     AVG1
   1681,25

Mittlere quadratische Abweichung - Varianz:

     EXP1
   1970,21
```
Ergebnis 32: Streuwerte aus der Statistik.

Absolut- und Relativwerte

Im folgenden Programm wird gezeigt, wie man Absolut- und Relativwerte mit SQL-Sprachmitteln erarbeiten kann.

Beispiel:

Es soll ermittelt werden, inwiefern Artikel "A001" in welcher Rechnung in welchen Mengen absolut und relativ verkauft wurde.

```
* ************************************************************
*                      Programm: P38                         *
*           Auswertungen aus der Rechnungsdatenbank          *
* ************************************************************

? "Artikel A001 wurde in welcher Rechnung in welchen"
? "Mengen absolut und relativ verkauft?"
?
? "Lösung 1 mittels einer SELECT-Anweisung:"
?
 SELECT A1.Artikel_Nr, E1.Rechnu_Nr, E1.Anzahl,
        (E1.Anzahl * 100) / SUM(E2.Anzahl)
    FROM  Artikel A1, Enthalte E1, Enthalte E2
    WHERE A1.Artikel_Nr = "A001"              AND
          A1.Artikel_Nr = E1.Artikel_Nr AND
          E1.Artikel_Nr = E2.Artikel_Nr
    GROUP BY A1.Artikel_Nr, E1.Rechnu_Nr, E1.Anzahl;
?
? "Lösung 2 mittels zweier SELECT-Anweisungen:"
?
SELECT A1.Artikel_Nr, E1.Rechnu_Nr, E1.Anzahl
   FROM Artikel A1, Enthalte E1
   WHERE A1.Artikel_Nr = "A001" AND
         A1.Artikel_Nr = E1.Artikel_Nr
   SAVE TO TEMP Artikel2
        (Artikel_Nr, Rechnu_Nr, Anzahl);
SELECT A1.Artikel_Nr, A1.Rechnu_Nr, A1.Anzahl,
       (A1.Anzahl * 100) / SUM(A2.Anzahl)
   FROM Artikel2 A1, Artikel2 A2
   GROUP BY A1.Artikel_Nr, A1.Rechnu_Nr, A1.Anzahl;
RETURN
```

Programm 38: Absolut- und Relativwerte.

```
* ********************* Ergebnis: *********************
Artikel A001 wurde in welcher Rechnung in welchen
Mengen absolut und relativ verkauft?

Lösung 1 mittels einer SELECT-Anweisung:
 G_ARTIKEL_  G_RECHNU_N   G_ANZAHL        G_EXP1
 A001        R001                2        66,67
 A001        R003                1        33,33

Lösung 2 mittels zweier SELECT-Anweisungen:
 G_ARTIKEL_  G_RECHNU_N   G_ANZAHL        G_EXP1
 A001        R001                2        66,67
 A001        R003                1        33,33
```

Ergebnis 33: Absolut- und Relativwerte.

6.7 Verbund

Unter einem Verbund versteht man die *Zusammenfassung* von Zeilen aus mehreren, meist unterschiedlichen Tabellen zu einer neuen Einheit. Eine Verbundoperation bewirkt somit das *Gegenteil* der Projektion und der *Normalisierung*. Sie ist die Umkehrung dieser Operationen.

Folgende Verbundarten werden unterschieden:

- Verbund einer Tabelle mit sich selbst - englisch: *self join*
- Cartesisches Produkt - Verbund jeder Zeile einer Tabelle
  mit jeder Zeile einer anderen Tabelle (oder derselben
  Tabelle).
- Gleichheitsverbund - englisch: *equi join* -
  verwendet den Gleichheitsrelator
- Theta-Verbund - englisch: *theta join* -
  verwendet jeden beliebigen Relator
- Natürlicher Verbund - englisch: *natural join* -
  Spalten mit demselben Namen werden nur einmal ausge-
  geben.

Beispiele:

a) Eigenverbund - Die Kundentabelle soll mit sich selbst verbunden werden. Hierbei sollen jedoch nur ausgewählte Zeilen mit sich selbst verbunden werden.
b) Cartesisches Produkt - Die Kundentabelle soll vollständig mit sich selbst verbunden werden.
c) Gleichheitsverbund - Die Kundentabelle soll mit der Rechnungstabelle aufgrund identischer Kundennummernwerte verbunden werden. Die Kundennummernspalte wird zweimal ausgegeben.
d) Natürlicher Verbund - Die Kundentabelle soll mit der Rechnungstabelle aufgrund identischer Kundennummernwerte verbunden werden, wobei die Kundennummernspalte nur einmal ausgegeben wird.

```
* ****************************************************************
*                      Programm: P39                            *
*                 Join (Verbund) - Arten                        *
* ****************************************************************

? "Self join - Verbund mit sich selbst"
? "==================================="
?
? "Beim self join wird eine Tabelle mit sich selbst"
? "verbunden, z. B. Kunde mit Kunde:"

SELECT    K1.PLZ, COUNT( K2.PLZ )
   FROM   Kunde K1, Kunde K2
   WHERE K1.Plz =  K2.Plz
   GROUP BY K1.Plz;

WAIT
CLEAR


? "Cartesisches Produkt"
? "===================="
?
? "Ein Verbund wird ohne eine Bedingung, d. h. ohne eine"
? "WHERE-Komponente durchgeführt."

SELECT    K1.PLZ
   FROM   Kunde K1, Kunde K2;

WAIT
CLEAR


? "***********************************************"

? "Theta join"
? "=========="
?
? "Beim Theta join ist der Vergleichsoperator in der"
? "WHERE-Komponente beliebig."
? "Theta = beliebiger Relator"


WAIT
CLEAR


? "***********************************************"
?
? "Equi (Gleichheit) join"
? "======================"
```

```
?
? "Beim equi join steht in der WHERE-Komponente der"
? "Gleichheitsrelator."
?
? "Die Namen beider join-Spalten werden ausgegeben,"
? "auch wenn sie gleich sein sollten, z. B.:"
?
? "Es werden aus Platzgründen nur die Kundendaten: "
? "Kundennummer und Zuname,"
? "sowie die Rechnungsdaten: "
? "Rechnungsnummer und Kundennummer ausgegeben."
?

SELECT  K.Kunden_Nr, K.Zuname,
        R.Rechnu_Nr, R.Kunden_Nr
   FROM Rechnung R, Kunde K
   WHERE R.Kunden_Nr = K.Kunden_Nr;

WAIT
CLEAR


? "*******************************************"
?
? "Natürlicher Verbund - natural join"
? "==================================="
?
? "Der natürliche Verbund entspricht dem Gleichheits-"
? "Verbund, außer daß nur eine der join-Spalten"
? "ausgegeben werden."
?
? "Es werden aus Platzgründen nur die Kundendaten: "
? "Kundennummer und Zuname,"
? "sowie das Rechnungsdatum und die Rechnungsnummer".
? "ausgegeben."
? "Die Kundennummer aus der Rechnungstabelle wird nicht"
? "ausgegeben."
?
SELECT  K.Kunden_Nr, K.Zuname,
        R.Rechnu_Nr
   FROM Rechnung R, Kunde K
   WHERE R.Kunden_Nr = K.Kunden_Nr;

WAIT
CLEAR

RETURN
```

Programm 39: Verbundarten (join)

```
* *********************** Ergebnis: *********************

Self join - Verbund mit sich selbst
=====================================

Beim self join wird eine Tabelle mit sich selbst
verbunden, z. B. Kunde mit Kunde:
      G_PLZ        COUNT1
      6900              4
      6944              1
Weiter mit beliebiger Taste


Cartesisches Produkt
=====================

Ein Verbund wird ohne eine Bedingung, d. h. ohne eine
WHERE-Komponente durchgeführt.
 K1->PLZ
     6900
     6900
     6900
     6900
     6900
     6900
     6944
     6944
     6944
Weiter mit beliebiger Taste
**********************************************************


Theta join
===========

Beim Theta join ist der Vergleichsoperator in der
WHERE-Komponente beliebig.
Theta = beliebiger Relator
Weiter mit beliebiger Taste
**********************************************************


Equi (Gleichheit) join
=======================

Beim equi join steht in der WHERE-Komponente der
Gleichheitsrelator.

Die Namen beider join-Spalten werden ausgegeben,
auch wenn sie gleich sein sollten, z. B.:

Es werden aus Platzgründen nur die Kundendaten:
Kundennummer und Zuname,
sowie die Rechnungsdaten:
Rechnungsnummer und Kundennummer ausgegeben.

   K->KUNDEN_NR K->ZUNAME       R->RECHNU_NR R->KUNDEN_NR
   K001         Mueller         R001         K001
   K001         Mueller         R002         K001
   K002         Mayer           R003         K002

Weiter mit beliebiger Taste
**********************************************************
```

```
Natürlicher Verbund - natural join
======================================

Der natürliche Verbund entspricht dem Gleichheits-
Verbund, außer daß nur eine der join-Spalten
ausgegeben werden.

Es werden aus Platzgründen nur die Kundendaten:
Kundennummer und Zuname,
sowie das Rechnungsdatum und die Rechnungsnummer
ausgegeben.
Die Kundennummer aus der Rechnungstabelle wird nicht
ausgegeben.

   K->KUNDEN_NR K->ZUNAME        R->RECHNU_NR
   K001         Mueller          R001
   K001         Mueller          R002
   K002         Mayer            R003

Weiter mit beliebiger Taste
```
Ergebnis 34: Verbundarten (join).

6.8 Externe Sicht: VIEW

Im *3-Ebenen-Architekturmodell* von *ANSI-SPARC* wird empfohlen, die Daten einer Datenbank in 3 Ebenen zu sehen, der internen, konzeptionellen und der externen Ebene. In SQL gibt es nur 2 Betrachtungsebenen. Die konzeptionelle und interne Ebene werden gemeinsam mittels der SQL-TABLE verwirklicht. Für die Realisierung der externen Benutzersicht gibt es die Konzeption des SQL-VIEWs.

Ein View, eine *externe Datensicht* auf die Datenbank, wird nicht durch eine eigene physische Datei repräsentiert, wie dies bei Tabellen der Fall ist, und enthält somit auch keine eigenen Reihen. Ein View kann vielmehr als das Ergebnis einer *Vorschrift* betrachtet werden, mit deren Anwendung SQL die gewünschten Daten aus einer oder mehreren Tabellen zu einer *virtuellen Tabelle* zusammenfügt.

Der Vorteil des View-Konzept besteht darin, daß ein View die *logische Datenunabhängigkeit* gewährt, indem sowohl die Festlegung der extern sichtbaren Datenstruktur als auch die Beschreibung des Zugriffspfades, um die Datenstruktur mit Datenwerten zu füllen, aus dem Anwendungsprogramm in die View-Vereinbarung verlagert werden.

Hierdurch kann die interne Datenstruktur der Tabellen und die Zusammenhänge der Tabellen untereinander verändert werden, ohne daß das Anwendungsprogramm, das sich des Views bedient, um seine Daten anzufordern, ebenfalls geändert werden muß. Das bedeutet:

> **Um datenunabhängig zu sein, sollten Anwendungsprogramme ihre Datenanforderungen nicht über physikalische Tabellen (table), sondern nur über externe Sichten (view) abwickeln.**

Ein View-Ergebnis wird zum *Abfragezeitpunkt* aus den dem View zugrundeliegenden Basistabellen aufgebaut. Dies ist der Zeitpunkt, zu dem der View angewendet wird. Ein View kann also nur solche Daten enthalten, die bereits in Tabellen vorhanden sind. Hiervon gibt es eine Ausnahme: In einem View können auch Attribute definiert werden, deren Werte aus anderen Attributen *errechnet oder abgeleitet* werden.

Ein View vermittelt dem Anwender den Eindruck, mit einer gewöhnlichen Basistabelle zu arbeiten. Hierzu gibt es jedoch einige Einschränkungen, die im folgenden erläutert werden sollen.

6.8.1 View vereinbaren: CREATE VIEW

Mit dem BefehlCREATE VIEW wird ein View, eine externe Datensicht, vereinbart.

Die Syntax lautet:

```
CREATE VIEW <Viewname>
       [(<Spaltenliste>)]
       AS <SELECT-Angabe>
       [WITH CHECK OPTION];
```

<Viewname> ist der Name, unter dem der View im SQL-Katalog verwaltet wird, und unter dem dieser View anschließend angesprochen werden kann. Er muß unter den weiteren View- und Tabellennamen innerhalb der Datenbank eindeutig sein.

Spaltenliste ist definiert als:

<Spaltenname> [,<Spaltenname>] ...

In der <Spaltenliste> können Namen für die Spalten, aus denen der View besteht, definiert werden. Werden sie angegeben, so sind sie die *extern sichtbaren Spaltennamen*. Sie blenden somit die Sichtbarkeit der internen Spaltennamen, die Spaltennamen der Basistabelle(n) aus.

Wird die <Spaltenliste> jedoch weggelassen, so werden die Spaltennamen der Basistabellen, aus denen der View gebildet wird (SELECT-Angabe), übernommen. Sie sind dann auch im Rahmen der Viewanwendung nach außen hin sichtbar. Die Anzahl der in der <Spaltenliste> definierten, extern sichtbaren Spaltennamen muß mit der Anzahl der Spalten bzw. Ausdrücke übereinstimmen, die sich aus der <SELECT-Angabe> ergeben. Dies sind die internen Spaltennamen bzw. Ausdrücke hiervon.

In der **AS-***Klausel* wird mit Hilfe der <SELECT-Angabe> angegeben, aus welchen Baisistabellen der View mit Daten versorgt werden soll. Diese Angaben enthalten die Festlegung der verfügbaren Daten (*Datenstruktur*) in Form der Spaltennamen der Basistabelle(n) und des erforderlichen *Zugriffspfades*, um diese Datenstruktur mit Datenwerten aus den Basistabellen zu füllen. Es besteht sogar die Möglichkeit, anstatt von Tabellennamen wiederum Viewnamen in der FROM-Komponente der SELECT-Angabe anzugeben. Damit sind Views möglich, die auf Views aufbauen.

Die <SELECT-Angabe> ist prinzipiell die gleiche SELECT-Angabe, wie sie auch zur üblichen Datenwiedergewinnung verwendet wird, siehe Seite 104. So kann in der <SELECT-Angabe> festgelegt werden, welche Spalten der aufgeführten Tabelle(n) als Basis für den View verwendet werden.

Wenn die Option **WITH CHECK OPTION** angegeben wird, gewährleistet das System, daß bei Änderungs- und Einfügezugriffen mit Hilfe des Views nur solche Reihen in Betracht kommen, die der angeführten <SELECT-Angabe> (d. h. der WHERE-Komponenten in ihr) entsprechen.

Beispiel:

```
CREATE VIEW Kundview
    (Rufname,
     Familienna)
  AS SELECT
         Vorname,
         Zuname
         FROM Kunde;
```

Abbildung 61: Beispiel für eine Viewvereinbarung.

Mit Hilfe dieser externen Sicht kann der Anwender nur die Vornamen und Zunamen der Tabelle Kunden sehen und dies unter den in der Spaltenliste aufgeführten speziellen externen Spaltennamen "Rufname" und "Familienna". Diese Angabe und die Aufführung der internen Spaltennamen in der SELECT-Angabe machen die Erfüllung der Forderung nach *logischer Datenunabhängigkeit* aus. Mit der FROM-Option wird der *Zugriffspfad* auf die Tabellen angegeben. Somit ist auch die Forderung nach *Zugriffspfadunabhängigkeit* der Programme gegeben, die den View anschließend anwenden.

6.8.2 View löschen: DROP VIEW

Mit dem Befehl DROP VIEW können Views gelöscht werden. Bei diesem Vorgang werden die Metadaten des gelöschten Views aus dem Katalog entfernt.

Die Syntax lautet:

```
                    DROP VIEW <Viewname>;
```

Beispiel:

```
    DROP VIEW Kundview;
```

Abbildung 62: Beispiel für eine Viewlöschung.

6.8.3 Einschränkungen für Views:

Bei der Anwendung von Views sind für den Anwender einige Einschränkungen gegenüber der Anwendung von Tabellen zu beachten. Diese Einschränkungen betreffen die Befehle zur Datenbankänderung INSERT, UPDATE und DELETE, die einen View verwenden.

Folgende Einschränkungen sind hierbei zu beachten:
- In der SELECT-Komponenten der Viewvereinbarung darf nicht die Option DISTINCT oder eine Funktion enthalten sein.
- Die FROM-Komponente darf nur *eine* Tabellenangabe enthalten, d. h. ein Verbund (join) ist hier nicht erlaubt.
- In der WHERE-Komponente darf keine korrelierte Unterabfrage stehen.
- Die GROUP BY und die HAVING-Komponente sind nicht erlaubt.
- Die ORDER BY-Komponente ist nicht zulässig.
- Es dürfen nicht mehrere SELECT-Befehle mit dem UNION-Operator verbunden werden.

6.8.4 VIEWS für die Rechnungsschreibung

Im Folgenden werden 3 Views vereinbart, die in dem anschließenden Programm verwendet werden, das Rechnungen schreibt. Durch die Auslagerung der Beschreibungen der Datenstrukturen und der Zugriffspfade aus dem Rechnungsschreibungsprogramm in die Viewvereinbarung wird das Programm *datenunabhängig*.

```
*  ********************************************************
*                     Programm: P40                       *
*           Views für die Rechnungsschreibung             *
*Die Rechnungsnummer (Rechnr) wird als Variable vorgegeben.*
*  ********************************************************


DROP VIEW Rechkund;
DROP VIEW Rechnuvi;
DROP VIEW Recharti;


CREATE VIEW RechKund
    (Kunden_Nr,
     Vorname,
     Zuname,
     Strasse,
     Plz,
     Ort)  AS
    SELECT K.Kunden_Nr,
           K.Vorname,
           K.Zuname,
           K.Strasse,
           K.Plz,
           K.Ort
       FROM   Rechnung R, Kunde K
       WHERE R.Rechnu_Nr = Rechnr          AND
             R.Kunden_Nr = K.Kunden_Nr;


 CREATE VIEW RechnuVi
    (Rechnu_Nr,
     Datum,
     Betrag) AS
    SELECT
       Rechnu_Nr,
       Datum,
       Betrag
       FROM   Rechnung
       WHERE  Rechnu_Nr = Rechnr;


 CREATE VIEW RechArti
    (Pos,
     Arti_Nr,
     Bezeichnun,
     Menge,
     E_Preis,
     G_Preis) AS
    SELECT
       En.Position,
       Ar.Artikel_Nr,
```

```
            Ar.Name,
            En.Anzahl,
            Ar.Preis,
            Ar.Preis * En.Anzahl
            FROM    Rechnung Re, Enthalte En, Artikel Ar
            WHERE   Re.Rechnu_Nr   = Rechnr          AND
                    Re.Rechnu_Nr   = En.Rechnu_Nr    AND
                    En.Artikel_Nr  = Ar.Artikel_Nr;


    RETURN
```

Programm 40: Vereinbarung von Views für die Rechnungsschreibung.

```
    * ********************************************************************
    *                         Programm: P41                             *
    *Eine gewünschte Rechnung mit Anwendung der VIEWS schreiben*
    *Die Rechnungsnummer (Rechnr) wird als Variable vorgegeben.*
    * ********************************************************************


    ACCEPT "Geben Sie bitte eine Rechnungsnummer ein: ";
        TO   Rechnr
    SELECT *
        FROM Rechkund;
    SELECT *
        FROM Rechnuvi;
    SELECT *
        FROM Recharti;
    RETURN
```

Programm 41: Die Views machen das Programm für die Rechnungsschreibung
datenunabhängig.

```
* ********************** Ergebnis:  **********************

Geben Sie bitte eine Rechnungsnummer ein: R001

KUNDEN_NR VORNAME    ZUNAME      STRASSE          PLZ  ORT
K001      Hugo       Mueller     Gartenstr. 4a 6900 Heidelberg

RECHNU_NR DATUM       BETRAG
R001      04.04.91   13000,00

POS ARTI_NR BEZEICHNUN       MENGE    E_PREIS          G_PREIS
  1 A001    Computer            2    5000,00         10000,00
  2 A002    Drucker             3    1000,00          3000,00
```

Ergebnis 35: Daten einer Rechnung - die ästhetische Aufbereitung fehlt noch.

> Wenn Sie dieses Kapitel durchgelesen haben, werden Sie die Datensi-
> cherungseinrichtung von SQL beherrschen.

7 Befehle für die Datensicherung

Unter den Maßnahmen zur Datensicherung sollen all die Aktivitäten verstanden werden, die dazu geeigenet sind, eine *unbeabsichtigte Verfälschung* der Daten in den Tabellen zu vermeiden. Unter den mannigfaltigen Ursachen, die zu einer unbeabsichtigten Datenverfälschung führen, spielt beim Umgang mit Datenbanken die *zusammengehörige Manipulation an mehreren Zeilen* eine besondere Rolle.

Eine Anforderung des Benutzers an den Computer bezeichnet man als eine *Transaktion*. Eine solche Transaktion kann Veränderungen an den Tabelleninhalten der Datenbank erfordern, die in SQL mittels INSERT-, UPDATE- und DELETE-Befehlen verwirklicht werden. Wenn eine Transaktion vom Computer erledigt wird, müssen *alle* hierfür erforderlichen Veränderungsbefehle korrekt durchgeführt werden. Wenn einer von ihnen nicht ordnungsgemäß durchgeführt wird, darf keiner von ihnen wirksam werden.

Diesen Sachverhalt wollen wir an einem Beispiel aus unserer Miniwelt Rechnungsschreibung erklären. Gesetzt den Fall, wir hätten bei der Erfassung der Positionen einer Rechnung eine Position vergessen. Um unsere Miniwelt in der Datenhaltung korrekt abzubilden, muß diese vergessene Position im Rahmen einer weiteren *Transaktion* nachgetragen werden. Dies geschieht ganz einfach dadurch, daß diese Rechnungsposition nachträglich erfaßt wird. Ihre Erfassung hat aber nicht nur eine Veränderung der Tabelle "enthalte" zur Folge, indem in diese eine weitere Zeile mit der betroffenen Rechnungs- und Artikelnummer eingefügt wird. Auch in der Tabelle "Rechnung" muß in der vorhandenen Zeile mit der entsprechenden Rechnungsnummer der Rechnungsbetrag um den Wert der Rechnungsposition (Anzahl * Einzelpreis) erhöht werden.

Wie man sieht, sind zur Abwicklung der vorstehenden Transaktion zwei Änderungen in der Rechnungsdatenbank erforderlich, die eine in der Tabelle "enthalte" und die andere in der Tabelle "Rechnung". Beide Änderungen müssen zusammen erfolgen, oder es darf keine erfolgen. Würde nur eine Änderung durchgeführt werden, und die andere würde aus irgend einem Grund nicht stattfinden, wäre der Inhalt unserer Datenbank falsch. Die Summe der Werte der Rechnungspositionen einer Rechnung entspräche nicht mehr dem Rechnungsbetrag in der Rechnungszeile.

Diese fehlende Übereinstimmung der Werte innerhalb der Datenbank bezeichnet man mit *Inkonsistenz*. Inkonsistenz in der Datenbank bedeutet fehlerhaften Inhalt der Datenbank. Hierzu sagt man auch, daß die Datenbank nicht mehr *integer* sei. Eine nicht integre

Datenbank ist kein Spiegelbild der Miniwelt mehr und somit in ihrem Aussagegehalt sehr geschädigt oder sogar wertlos.

Das Problem der gefährdeten Datenintegrität lösen wir, indem wir die erste der beiden Datenbankänderung wieder rückgängig machen, wenn die zweite Änderung nicht durchführbar ist.

---

dBASE stellt uns für das Zurücksetzten von Datenbankänderungen ein einfaches und leicht handhabbares Konzept zur Verfügung. Es wird ebenfalls als *Transaktion* bezeichnet. Eine Datenbank-Transaktion besteht aus einer Anzahl Datenbankänderungen, die nach ihrer erfolgreichen Abwicklung die Datenbank von einem integren Ausgangszustand in einen wieder integren Endzustand versetzen. Tritt während der Abwicklung der Transaktion ein Ereignis ein, das verhindert, daß alle Änderungen erfolgreich abgeschlossen werden können, werden die bereits durchgeführten Datenbankänderungen wieder rückgängig gemacht und somit der integre Ausgangszustand wieder hergestellt.

Die Befehle für die Datenbankänderungen, die zusammen eine Transaktion bilden, werden zwischen die beiden dBASE-Befehle *BEGIN TRANSACTION* und *END TRANSACTION* eingebettet. Alle Datenbankänderungen nach BEGIN TRANSACTION werden zunächst nur vorläufig durchgeführt. Erst mit der Ausführung von END TRANSACTION wird die Datenbankänderung als endgültig erachtet. Durch die Ausführung des SQL-Befehls *ROLLBACK* vor Ausführung des dBASE-Befehls END TRANSACTION setzt dBASE die Datenbankänderung wieder auf ihren vorherigen Zustand zurück.

Die Syntax der 3 zusammengehörigen Befehle lautet:

```
BEGIN  TRANSACTION
END    TRANSACTION
ROLLBACK;
```

Beachten Sie bitte, daß **BEGIN TRANSACTION** *und* **END TRANSACTION** normale dBASE-Befehle sind und somit ***nicht*** mit einem *Semikolon* abgeschlossen werden, wohingegen **ROLLBACK;** ein SQL-Befehl ist und mit einem *Semikolon* abgeschlossen werden muß!

Beispiel:

Im folgenden Programm 42 wird eine Rechnungsposition erfaßt und in der Tabelle "enthalte" vermerkt. Anschließend wird der Bediener gefragt, ob die Änderung in der Datenbank endgültig erfolgen soll. Bei positiver Antwort wird auch die Tabelle "Rechnung" verändert und anschließend die Änderungen mit Ausführung des Befehls END TRANSACTION als endgültig erachtet. Somit ist die Datenbank wieder in integrem Zustand. Bei negativer Antwort wird durch die Ausführung des SQL-Befehls ROLLBACK; die Änderung in der Tabelle "enthalte" wieder rückgängig gemacht und dadurch der ursprüngliche Inhalt der Datenbank wieder restauriert. Dadurch ist die Datenbank auch wieder in integrem Zustand.

```
*  ***********************************************************
*                    Programm: P42                          *
*              Erledigung einer Transaktion                 *
*          Sprachmittel: BEGIN TRANSACTION                  *
*                        END    TRANSACTION                 *
*                        ROLLBACK;                          *
*  ***********************************************************

SET TALK OFF
CLEAR
Zeile   = 5
Spalte  = 25
SvRechnr = "    "
SvArtnr = "    "
SvPositi = 0
SvAnzahl = 0


@ Zeile,    Spalte SAY "Erfassung einer Rechnungsposition"
@ ROW()+1,  Spalte SAY "======================================"
@ ROW()+2,  Spalte SAY "Rechnungsnummer:" GET SvRechnr
@ ROW()+2,  Spalte SAY "Artikelnummer:   " GET SvArtnr
@ ROW()+2,  Spalte SAY "Position:         ";
                GET SvPositi PICT "##"
@ ROW()+2,  Spalte SAY "Anzahl:           ";
                GET SvAnzahl PICT "##"
READ
```

```
BEGIN TRANSACTION

INSERT INTO Enthalte
   VALUES (SvRechnr, SvArtnr, SvPositi, SvAnzahl);


Antwort = "ja  "

@ Zeile+11, Spalte SAY "Soll die Änderung erfolgen? ";
                 GET Antwort
READ


IF Antwort = "ja  "

   SELECT   SUM( E1.Anzahl * A1.Preis )
      INTO  Rech_Summe
      FROM  Enthalte E1, Artikel A1
      WHERE E1.Rechnu_Nr  = SvRechnr AND
            E1.Artikel_Nr = A1.Artikel_Nr;


   UPDATE   Rechnung
      SET   Betrag = Rech_Summe
      WHERE Rechnu_Nr = SvRechnr;

ELSE
   ROLLBACK;
   ? "Die Datenbankänderung ist zurückgesetzt."
ENDIF


END TRANSACTION

SELECT * FROM Enthalte;
SELECT * FROM Rechnung;

RETURN
```

Programm 42: Die Tabellenveränderungen innerhalb einer Transaktion können
zurückgesetzt werden.

```
* ********************** Ergebnis: **********************
Anmerkung:
  - Aufgrund der Datenanforderung wurde eine gültige
    Rechnungsposition eingegeben.
  - Die Frage, ob die Änderung endgültig erfolgen soll,
    wurde verneint.
    Dadurch wurde die Änderung der Enthalte-Tabelle
    durch den Befehl ROLLBACK; wieder zurückgesetzt.


Ergebnis:
 Tabelle "Enthalte":
 RECHNU_NR ARTIKEL_NR POSITION ANZAHL
 R001      A001              1      2
 R001      A002              2      3
 R002      A002              1      1
 R002      A003              2      2
 R003      A001              1      1


 Tabelle "Rechnung"
 RECHNU_NR KUNDEN_NR DATUM        BETRAG MAHNUNG_NR BEZAHLT
 R001      K001      04.04.91  13000,00          0 .F.
 R002      K001      05.04.91   2000,00          0 .F.
 R003      K002      05.04.91   5000,00          0 .F.
```

Ergebnis 36: Die Veränderung der "enthalte"-Tabelle wurde durch ROLLBACK wieder rückgängig gemacht.

Das obige Beispiel wurde sehr einfach aufgebaut. In einem Produktionsprogramm wird man die Anweisung ROLLBACK; in einem Programmbaustein anwenden, der im Fehlerfall zur Ausführung kommt. Für das Abfangen von Fehlern bietet dBASE Sprachmittel an, wie z. B. **ON ERROR** DO FehlerPgm oder **ON ESCAPE** DO FehlerPgm, usw.

> Wenn Sie dieses Kapitel durchgelesen haben, werden Sie die Befehle
> für den Datenschutz beherrschen.

8 Befehle für den Datenschutz

Unter Datenschutzmaßnahmen sollen hier alle Vorkehrungen verstanden werden, die den *absichtlichen Mißbrauch* von Daten verhindern sollen.

Im Bereich der Befugniserteilung gibt es zwei Befehle. Einen, um Berechtigungen (Privilegien) zu erteilen (GRANT), und einen weiteren, um Berechtigungen zu entziehen (REVOKE).

Es gibt mehrere Privilegien in dBASE-SQL. Jede dieser Berechtigungen ist eigenständig und impliziert kein anderes Privileg.

8.1 Berechtigungsarten

```
ALTER      Erlaubnis zum Hinzufügen von Spalten in eine
           Tabelle.
DELETE     Erlaubnis, aus einer Tabelle oder einem View
           Reihen zu löschen.
INDEX      Erlaubnis zum Erstellen von Indexen.
INSERT     Erlaubnis, Reihen in eine Tabelle oder einen View
           einzufügen
SELECT     Erlaubnis, Reihen einer Tabelle oder eines Views
           zu lesen.
UPDATE     [(<Spaltenliste>)]
           Erlaubnis, Tabelleninhalte zu verändern.
           Ist keine Spaltenliste angegeben, so können alle
           Spalteninhalte der betroffenen Tabelle von dem
           Berechtigten geändert werden. Mit der Angabe der
           Spaltenliste bezieht sich die Änderungsberechti-
           gung nur auf die Inhalte der aufgeführten
Spalten.
```

Tabelle 12: Berechtigungsarten.

8.2 Erteilen von Berechtigungen - GRANT

Mit dem Befehl GRANT werden Berechtigungen erteilt.

Die Syntax lautet:

```
GRANT ALL [PRIVILEGES] | <Privilegienliste>
     ON [TABLE] <Tabellenliste>
     TO PUBLIC | <Benutzerliste>
     [WITH GRANT OPTION];
```

Wird ALL angegeben, so werden alle möglichen Privilegien vergeben. Alternativ hierzu ist es möglich, eine <Privilegienliste> anzugeben, die aus den in der Tabelle 12 auf Seite 170 erwähnten Privilegien bestehen kann. ON <Tabellenliste> spezifiziert die Tabellen, für die diese Privilegien vergeben werden. TO PUBLIC bedeutet, daß alle Benutzer diese Privilegien erhalten. Alternativ hierzu ist die Angabe einer <Benutzerliste> möglich, die die berechtigten Benutzer bezeichnet.

Wird WITH GRANT OPTION angegeben, so erhalten die aufgeführten Benutzer ebenfalls die Berechtigung, ihrerseits Privilegien weiteren Benutzern zu erteilen und diese auch wieder zurückzuziehen. Jedoch ist das nur für diese Privilegien möglich, die sie selbst erhalten haben.

8.3 Entziehen von Berechtigungen - REVOKE

Durch den Befehl REVOKE werden Berechtigungen wieder entzogen.

Die Syntax lautet:

```
REVOKE ALL [PRIVILEGES] | <Privilegienliste>
     ON [TABLE] <Tabellenname>
     TO PUBLIC | <Benutzerliste>;
```

Die Darstellung spricht für sich, da sie dem GRANT-Befehl sehr ähnlich ist.

> Wenn Sie das folgende Kapitel durchgelesen haben, werden Sie die
> Daten Ihrer Datenbanken zeilenweise in der Gastgebersprache dBASE
> verarbeiten können.

9 Eingebundenes SQL

SQL-Befehle können in zwei Modi verwendet werden, im

```
          Kommando- und im Anweisungsmodus.
```

Den Kommandomodus bezeichnet man manchmal auch als *interaktiven* Modus. Hierbei
werden an das Datenbanksystem Anforderungen gestellt, die dieses *sofort* erledigen muß.
Der Kommandomodus bedeutet, daß ein Anwender interaktiv mit dem System
kommuniziert.

In der Praxis wird diese Möglichkeit hauptsächlich von Anwendern genutzt, die die relationale Denkweise, die Datenbanksprache SQL und den Umgang mit dem Computer
durch intensive Übung gründlich beherrschen. Im interaktiven Modus sind alle in den
vorstehenden Kapiteln aufgeführten SQL-Befehle anwendbar. Der interaktive Modus ist
auch besonders zum Ausprobieren von SQL-Befehlen geeignet, die anschließend in
Anwendungsprogramme eingebunden werden sollen.

Im zweiten Modus, dem Anweisungsmodus, werden die SQL-Befehle als *Anweisungen*
in ein Anwendungsprogramm eingebunden. Die SQL-Sprache ist in diesem Fall eine
Gastsprache, die in einem Programm verwendet wird, das in einer *Gastgebersprache*,
z. B. dBASE-Sprache, geschrieben ist.

Mit der auf die Datenverwaltung hin spezialisierten SQL-Gastsprache werden die datentechnische Problemstellung eines Anwendungsprogrammes gelöst, wie z. B. definieren,
schreiben, lesen verändern und löschen von Daten. Die Gastgebersprache dient vornehmlich dem Formulieren der Ablauflogik und der Anforderung weiterer Dienstleistungen,
wie z. B. der Steuerung des Geschehens auf der Benutzeroberfläche (Bildschirm) oder auf
dem Netzwerk.

Die SQL-Sprachmittel, die als eigenständige Anweisungen und in Anweisungen der
Gastgebersprache verwendet werden können, bezeichnet man auch als in Programme
eingebundenes (engl.: *embedded*, eingebettet) SQL. Zusätzlich zu den in den vorherigen
Kapiteln aufgeführten Befehlen sind im eingebundenen SQL weitere Sprachmittel
vorhanden, die speziell auf die Bedürfnisse der Anwendungsprogrammierung hin entwor-
fen sind.

Eine grundlegende Besonderheit des relationalen Datenbankmodells und der hierauf aufbauenden Datenbanksprache SQL ist die *mengenorientierte* Ausrichtung der zentralen Befehle. Hierbei ist besonders der Befehl zur Wiedergewinnung der Daten aus der Datenbank, der **SELECT**-Befehl bedeutsam.

Der SELECT-Befehl liefert die ausgewählten Daten in Form einer Tabelle (Zeilenmenge) und nicht in Form einer Tabellenzeile (Element dieser Menge) an der Schnittstelle zwischen SQL und dem Auftraggeber an. Der Auftraggeber beim eingebundenen SQL ist ein Programm, das in der dBASE-Programmiersprache geschrieben ist. In der Betrachtungsweise der dBASE-Sprache, wie auch der herkömmlichen prozeduralen Programmiersprachen, entspricht eine Zeile einem *Datensatz* und eine Tabelle einer *Datei*.

Damit in der prozeduralen dBASE-Sprache die ausgewählten Daten auch satzweise (zeilenweise) verarbeitet werden können, gibt es auch hierzu die erforderlichen Sprachmittel. Diese sind dazu geeignet, eine Ergebnistabelle wie eine herkömmliche sequentielle Datei dem Programm erscheinen zu lassen, wobei die Zeilen wie herkömmliche Datensätze dem Anwendungsprogramm zur Verfügung gestellt werden.

Die folgende Tabelle gibt eine Übersicht über die weiteren Befehle von SQL, die eine zeilenweise (satzweise) Verarbeitung der ausgewählten Daten ermöglichen. Diese Befehle sind nur als Anweisungen in Anwendungsprogrammen anwendbar.

DECLARE CURSOR	Vereinbarung eines sequentiellen Zugriffspfades.
OPEN	Auffüllung der Datei mit Datensätzen.
FETCH	Sequentielles Lesen der Datensätze.
CLOSE	Löschen der sequentiellen Datei.
UPDATE	Verändern der Zeile in der Datenbank
DELETE	Löschen der Zeile in der Datenbank

Tabelle 13: Übersicht über die speziellen Befehle des eingebunden SQL.

9.1 DECLARE CURSOR

Mit der Anweisung DECLARE CURSOR wird ein sequentieller Zugriffspfad (Datei, Tabelle) *vereinbart*, der die Ergebnisse einer Zeilenauswahl temporär repräsentiert. Die Anweisung DECLARE CURSOR ist somit das SQL-Sprachmittel, das die Voraussetzungen schafft, daß Ergebnisse von Abfragen, die mehr als eine Zeile umfassen, Zeile für Zeile einem prozeduralen Anwendungsprogramm zur Verfügung gestellt werden können. Die Daten werden von SQL somit nicht in Mengen zur Verfügung gestellt, sondern auf Satzbasis, also in gewohnter Art und Weise.

Der zunächst eigenartig anmutende Name **CURSOR** wird verständlich, wenn man ihn als *Dateipositionszeiger* begreift. Um den nächsten Satz aus einer sequentiellen Datei lesen zu können, benötigt jedes Datenverwaltungssystem einen Hinweis, an welcher Stelle der Datei es mit dem vorherigen Leseprozeß aufgehört hat und somit ab welcher Stelle der nächste Satz zu lesen ist. Diese Stelle wird über den Dateipositionszeiger (Lesemarke, engl. cursor) verwaltet. Einen solchen Dateipositionszeiger braucht auch SQL, wenn es die Zeilen nacheinander dem Anwendungsprogramm zur Verfügung stellen soll. Somit hat in SQL der erforderliche Dateipositionszeiger (cursor) diesem Sprachmittel den Namen gegeben.

Die Syntax lautet:

```
DECLARE <Cursorname> CURSOR
    FOR <Select-Komponente>
    [FOR UPDATE OF <Spaltenliste> |
    ORDER BY <Spaltenliste>];
```

Wie aus der Syntax ersichtlich ist, erhält der sequentielle Zugriffspfad (Datei, Cursor) in der DECLARE-Anweisung einen Namen, mit dem er angesprochen werden kann.

In der FOR-Komponente wird in einer dem SELECT-Befehl entsprechenden Form angegeben, auf welche Tabelle(n) und deren Spalten und unter welchen Auswahlbedingungen (Prädikat) Daten ausgewählt werden. Auf sie ist sodann über den Cursor ein sequentieller Zugriff möglich. Das Selektionsergebnis kann mit der ORDER BY-Komponente sortiert werden.

Sollen Daten in der *Basistabelle* auf Zeilenbasis (Satzbasis) mit Hilfe der Cursor-Einrichtung *geändert oder gelöscht* werden, so ist die FOR UPDATE-Komponente mit nachfolgender <Spaltenliste> anzugeben. Jedoch ist dann die ORDER BY- Komponente nicht zulässig.

Zusätzlich sind folgende Beschränkungen in der <SELECT-Komponente> zu beachten:

* Die SELECT-Komponente darf keine DISTINCT-Angabe und keine SQL-Funktion enthalten.
* ... der FROM-Komponente darf nur *eine* Basistabelle, d. h. kein Verbund (join) angegeben werden.
* Es darf keine GROUP BY- und somit auch keine HAVING-Komponente angegeben werden.
* Der UNION-Operator ist nicht erlaubt.

Beispiel:

Die Zeilen der Artikel-Tabelle sollen dem Anwendungsprogramm sequentiell zur Verfügung gestellt werden:

```
DECLARE ArtikelC CURSOR FOR
    SELECT *
        FROM Artikel;
```

Programm 43: Der sequentielle Zugriffspfad wird vereinbart.

9.2 OPEN

Die OPEN-Anweisung erstellt den sequentiellen Zugriffspfad, der in der DECLARE CURSOR-Anweisung vereinbart wurde. Man kann sich diesen Zugriffspfad im einfachsten Fall als eine sequentielle Hilfsdatei vorstellen, deren Datensätze Zeiger enthalten, die auf die Zeilen der Basistabelle (im Beispiel die Tabelle "Artikel") verweisen. Die Zeilen der Basistabelle wurden über die SELECT-Komponente ausgewählt, die in der Cursor-Vereinbarung steht. Die Daten aus der Basistabelle müssen hierbei nicht in die sequentielle Datei herauskopiert worden sein, sondern lediglich über diese in der Basistabelle adressierbar gemacht werden.

Eine echte Duplizierung der Daten aus den Basitabellen in die sequentielle Hilfsdatei muß man sich jedoch dann vorstellen, wenn in der SELECT-Komponente der DECLARE CURSOR-Anweisung Spracheinrichtungen zur Erzeugung eines Verbundes, von Gruppierungen, Zusammenfassung von Daten über SQL-Funktionen und Vereinigungen vorhanden sind.

Unabhängig davon, welche Technik zur Erzeugung des sequentiellen Zugriffspfades verwendet wurde, wird der Dateipositionszeiger (Cursor) nach der Durchführung der

OPEN-Anweisung   auf den *ersten* Satz der sequentiellen Hilfsdatei positioniert und gestattet anschließend den Zugriff auf die erste ausgewählte Zeile.

Die Syntax der OPEN-Anweisung lautet:

```
OPEN <Cursorname>;
```

Beispiel:

Der sequentielle Zugriffspfad auf die gewünschten Zeilen der Artikel-Tabelle soll eröffnet werden:

```
OPEN ArtikelC;
```

Programm 44: Sequentieller Zugriffspfad wird eröffnet.

Wurde der Cursor zuvor bereits geöffnet, so sollte er vor einem neuerlichen Öffnen geschlossen werden.

9.3 FETCH

Mit der Anweisung FETCH wird die aktuelle Zeile über den sequentiellen Zugriffspfad in die Speichervariable(n) kopiert, die in der Variablenliste der INTO-Komponente aufgeführt ist (sind). Der Dateipositionszeiger wird sodann auf den nächsten Satz in der sequentiellen Hilfsdatei ausgerichtet.

Die Syntax lautet:

```
FETCH <Cursorname>
     INTO <Variablenliste>;
```

Die Variablenliste ist folgendermaßen definiert:

  <Variablenname> [,<Variablenname>] ...

Hierbei ist <Variablenname> der Name einer Speichervariablen von dBASE.

Die in der Variablenliste enthaltenen Variablennamen müssen in Anzahl und Datentyp sowie in ihrer Position den Spalten des sequentiellen Zugriffspfades entsprechen, der in der DECLARE CURSOR-Anweisung vereinbart und mittels der OPEN-Anweisung mit

Daten gefüllt wurde. Auf diese Speichervariablen kann sodann vom Anwendungsprogramm zur weiteren Verarbeitung der gelesenen Daten (Zeile) zugegriffen werden.

Beispiel:

Es soll *eine Zeile* aus der Artikel-Tabelle über den sequentiellen Zugriffspfad in die 3 Speichervariablen der INTO-Komponente eingelesen werden:

```
FETCH ArtikelC
    INTO Sv_Arti_Nr,
         Sv_Arti_Na,
         Sv_Arti_Pr;
```

Programm 45: Die aktuelle Zeile wird eingelesen.

9.4 CLOSE

Die CLOSE-Anweisung schließt den mit OPEN geöffneten Cursor und löscht den sequentiellen Zugriffspfad.

Die Syntax lautet:

```
CLOSE <Cursorname>;
```

Beispiel:

```
CLOSE ArtikelC;
```

Programm 46: Der sequentielle Zugriffspfad wird gelöscht.

9.5 Systemvariable SQLCODE und SQLCNT

Bei jeder Ausführung eines SQL-Datenmanipulationsbefehls in einem Anwendungsprogramm wird die Systemvariable **SQLCODE** von SQL auf einen Diagnosewert gesetzt. SQLCODE kann anschließend vom Anwendungsprogramm wie jede andere Speichervariable abgefragt werden, um zu erkennen, ob die letzte SQL-Anweisung korrekt durchgeführt wurde oder eine Ausnahmesituation eingetreten ist.

Folgende Werte kann **SQLCODE** annehmen:

```
Wert  Bedeutung
```

  -1   Fehler
   0   Korrekt ausgeführt
 100   Dateiende beim Cursor

In der Systemvariablen **SQLCNT** teilt SQL dem Anwendungsprogramm mit, *wieviele Zeilen* vom vorhergehenden Datenzugriff berührt wurden. Im Variablennamen SQLCNT findet sich somit ein Hinweis auf die Bedeutung der Variablen. CNT ist die Abkürzung von Zähler (engl. counter).

Beispiel:

Die Artikelzeilen sollen in einem selbst festgelegten Format ausgegeben werden.

Das Programm ist sehr einfach gehalten und stellt hauptsächlich die SQL-Sprachmittel heraus, die für das Lesen von Zeilen auf Zeilenbasis vorhanden sind.

Da hinter der Cursor-Einrichtung praktisch eine sequentielle Datei steckt, kann auch die Steuerlogik für das Verarbeiten von Sätzen aus einer sequentiellen Datei angewendet werden. Die besteht aus dem

• Vorauslesen des ersten Satzes, gefolgt von
• einer Wiederholung mit vorausgehender Bedingungsprüfung
• und im Wiederholungskörper der Satzverarbeitung
• gefolgt von der Nachleseanweisung.

Lies den ersten Satz voraus.	
Wiederhole solange nicht Dateiende eingetreten ist:	
	Verarbeite den aktuell gelesenen Satz.
	Lies den nächsten Satz nach.

Abbildung 63: Steuerlogik für sequentielles Lesen.

```
* **************************************************
*                  Programm P47                    *
*                    CURSOR                         *
*   Die Cursor-Einrichtung dient zur Verarbeitung   *
*   der Datensätze auf Satzbasis.                   *
*                                                   *
* **************************************************


SET TALK OFF
S1 = 10
S2 = 30
S3 = 50


DECLARE Artikelc CURSOR FOR
    SELECT *
       FROM Artikel;


OPEN Artikelc;


SET PRINTER ON
```

```
    IF SQLCODE = 0
        ? "Artikelnummer" AT (S1), "Artikelname" AT (S2),;
          "Artikelpreis"  AT (S3)
        ? "==============" AT (S1), "============" AT (S2),;
          "============"  AT (S3)

        FETCH Artikelc
           INTO Sv_Arti_Nr,
                   Sv_Arti_Na,
               Sv_Arti_Pr;

        DO WHILE SQLCODE = 0
            ? Sv_Arti_Nr AT (S1), Sv_Arti_Na AT (S2),;
               Sv_Arti_Pr PICTURE "######.##" AT (S3)

               FETCH Artikelc
                  INTO Sv_Arti_Nr,
                          Sv_Arti_Na,
                      Sv_Arti_Pr;
        ENDDO
    ENDIF

    SET PRINTER OFF

    CLOSE Artikelc;

    RETURN
```

Programm 47: Ausgabe der Artikelzeilen in einem individuellen Format.

Beispiel:

Es soll eine Rechnung in der praxisüblichen Form geschrieben werden. Diese Aufgabe
wird durch das folgende Programm 48 gelöst. Die Kundenzeile, Rechnungszeile und die
Positionszeilen werden hierbei jeweils über einen Cursor verfügbar gemacht und
individuell ausgegeben.

```
* *********************************************************
*                      Programm P48                       *
*            Formgerechte Rechnung schreiben.             *
*                                                         *
*    Verarbeitung einzelner Zeilen mittels CURSOR         *
* *********************************************************

DECLARE Kunde_C CURSOR FOR
   SELECT Ku.*
      FROM    Rechnung Re, Kunde Ku
      WHERE   Re.Rechnu_Nr = Rechn_Nr   AND
              Re.Kunden_Nr = Ku.Kunden_Nr;

DECLARE Rechnu_C CURSOR FOR
   SELECT *
      FROM    Rechnung
      WHERE   Rechnu_Nr = Rechn_Nr;

DECLARE RecArt_C CURSOR FOR
   SELECT *
      FROM    Enthalte En, Artikel Ar
      WHERE   En.Rechnu_Nr   = Rechn_Nr   AND
              En.Artikel_Nr  = Ar.Artikel_Nr;


CLEAR
ACCEPT "Geben Sie bitte eine gültige" +;
       " Rechnungsnummer ein: ";
   TO Rechn_Nr

* Die Cursor-Dateien werden mit Rechnungsdaten gefüllt.
* Die beiden Cursor-Dateien Kunde_C und Rechnu_C werden
* jedoch jeweils nur eine Zeile enthalten.

OPEN Kunde_C;
OPEN Rechnu_C;
OPEN RecArt_C;

FETCH Kunde_C
   INTO Sv_Kund_Nr,
        Sv_Vorname,
        Sv_Zuname,
        Sv_Strasse,
        Sv_Plz,
        Sv_Ort;

FETCH Rechnu_C
   INTO Sv_Rech_Nr,
        Sv_Kund_Nr,
```

```
            Sv_Datum,
            Sv_Betrag,
            Sv_Mahnung,
            Sv_Bezahlt;

SET TALK OFF
S1 = 2
S2 = S1 + 5
S3 = S2 + 9
S4 = S3 + 16
S5 = S4 +  7
S6 = S5 + 11


* ****************************************************
* Kundenanschrift  ausgeben:

? TRIM(Sv_Vorname) AT (S1)
?? " " + Sv_Zuname
? Sv_Strasse AT (S1)
?
? Sv_Plz PICTURE "####" AT (S1), " " + Sv_Ort


* ****************************************************
* Rechnungsdaten  ausgeben:

?
?
?  "Rechnungsnummer: " AT (S1), Sv_Rech_Nr
?? " Kundennummer: ", Sv_Kund_Nr
?? " Datum: ", Sv_Datum
?  "Rechnungsbetrag: " AT (S1), Sv_Betrag;
                        PICTURE "###,###.##"
?


* ****************************************************
* Positionsdaten holen und ausgeben:

* Überschrift über den Rechnungspositionsteil schreiben
? "Pos."          AT (S1),;
  "Arti-Nr."      AT (S2),;
  "Bezeichnung"   AT (S3),;
  "Menge"         AT (S4),;
  "E-Preis"       AT (S5),;
  "G-Preis"       AT (S6)


* Daten für die erste Positionszeile vorauslesen:

FETCH RecArt_C
   INTO Sv_R,
```

```
                    Sv_A,
                    Sv_Positio,
                    Sv_Menge,
                    Sv_Arti_Nr,
                    Sv_Name,
                    Sv_Preis;

   DO WHILE SQLCODE = 0
       ? Sv_Positio PICTURE "##"          AT (S1),;
         Sv_Arti_Nr                       AT (S2),;
         Sv_Name                          AT (S3),;
         Sv_Menge    PICTURE "##"         AT (S4),;
         Sv_Preis    PICTURE "######.##" AT (S5),;
         Sv_Menge  * Sv_Preis;
                     PICTURE "######.##" AT (S6)


   * Daten für die folgenden Positionszeilen nachlesen:


         FETCH RecArt_C
            INTO Sv_R,
                 Sv_A,
                   Sv_Positio,
                 Sv_Menge,
                 Sv_Arti_Nr,
                 Sv_Name,
                 Sv_Preis;
   ENDDO

   CLOSE Kunde_C;
   CLOSE Rechnu_C;
   CLOSE RecArt_C;

   RETURN
```

Programm 48: Schreiben von Rechnungen in individuellem Format.

9.6 UPDATE (positioniert)

Neben der bereits bekannten UPDATE-Anweisung gibt es noch die positionierte
UPDATE-Anweisung.

Die Syntax lautet:

```
UPDATE  <Tabellenname>
    SET  <Spaltenname> = <Ausdruck>
         [<Spaltenname> = <Ausdruck>] ...
    WHERE CURRENT OF <Cursorname>;
```

Wie aus der Syntax ersichtlich ist, darf diese Art der UPDATE-Anweisung nur dann
angewendet werden, wenn der *Cursor* vorhanden und auch eröffnet ist. Auch ist zu
beachten, daß der Cursor sich nur auf *eine* Basistabelle beziehen darf. Deren Name ist in
der UPDATE-Komponente mit <Tabellenname> anzugeben. Es gelten die Einschränkungen, die auf Seite 174 aufgeführt sind.

Beim Durchführen der UDATE-Anweisung wird die Zeile in der *Basistabelle* verändert,
deren Werte über den Cursor aktuell verfügbar gemacht wurden.

Beispiel:

Es sollen alle Postleitzahlen in der Tabelle "Kunde" verändert werden können.

Das hierzu erforderliche Programm soll möglichst einfach sein und nur die unbedingt
erforderlichen Operationen ausführen. Hierbei sind alle Kundenzeilen, eine Zeile nach
der anderen, anzuzeigen. Die Schreibmarke der Dialogmaske ist im Feld "Postleitzahl" zu
positionieren. Hierbei kann die vorhandene Postleitzahl vom Bediener verändert oder so
belassen werden, wie sie ist. Mit Hilfe der CURSOR-Einrichtung wird die aktuelle Zeile
angezeigt und anschließend in der Basistabelle "Kunde" geändert.

```
*  *******************************************************
*                      Programm P49                      *
*       Veränderung der Postleitzahlen im Dialog         *
*                                                        *
*   Folgende SQL-Sprachmittel werden angewendet:         *
*      DECLARE CURSOR, OPEN, FETCH und CLOSE             *
*             sowie SQLCODE und SQLCNT                    *
*             und UPDATE WHERE CURRENT OF                 *
*  *******************************************************

SET TALK OFF

DECLARE Kunde_C CURSOR FOR
   SELECT *
      FROM Kunde
      FOR UPDATE OF Plz;

OPEN Kunde_C;

IF SQLCODE = 0
   Sv_Endwert = SQLCNT
   Sv_Laufvar = 1
   DO WHILE Sv_Laufvar <= Sv_Endwert
      FETCH Kunde_C INTO Sv_Kund_Nr,
               Sv_Vorname,
               Sv_Zuname,
               Sv_Strasse,
               Sv_Plz,
               Sv_Ort;
      DO Frage_User

      UPDATE Kunde
      SET Plz = Sv_Plz
            WHERE CURRENT OF Kunde_C;

      Sv_Laufvar = Sv_Laufvar + 1
   ENDDO
ENDIF

RETURN

PROCEDURE Frage_User
   S1 = 20
   S2 = 45
   Z  = 5
   D  = 1

   CLEAR
```

```
    @ Z - 3,        S1   SAY "Umstellung der Postleitzahlen"
    @ Z - 2,        S1   SAY "================================"


    @ Z,            S1   SAY "Kundennummer:"
    @ ROW(),        S2   SAY Sv_Kund_Nr

    @ ROW() + D,    S1   SAY "Vorname:"
    @ ROW(),        S2   SAY Sv_Vorname

    @ ROW() + D,    S1   SAY "Zuname:"
    @ ROW(),        S2   SAY Sv_Zuname

    @ ROW() + D,    S1   SAY "Strasse:"
    @ ROW(),        S2   SAY Sv_Strasse

    @ ROW() + D,    S1   SAY "Plz:"
    @ ROW(),        S2   GET Sv_Plz PICTURE "####"

    @ ROW() + D,    S1   SAY "Ort:"
    @ ROW(),        S2   SAY Sv_Ort

    READ
RETURN
```

Programm 49: Verändern der Postleitzahlen in der Tabelle "Kunde" im Dialog.

9.7 DELETE (positioniert)

Neben der bereits dargestellten DELETE-Anweisung gibt es noch die positionierte DELETE-Anweisung.

Die Syntax lautet:

```
DELETE FROM <Tabellenname>
WHERE CURRENT OF <Cursorname>;
```

Wie aus der Syntax ersichtlich ist, darf diese Art der DELETE-Anweisung nur dann angewendet werden, wenn der *Cursor* vorhanden und auch eröffnet ist. Auch ist zu beachten, daß der Cursor sich nur auf *eine* Basistabelle beziehen darf. Deren Name ist in der DELETE-Komponente mit <Tabellenname> anzugeben. Es gelten die Einschränkungen, die auf Seite 174 aufgeführt sind.

Beim Durchführen der DELETE-Anweisung wird die Zeile in der *Basistabelle* gelöscht, deren Werte über den Cursor aktuell verfügbar gemacht wurden.

Beispiel:

Die Zeilen in der Tabelle "Kunde" sollen im Dialog auf Wunsch des Anwenders gelöscht werden.

Das Programm soll möglichst einfach gehalten sein und hauptsächlich die Sprachmittel aufweisen, die zum Löschen über die Cursor-Einrichtung auf Zeilenbasis vorhanden sind. Hierzu werden alle Zeilen nacheinander im Dialog dem Anwender präsentiert. Dieser entscheidet, ob der aktuell präsentierte Satz gelöscht werden soll oder nicht.

```
* *******************************************************
*                    Programm P50                       *
*                                                        *
*           Löschen von Datensätzen im Dialog.           *
*     Anwendung des Cursors und DELETE WHERE CURRENT     *
*                                                        *
* *******************************************************


SET TALK OFF

DECLARE Kunde_C CURSOR FOR
   SELECT *
      FROM Kunde;


OPEN Kunde_C;


IF SQLCODE = 0
   Sv_Endwert = SQLCNT
   Sv_Laufvar = 1
   DO WHILE Sv_Laufvar <= Sv_Endwert
      FETCH Kunde_C INTO Sv_Kund_Nr,
              Sv_Vorname,
              Sv_Zuname,
              Sv_Strasse,
              Sv_Plz,
              Sv_Ort;
      Jn = " "
      DO Frage_User


      IF UPPER(Jn) = "J"
            DELETE
               FROM  Kunde
               WHERE CURRENT OF Kunde_C;
         ENDIF


      Sv_Laufvar = Sv_Laufvar + 1
   ENDDO
ENDIF


PROCEDURE Frage_User
   S1 = 20
   S2 = 45
   Z  = 5
   D  = 1


   CLEAR


   @ Z - 3,     S1  SAY "Löschen von Datensätzen im Dialog"
```

```
@ Z - 2,        S1  SAY "==================================="
@ Z,            S1  SAY "Kundennummer:"
@ ROW(),        S2  SAY Sv_Kund_Nr
@ ROW() + D,    S1  SAY "Vorname:"
@ ROW(),        S2  SAY Sv_Vorname
@ ROW() + D,    S1  SAY "Zuname:"
@ ROW(),        S2  SAY Sv_Zuname
@ ROW() + D,    S1  SAY "Strasse:"
@ ROW(),        S2  SAY Sv_Strasse
@ ROW() + D,    S1  SAY "Plz:"
@ ROW(),        S2  SAY Sv_Plz PICTURE "####"
@ ROW() + D,    S1  SAY "Ort:"
@ ROW(),        S2  SAY Sv_Ort
@ ROW() + D + 1, S1 SAY " "

WAIT "Soll der Satz gelöscht werden (j/n) " TO Jn

RETURN
```

Programm 50: Löschen von Kundenzeilen im Dialog.

9.8 INTO-Komponente der SELECT-Anweisung

In einem SELECT-Befehl kann angegeben werden, daß das *einzeilige* Ergebnis einer Abfrage direkt in Speichervariablen übertragen werden soll. Dazu dient die INTO-Komponente, die direkt nach der SELECT-Komponente der SELECT-Anweisung stehen muß.

Die Syntax lautet:

```
SELECT <Spaltenliste>
    INTO <Speichervariablenliste>
    <restliche Komponenten des SELECT-Befehls>;
```

Die <Speichervariablenliste> muß in Anzahl, Datentyp und Position der aufgeführten Speichervariablen der <Spaltenliste> entsprechen.

Die SELECT-Anweisung mit der INTO-Komponente kann nur dann angewendet werden, wenn das Abfrageergebnis *nur eine Zeile* sein kann.

> Wenn Sie dieses Kapitel durchgelesen haben, werden Sie die Dienstbe-
> fehle von SQL beherrschen. Dienstbefehle dienen der Optimierung und
> der Verbindung zur Datenhaltung außerhalb von SQL.

10 Dienstbefehle von SQL

Mit den Dienstbefehlen stellt SQL dem Benutzer Dienstleistungen zur Verfügung, die mit
der Datendefinition und Datenmanipulation nicht direkt in Zusammenhang stehen.

10.1 RUNSTATS

Der Befehl RUNSTATS bringt die Informationen der Systemkataloge auf den neuesten
Stand. Dies betrifft speziell die Anzahl der Zeilen in Tabellen, die im Systemkatalog
SYSTABLS enthalten sind. Weiterhin werden vorhandene Indizes optimiert, bzw. reor-
ganisiert, um einen schnelleren Datenzugriff zu ermöglichen.

Die Syntax lautet:

```
RUNSTATS [<Tabellenname>];
```

Wird ein Tabellenname angegeben, so aktualisiert der Befehl nur die Informationen über
diese Tabelle.

RUNSTATS sollte immer dann angewendet werden, wenn 10% der Zeilen einer Tabelle
verändert wurden.

10.2 DBCHECK

DBCHECK prüft, ob der aktuelle Zustand der Datenbank mit den Informationen in der
Datenbank übereinstimmt. Bei Abweichungen werden vom System Fehler und Warnun-
gen angezeigt.

Die Syntax lautet:

```
                          DBCHECK;
```

10.3 LOAD

Mit dem LOAD-Befehl ist es möglich, aus externen Dateien Daten in SQL-Tabellen
einzulesen. Diese externen Dateien können in verschiedenen Formaten gegeben sein.

Die Syntax lautet:

```
LOAD DATA FROM [<Pfad>]<Dateiname>
    INTO TABLE <Tabellenname>
    [[TYPE] {<Typ> |
    DELIMITED WITH {BLANK | <Begrenzer>} }];
```

Der Typ gibt an, in welchem Format die zu ladende Datei abgespeichert ist. Der Begren-
zer ist ein Zeichen, welches besagt, wie die Spaltentrennung in der einzulesenden Datei
erfolgt ist.

10.4 UNLOAD

Mit Unload können Daten aus Tabellen in externe Dateien geschrieben werden.

Die Syntax lautet:

```
UNLOAD DATA TO [<Pfad>]<Dateiname>
    FROM TABLE <Tabellenname>
    [[TYPE] {<Typ> |
    DELIMITED WITH {BLANK | <Begrenzer>}}];
```

> Wenn Sie dieses Kapitel durchgearbeitet haben, werden Sie mit rekur-
> siven Datentypen vertraut sein. Insbesondere werden Sie Stücklisten in
> SQL-Datenbanken abbilden und mit der Programmiersprache dBASE
> auswerten können.

11 Rekursive Daten

Stehen die Entitäten der Miniwelt rekursiv miteinander in Beziehung, so ist die adäquate
spiegelbildliche Abbildung der Miniwelt in einer Datenbank ebenfalls rekursiv.

> **Eine Beziehung ist dann rekursiv, wenn sie Entitäten derselben Entitätsmenge
> miteinander verbindet.**

Rekursive Beziehungen gibt es in der Praxis recht oft.

Beispiel: Personalverwaltung

Im Rahmen der Personalverwaltung und der betrieblichen Aufbauorganisation ist es
wichtig zu wissen, welcher Mitarbeiter welchen anderen Mitarbeiter leitet und
umgekehrt, welcher Mitarbeiter an welchen Mitarbeiter berichtet. Die Miniwelt zur
Beantwortung dieser Fragen sieht dann wie folgt aus:

- Entitätsmenge: "Mitarbeiter"
  Beziehung: "leiten"

  Beispiel:
  Mitarbeiter M1 leitet Mitarbeiter M2,
  Mitarbeiter M2 leitet Mitarbeiter M3, uw.

- Entitätsmenge: "Mitarbeiter",
  Beziehung: "berichten"

  Beispiel:
  Mitarbeiter M3 berichtet an Mitarbeiter M2,
  Mitarbeiter M2 berichtet an Mitarbeiter M1.

Beispiel: Kontenverwaltung

Betrachtet man die Kontoverwaltung einer Bank, so kann man in dieser Miniwelt folgende Zusammenhänge feststellen:

- Entitätsmenge: "Konto"
  Beziehung: "bezahlen an"

  Beispiel:
  Konto K1 bezahlt an Konto K2,
  Konto K2 bezahlt an Konto K3, usw.

- Entitätsmenge: "Konto"
  Beziehung: "erhält von"

  Beispiel:
  Konto K3 erhält von Konto K2,
  Konto K2 erhält von Konto K1, usw.

Beispiel: Stücklistenverwaltung

In der Miniwelt der Stücklistenverwaltung ist von Interesse, aus welchen untergeordneten Teilen ein betrachtetes Teil besteht. In diesem Zusammenhang ist es ebenfalls von Interesse, in welche übergeordneten Teile ein betrachtetes Teil eingeht.

- Entitätsmenge: "Teil"
  Beziehung: "besteht aus"

  Beispiel:
  Teil T1 besteht aus Teil T2,
  Teil T2 besteht aus Teil T3, usw.

- Entitätsmenge: "Teil"
  Beziehung: "geht ein in"

  Beispiel:
  Teil T3 geht ein in Teil T2,
  Teil T2 geht ein in Teil T1.

Eine rekursive Miniwelt wird in einem Entitäts-Beziehungs-Diagramm wie folgt dargestellt. Die Abkürzung E# bedeutet hierbei Entitätsschlüssel und Kg bedeutet Komplexitätsgrad der Beziehung.

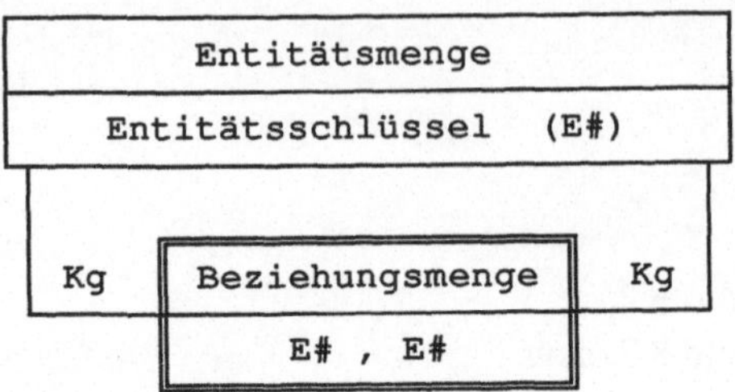

Abbildung 64: Entitäts-Beziehungs-Diagramm einer rekursiven Miniwelt.

Für eine rekursive Beziehung ist maßgeblich, daß *Beziehungsausprägungen der*
gleichen Art die Entitäten derselben Entitätsmenge miteinander verbinden. In einem
allgemeinen Beispiel könnte diese Feststellung wie folgt lauten:

• Eine Beziehungsausprägung "E1E2" verbindet die Entität E1 mit der Entität E2,

• ebenso verbindet die Beziehungsausprägung "E2E3" die Entität E2 mit der Entität E3,

• ebenso verbindet die Beziehungsausprägung "E3E4" die Entität E3 mit der Entität E4,
usw.

Diese Feststellung in einer Grafik dargestellt könnte folgendes Aussehen haben:

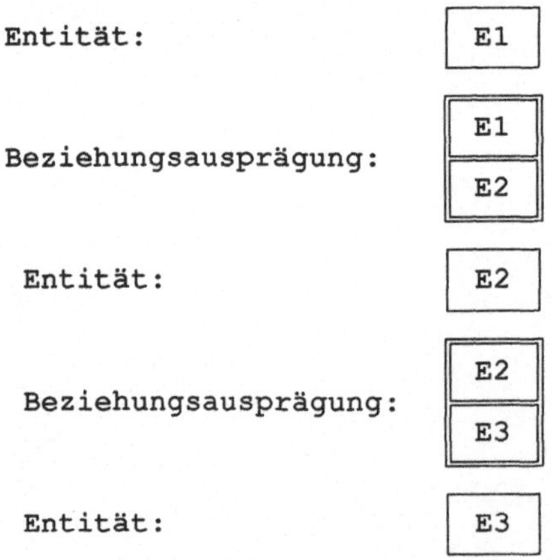

Abbildung 65: Rekursiver Zusammenhang der Entitäten E1, E2 und E3 über die
Beziehungsausprägungen E1E2 und E2E3.

Nachdem das Prinzip des rekursiven Zusammenhangs in der Miniwelt erkannt ist, stellt sich die Frage nach der adäquaten Abbildung einer rekursiven Miniwelt in einer Datenbank, d. h. mit somit ebenfalls rekursiven Daten. Aufgrund der Ausführungen in den vorherigen Kapiteln ist diese Frage leicht zu beantworten.

Es kommt auch bei rekursiven Beziehungen darauf an, von welchem *Komplexitätsgrad* die Beziehung ist. Nur sie ist dafür maßgeblich, ob die Beziehung mit Hilfe der *Fremdschlüsseltechnik* in einer Entitätsrelation eingebettet werden kann oder ob sie mit einer eigenen *Beziehungsrelation* implementiert werden muß. Die hierzu erforderlichen Überlegungen haben wir im Kapitel Nr. 3 "Vom ERM zur relationalen Datenbank" angestellt.

Zusammenfassend kann hier nochmals festgestellt werden, daß eine Beziehung mit dem kombinierten Komplexitätsgrad vom *Typ (M, M) eine eigenständige Beziehungsrelation* erforderlich macht. Bei allen anderen Kombinationen der Komplexitätsgrade von Beziehungen können die Beziehungen mit der *Fremdschlüsseltechnik in den Entitätsrelationen* eingebettet werden, da hierbei keine Verletzung der ersten Normalform stattfindet. Der Grund hierfür ist, daß die Fremdschlüssel keine Wiederholungsgruppe bilden können. Diese Beziehungen sind vom Typ (1, 1), (1, C), (1, M), (C, C) und (C, M).

11.1 Konstruktionselemente der Informatik

Es stellt sich die Frage, ob es zwischen den Konstruktionselementen für Beziehungen, den Konstruktionselementen für Daten und den Konstruktionselementen für Programmabläufe Zusammenhänge und Gemeinsamkeiten gibt? Diese Frage läßt sich eindeutig mit ja beantworten.

Auf allen drei Betrachtungsebenen gibt es die sich entsprechenden Konstrukte der Grundtypen: Muß, Kann, Viele und Rekursiv.

Die Zusammenhänge über die drei Betrachtungsebenen hinweg ergeben sich aus der Tatsache, daß

- zunächst in der Miniwelt die Entitäten über die drei grundsätzlichen Beziehungstypen (1, C, M) miteinander verknüpft sind, und
- Daten nichts anderes als die spiegelbildliche und speichertechnische Abbildung dieser Tatbestände der Miniwelt sind, und
- Programmabläufe die ablauftechnische Entsprechung der Datenstrukturen darstellen.

Somit sind die *Folge* (Typ 1, muß), die *Alternative* (Typ C, kann) und die *Wiederholung* (Typ M, viele) auf allen drei Betrachtungsebenen der Informatik zu finden, und zwar auf

* der Ebene der *Beziehungen*,
* der Ebene der *Datenstrukturen* und
* der Ebene der *Abläufe*.

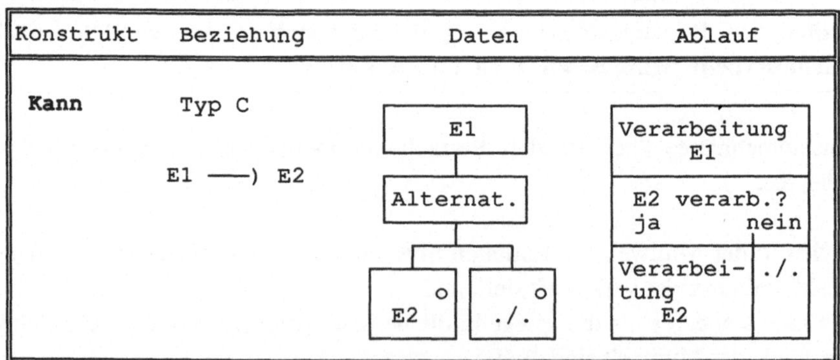

Abbildung 66: Zusammenhang der Konstrukte vom Fundamentaltyp "Muß".

Erklärung:

Beziehung: Wenn die Entität E1 existiert, dann muß auch die Entität E2 existieren.

Daten: Wenn das Datum E1 vorhanden ist, dann muß auch das Datum E2 vorhanden sein.

Programmablauf: Wenn die Verarbeitung E1 durchgeführt wird, dann muß auch die Verarbeitung E2 durchgeführt werden.

Abbildung 67: Zusammenhang der Konstrukte vom Fundamentaltyp "Kann".

Erklärung:

Beziehung: Wenn die Entität E1 existiert, dann kann auch die Entität E2 existieren.

Daten: Wenn das Datum E1 vorhanden ist, dann kann auch das Datum E2 vorhanden sein.

Programmablauf: Wenn die Verarbeitung E1 durchgeführt wird, dann kann anschließend auch die Verarbeitung E2 durchgeführt werden oder alternativ die Verarbeitung E2 unterbleiben.

Konstrukt	Beziehung	Daten	Ablauf
Viele	Typ M E1 ——>> E2	E1 / E2 n mal / E2 *	Verarbeitung E1 / n mal / Verarbeitung E2

Abbildung 68: Zusammenhang der Konstrukte vom Fundamentaltyp "Viele".

Erklärung:

Beziehung: Wenn die Entität E1 existiert, dann muß bzw. kann es auch viele Entitäten der Art von E2 geben.

Daten: Wenn das Datum E1 vorhanden ist, dann muß bzw. kann es auch viele Daten der Art von E2 geben.

Programmablauf: Wenn die Verarbeitung E1 durchgeführt wird, dann muß bzw. kann auch die Verarbeitung E2 mehrmals durchgeführt werden.

Sind Entitäten derselben Entitätsmenge über Beziehungen derselben Art untereinander verbunden, so ist diese Beziehung *rekursiv*. Es stellt sich die Frage, von welchem Komplexitätsgrad rekursive Beziehungen sein können? Gehen wir davon aus, daß wir nur mit irgendwann endenden Rekursionen sinnvoll umgehen können, so muß die minimale Anzahl von Beziehungsausprägungen, die von einer Entität ausgehen können, Null sein. Minimal Null Beziehungsausprägungen bedeuten, daß eine betrachtete Subjektentität selbst keine Beziehung mit einer anderen Objektentität aktuell einzugehen braucht, obwohl sie mit dieser prinzipiell eine Beziehung eingehen könnte. Somit endet bei dieser Entität der rekursive Beziehungszusammenhang, wenn sie selbst keine Beziehung mehr mit einer anderen Entität eingegangen ist. Aufgrund dieser Sachlage sind nur die Komplexitätsgrade für rekursive Beziehungen von Bedeutung, die als minimale Beziehungsausprägung die Anzahl *Null* einschließen. Diese Komplexitätsgrade sind vom *Typ C und M*.

Der Komplexitätsgrad von *Typ 1* führt zu einer *unendlichen Rekursion*, weil hier jede Subjektentität mit einer Objektentität in Beziehung stehen muß, wobei diese Objektentität anschließend die Rolle der Subjektentität annimmt. Unendliche Rekursionen sind technisch nicht handhabbar und sollen hier nicht weiter betrachtet werden.

Aufgrund dieser Beobachtungen gibt es für die praktische Datenverarbeitung zwei wesentliche Erscheinungsformen der Rekursion. Die eine ergibt sich aus dem Komplexitätsgrad vom Typ C, die andere vom Typ M.

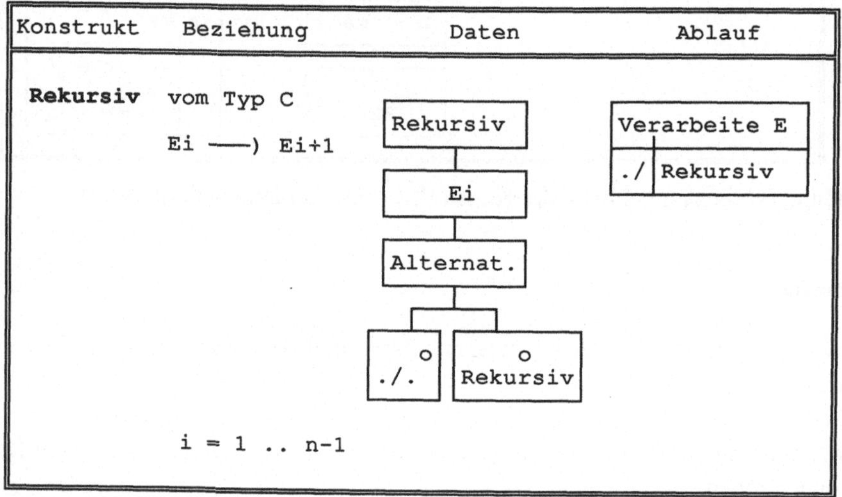

Abbildung 69: Zusammenhang der Konstrukte vom Fundamentaltyp "Rekursiv" mit Beziehungsgrad vom TYP C.

Erklärung:

Beziehung: Wenn die Entität E1 existiert, dann steht sie mit einer gleichartigen Entität (Ei, i = 2) in Beziehungszusammenhang, wie auch diese mit einer weiteren Entität (Ei, i = 3) in Zusammenhang steht, usw.

Daten: Wenn das Datum E1 vorhanden ist, dann gibt es ein Datum von der gleichen Art wie E1 nach dem gleichen Existenzgesetzt, das auch für E1 gilt, usw.

Programmablauf: Wenn die Verarbeitung von der Art E für das Datum E1 durchgeführt wird, dann wird diese Verarbeitung E nach derselben Gesetzmäßigkeit auch für die weiteren Daten Ei (i = 2 .. n) durchgeführt, so wie sie erstmalig für E1 durchgeführt wurde.

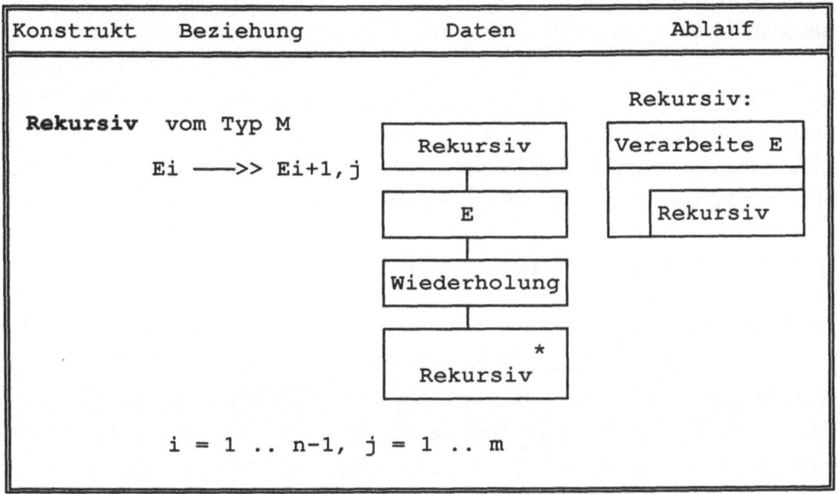

Abbildung 70: Zusammenhang der Konstrukte vom Fundamentaltyp "Rekursiv" mit Beziehungsgrad vom TYP M.

Erklärung:

Beziehung: Wenn die Entität E1 existiert, dann steht sie mit mehreren gleichartigen Entitäten im selben Beziehungszusammenhang, wie auch jede einzelne dieser Entitäten mit weiteren nun auch von ihnen abhängigen Entitäten in Zusammenhang stehen, usw.

Etwas ausführlicher ausgedrückt: Wenn die Entität E1 (i = 1, erste Rekursionsebene) existiert, dann steht sie mit mehreren gleichartigen Entitäten (Ei+1, m: m bedeutet mehrere, zweite Rekursionsebene) im selben Beziehungszusammenhang, wie auch jede von diesen m Entitäten mit weiteren (i = 3, dritte Rekursionsebene) nun auch von ihnen abhängigen Entitäten in Zusammenhang stehen, usw.

Daten: Wenn das Datum E1 vorhanden ist, dann gibt es mehrere Daten von der gleichen Art wie E1, und zwar nach dem gleichen Existenzgesetz, das auch für E1 gilt, usw.

Programmablauf: Wenn die Verarbeitung E für das Datum E1 durchgeführt wird, dann wird diese Verarbeitung E nach derselben Gesetzmäßigkeit auch weiterhin für alle von E1 unmittelbar abhängigen Daten Ej (j = 1 .. m) durchgeführt, so wie die Verarbeitung E erstmalig für E1 durchgeführt wurde, usw.

11.2 Stücklisten und ERM

Die Abbildung von Stücklisten in einer Datenbank, und die Auswertung der Datenbank für die unterschiedlichen Anforderungen der Fertigungswirtschaft werden oft als Paradebeispiele anspruchsvoller Probleme herangezogen. Der Grund hierfür liegt in der *rekursiven Miniwelt* "Stückliste", davon abgeleitet in den rekursiven Stücklistendaten und wiederum hiervon abhängig in einer rekursiven Programmierung.

Rekursive Programme sind nur mit wenigen Programmiersprachen der dritten Generation schreibbar. Deshalb ist diese Art der Programmierung in der Datenverarbeitungspraxis auch nicht sehr verbreitet. In den folgenden Ausführungen wird gezeigt, wie einfach und elegant man rekursive Daten mit rekursiven Programmen verarbeiten kann.

11.2.1 Beschreibung der Anwendung

Die *Geschäftsregeln* legen fest, welches die bedeutsamen Entitätsmengen sind und über welche relevanten Beziehungsmengen die Entitätsmengen in welchen Komplexitätsgraden verbunden sind. Man sollte sich die Geschäftsregeln auf jeden Fall in einem Dokument notieren. Hierdurch werden sie aus der möglicherweise noch verschwommenen Vorstellungswelt herausgelöst, und man erlangt die erforderliche Klarheit über die Grobzusammenhänge der Miniwelt und deren Abgrenzung.

Beispiel:

Ein möglichst einfaches Beispiel soll dazu dienen, die Lösung des rekursiven Stücklistenproblems zu erklären. Hierzu haben wir eine vereinfachte Stückliste eines Fahrrades ausgewählt.

Die Geschäftsregeln für die Fahrradherstellung

Bei der Untersuchung eines Fertigungsbetriebes für Fahrräder wurden folgende Beobachtungen gemacht:

a) Im Betrieb gibt es viele Teile, die
   - Fertigerzeugnisse,
   - Baugruppen und
   - Einzelteile sind.

b) Ein Fertigteil besteht prinzipiell aus vielen Baugruppen und/oder vielen Einzelteilen.

c) Eine Baugruppe bestehen ebenfalls prinzipiell aus vielen   Baugruppen und/oder Einzelteilen.

d) Einzelteile bestehen nicht aus weiteren Teilen.

e) Ein Einzelteil kann prinzipiell in viele unterschiedliche Baugruppen und/oder Fertigerzeugnisse eingebaut werden.

f) Eine Baugruppe kann ebenfalls prinzipiell in viele unterschiedliche Baugruppen und/oder Fertigerzeugnisse eingebaut werden.

g) Ein Fertigerzeugnis wird nicht weiter eingebaut.

Als Erklärungsgegenstand für die weiteren Ausführungen soll das vereinfachte Modellfahrrad dienen. Hierbei steht die Vollständigkeit des Fahrrades nicht im Vordergrund der Überlegungen. Wichtig ist lediglich der strukturelle Zusammenhang der Teile des Fahrrades. In Abbildung 71 ist die Teilestruktur des Modellfahrrades dargestellt. Sie hat die Gestalt eines auf dem Kopf stehenden Baumes.

Die Wurzel des Baumes ist das Fertigprodukt "Fahrrad" mit der Teilenummer "A100". Das Fertigprodukt besteht unmittelbar aus den drei Baugruppen "Lenkstange", "Vorderrad" und "Hinterrad". Eine solche unmittelbar zusammenhängende Produktionsstruktur wird in der Fertigungswirtschaft als *Baukasten* bezeichnet. Die drei Baugruppen "Lenkstange", "Vorderrad" und "Hinterrad" bilden ebenfalls Baugruppen, die selbst aus mehreren Einzelteilen bestehen. Die Einzelteile des Produktionsbaumes sind die *Blätter* des Baumes.

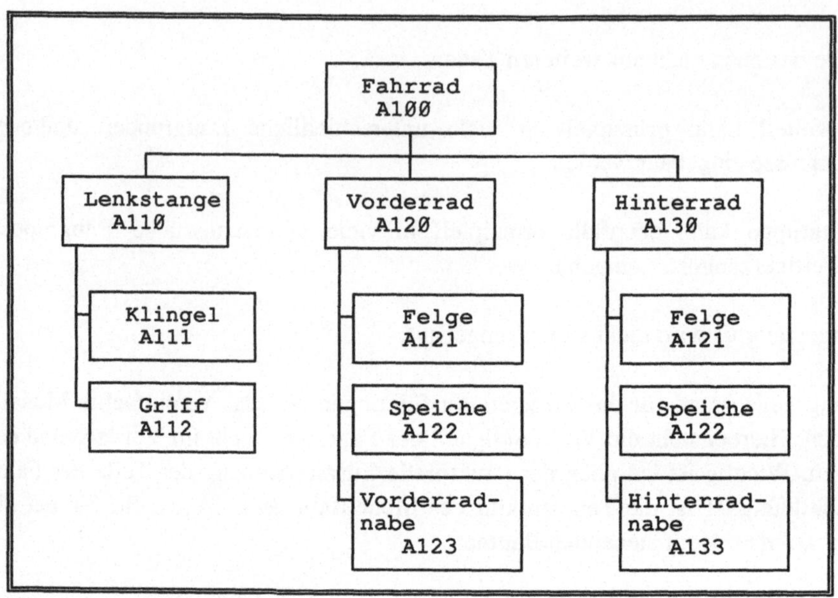

Abbildung 71: Beispielhaftes Fahrrad in Form eines Baumes.

11.2.2 Entitäten und Beziehungen

In der oben mit den Geschäftsregeln für die Fahrradherstellung beschriebenen Miniwelt, d. h. dem Umweltausschnitt des Fertigungsbetriebes, gibt es eine Vielzahl an Entitäten der gleichen Art. Sie sind dadurch charakterisiert, daß sie Gegenstand der Fertigung sind. Zu ihnen zählen die Einzelteile, Baugruppen und Fertigerzeugnisse. Sie werden zu einer Entitätsmenge mit der Bezeichnung *"Teil"* zusammengefaßt. Die Entitätsmenge "Teil" enthält somit sowohl die Fertigerzeugnisse, Baugruppen und Einzelteile.

Die Entitäten stehen untereinander in Beziehung. Betrachtet man diesen Beziehungszusammenhang unter dem Gesichtspunkt, aus welchen anderen Teilen ein Teil (Fertigerzeugnis oder Baugruppe) *unmittelbar zusammengebaut* ist, so kann man diese Beziehung treffend *"besteht aus"* nennen.

Neben dieser *analytischen Sicht* des Produktionsbaumes *von oben nach unten*, der "besteht aus"-Betrachtungsweise, kann man den Beziehungszusammenhang der Entitäten aber auch unter dem Gesichtspunkt betrachten, in welche anderen Teile (Baugruppen, Fertigerzeugnisse) ein Teil (Einzelteil, Baugruppe) *unmittelbar eingeht*. Diese *synthetische Betrachtungsweise von unten nach oben* führt zur Beziehung mit dem Namen *"geht ein in"*.

Die Beziehung zwischen den Teilen des Produktionsbaumes wird in der Stücklistenorganisation in Abhängigkeit der Sichtweise somit *völlig unterschiedlich* benannt. Die Namen "besteht aus" und "geht ein in" zur Kennzeichnung der Beziehungsrichtung kommen hier nicht durch die sonst übliche Aktiv- und Passivform eines Verbes zustande. Aus Gründen der Praxisnähe und der Verständlichkeit einer Aussage über den Produktionszusammenhang wird die gängige Benennung aus der Stücklistenpraxis übernommen. Dadurch können mit Hilfe der selben Beziehung die beiden verständlichen Aussagen formuliert werden:

- Teil besteht aus Teil.
- Teil geht ein in Teil.

11.2.3 Die Komplexitätsgrade

Wenn wir den Komplexitätsgrad der Beziehung "besteht aus" aus der Sicht eines übergeordneten Teiles feststellen wollen, ist zu überlegen, aus wieviel untergeordneten Teilen ein übergeordnetes Teil *grundsätzlich* bestehen kann. Ein Teil von der Teileart "Einzelteil" besteht für unsere Produktion aus *Null* anderen Teilen, weil ein Einzelteil von uns nicht mehr aus anderen Teilen zusammengebaut wird. In unserem Produktionsbaum ist ein Einzelteil ein *Blatt*. Ein Teil von der Teileart "Baugruppe" oder "Fertigerzeugnis" besteht jedoch aus vielen (zwei oder mehr) Teilen (Einzelteilen oder Baugruppen). Somit ist der Komplexitätsgrad der Beziehung "besteht aus" aus analytischer Sicht vom Typ M, d. h. *"viele"*.

Zum gleichen Ergebnis kommt man, wenn man den Komplexitätsgrad der Beziehung "geht ein in" aus der Sicht eines untergeordneten Teiles untersucht. Auch hier kann man feststellen, daß ein Teil entweder in *kein* anderes Teil mehr eingeht, falls es sich bei ihm um ein Fertigerzeugnis handelt. Ansonsten kann es noch prinzipiell in ein anderes Teil oder in viele andere Teile eingehen. Der Komplexitätsgrad der Beziehung "geht ein in" aus synthetischer Sicht ist somit ebenfalls vom Typ M, d. h. *"viele"*.

Je Entität halten wir in unserem Beispiel einen Wert für den Entitätsschlüssel "Teilenummer" und das Nichtschlüsselattribut "Teilenamen" fest. Desweiteren stellen wir pro Beziehungsausprägung ein Beziehungselement fest. Dieses setzt sich aus den beiden Teilenummernwerten der miteinander in Beziehung stehenden Teile zusammen. Sie bilden gemeinsam den Beziehungsschlüsselwert. Weiterhin halten wir je Beziehungselement fest, aus wieviel Exemplaren der untergeordneten Teileart ein übergeordnetes Teil besteht.

11.2.4 Das Entitäts-Beziehungs-Diagramm

Eine wesentliche Erweiterung gegenüber dem Beispiel der Rechnungsschreibung besteht darin, daß die in Beziehung stehenden Entitäten allesamt in nur *einer* Entitätsmenge zusammengefaßt sind. Das Entitäts-Beziehungs-Diagramm drückt die hergeleiteten Überlegungen übersichtlich aus.

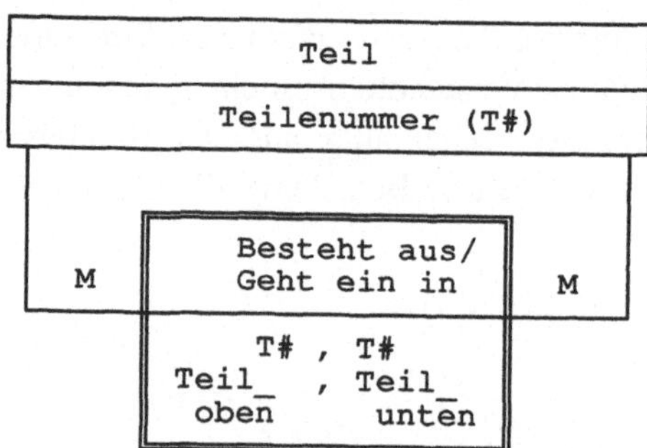

Abbildung 72: Entitäts-Beziehungs-Diagramm der Stücklisten-Miniwelt.

Die Entitäten der Entitätsmenge TEIL werden durch den Entitätsschlüssel identifiziert und sind über die Beziehungsmenge untereinander verknüpft. Die je in eine Richtung betrachteten Elementarbeziehungen mit den Namen "Besteht aus" und "Geht ein in" sind beide vom Komplexitätsgrad M, d. h. "viele".

Das Entitäts-Beziehungs-Diagramm kann für zwei Betrachtungsweisen herangezogen werden.

a) Von links betrachtet: Eine Entität vom Typ TEIL (Oberteil) ist grundsätzlich mit mehreren anderen Entitäten vom Typ TEIL (Unterteil) unter dem Aspekt "besteht aus" verbunden. Dies ist die analytische Betrachtungsweise innerhalb der Stücklistenorganisation.

b) Von rechts betrachtet: Eine Entität vom Typ TEIL (Unterteil) ist grundsätzlich mit mehreren anderen Entitäten vom Typ TEIL (Oberteil) unter dem Aspekt "geht ein in" verbunden. Hierin drückt sich die synthetische Betrachtungsweise der Stücklistenorganisation aus.

Es sei nochmals erinnert, daß der Komplexitätsgrad vom Typ "viele" auch die prinzipiell möglichen Fälle "keinmal" und "einmal" mit einschließt.

11.2.5 Rekursiv abhängige Entitäten

Im Rechnungsbeispiel waren über die Beziehungstypen "einfach" (muß, Typ 1), "bedingt" (kann, Typ C) und "mehrfach" (viele, Typ M) immer Entitäten aus verschiedenen Entitätsmengen miteinander verbunden. Beim aktuellen Stücklistenbeispiel sind aber die in Beziehung stehenden Entitäten vom gleichen Typ TEIL. Eine von einer *Subjektentität* abhängige *Objektentität*, z. B. ein von der Subjektentität "Fahrrad" abhängige Objektentität "Lenkstange", steht somit prinzipiell wiederum in Beziehung mit einer von ihr abhängigen Objektentität, z. B. einer "Klingel". Auch für die Klingel-Entität gilt wiederum das gleiche Beziehungsverhältnis. Sie kann sowohl Subjekt- als auch Objektentität bei derselben Beziehungsart sein, usw.

```
         Beziehung
Subjekt  ------------> Objekt
                                      Beziehung
                       Subjekt  ------------> Objekt


Z. B.:

         besteht aus                besteht aus
Fahrrad  ------------> Lenkstange ------------> Klingel
```

Abbildung 73: Rekursive Beziehung.

Wenn dieselbe Beziehung, die für eine Subjektentität gilt, auch für die von ihr abhängige Objektentität zutreffend ist, usw., liegen *rekursiv* abhängige Entitäten vor. Wie oft dieses rekursive Abhängigkeitsverhältnis zwischen solchermaßen verbundenen Entitäten gegeben ist, ist von Entität zu Entität verschieden und kann sich im Zeitablauf auch ändern. Irgend wann muß jedoch die rekursive Abhängigkeit zwischen Subjekt- und Objektentitäten aufhören, da ansonsten eine unendliche rekursive Abhängigkeit vorliegen würde. Das bedeutet auch, daß der Komplexitätsgrad der rekursiven Beziehung nicht vom Typ 1, sondern nur vom Typ C oder M sein darf. Beim Komplexitätsgrad vom Typ 1 *muß* jede Subjektentität unabdingbar mit einer Objektentität in Beziehung stehen, die selbst anschließend die Rolle der Subjektentität einnimmt. Somit würde eine unendliche Rekursion entstehen, die in der praktischen Datenverarbeitung nicht handhabbar ist.

11.2.6 Rekursive Datentypen

Die datentechnische Abbildung von rekursiv in Beziehung stehenden Entitäten der Miniwelt führt zu rekursiven Daten in der Datenhaltung. Ein rekursiver Datentyp liegt dann vor, wenn ein von einem Datenobjekt abhängiges Datenelement von derselben Art ist, wie das betrachtete Datenobjekt selbst. Hierzu kann man auch gleichbedeutend sagen:

Ein rekursiver Datentyp liegt dann vor, wenn das Bildungsgesetz für ein abhängiges Datenelement des betrachteten Datenobjektes dasselbe ist, wie das Bildungsgesetzt für das betrachtete Datenobjekt selbst.

In Abhängigkeit vom Komplexitätsgrad der Rekursiven Beziehung, Typ C bzw. Typ M, kann man einen rekursiven Datentyp folgendermaßen sinnbildlich darstellen:

Rekursiver Datentyp mit dem Komplexitätsgrad vom Typ C

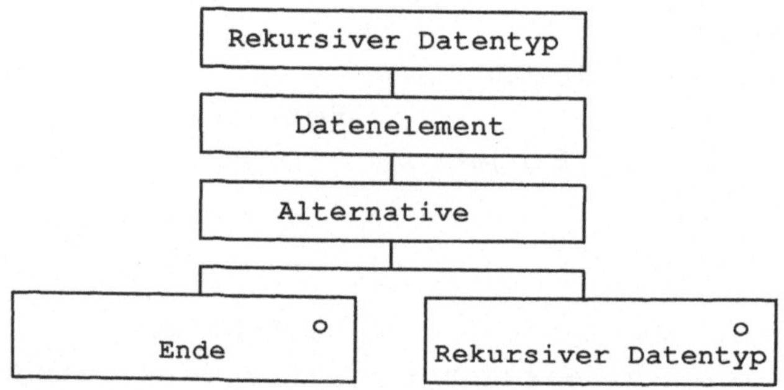

Abbildung 74: Sinnbild eines rekursiven Datentyps mit dem Komplexitätsgrad vom Typ C.

Rekursiver Datentyp mit dem Komplexitätsgrad vom Typ M

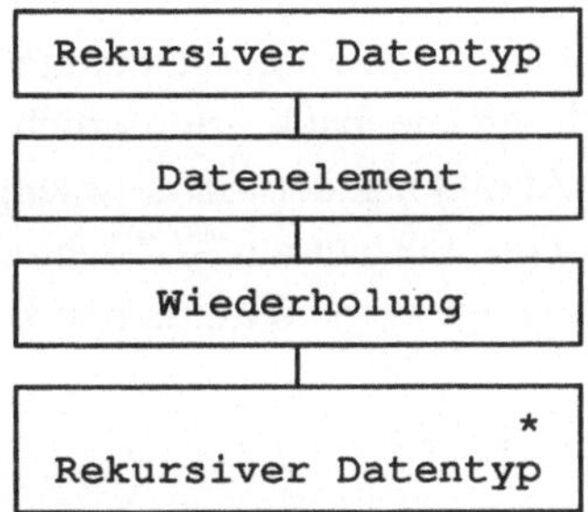

Abbildung 75: Sinnbild eines rekursiven Datentyps mit dem
Komplexitätsgrad vom Typ M.

Die datentechnische Abbildung einer möglichen Beziehungsausprägung zwischen einer
Teileentität (Subjekt) und einer von dieser abhängigen Teileentität (Objekt) zusammen
mit der Abbildung dieser Objektentität bilden ein ***rekursives Datenobjekt***. In SQL wird
die Beziehungsausprägung in Gestalt einer Zeile in der Beziehungstabelle abgespeichert.
Die Teileentität wird in der Teiletabelle ebenfalls in Gestalt einer Zeile abgespeichert.

Ein solchermaßen rekursives Datenobjekt umfaßt somit zwei elementare Fälle:

Fall 1:

Die Beziehung auf eine möglicherweise abhängige Entität ist nicht ausgeprägt
und somit ist auch keine Zeile hierüber in der Beziehungstabelle vorhanden.
Damit ist auch die Rekursion beendet. Es handelt sich hierbei also um ein
Einzelteil, das mit keinem von ihm abhängigen Teil mehr verbunden ist.

Fall 2:

Die Beziehung auf eine möglicherweise abhängige Entität ist ausgeprägt und
somit ist auch eine Zeile hierüber in der Beziehungstabelle vorhanden. Für die
abhängige Entität gilt sodann dieselbe Gesetzmäßigkeit zwischen ihr und ihren
potentiell abhängigen Entitäten. Das Teil tritt als Oberteil auf und besteht somit
aus mehreren ihm untergeordneten Teilen.

11.3 Stücklistenorganisation in SQL

Aus dem Entitäts-Beziehungs-Diagramm kann man entnehmen, daß zwei SQL-Tabellen zur Verwirklichung der Stücklistendatenbank erforderlich sind. Die eine Tabelle nimmt die Teilerelation auf, die die Abbildung der Entitätsmenge darstellt. Die zweite SQL-Tabelle ist die Repräsentation der "Besteht-aus"-/ "Geht-ein-in"-Beziehungsrelation, die die Darstellung der Beziehungsmenge vom kombinierten Beziehungstyp (M, M) ist.

11.3.1 Vereinbarung der Tabellen

Im folgenden Programm werden die beiden Tabellen "Teil" und "Struktur" vereinbar.

```
*   ******************************************************
*                   Programm: P51                       *
*   Vereinbarung der Tabellen für die Stücklisten-      *
*   organisation: Teil und Struktur.                    *
*   ******************************************************


CREATE TABLE Teil
     (Teilnr        CHAR ( 4),
      Name          CHAR (15));


CREATE TABLE Struktur
     (Teil_oben     CHAR (4),
      Teil_unten    CHAR (4),
      Menge         SMALLINT);


RETURN;
```

Programm 51: Vereinbarung der Tabellen "Teil" und "Struktur".

11.3.2 Zugriffspfade für SQL

Mit Indextabellen werden in SQL zwei wichtige Anforderungen erfüllt:

- Ein Index ohne die Eigenschaft UNIQUE dient der Beschleunigung des Zugriffs auf die gesuchten Zeilen.
- Ein UNIQUE-Index dient zwei Zwecken. Zunächst dient er ebenfalls der Beschleunigung des Zugriffs. Desweiteren aber auch der Gewährleistung der Einmaligkeit einer Zeile in der jeweiligen Tabelle, d. h. auch der Unterstützung der Einmaligkeit eines Schlüsselattributwertes.

Damit die Zeilen in den beiden Tabellen von SQL garantiert einmalig, d. h. nichtredundant sind, vereinbaren wir je einen **UNIQUE**-Index auf beide Schlüssel. Den Index "Teilind" vereinbaren wir auf den Entitätsschlüssel "Teilnr" der Tabelle "Teil". Den Index "Strukind" legen wir auf den Beziehungsschlüssel der Tabelle "Struktur". Der Beziehungsschlüssel besteht aus der Zusammenfassung der beiden Schlüsselbestandteile "Teil_oben" mit "Teil_unten".

Auf diese beiden Spalten "Teil_oben" und "Teil_unten" definieren wir zusätzlich je einen Index *ohne* die Option "**UNIQUE**". Hiermit steigern wir die Zugriffsgeschwindigkeit beim Lesen der Zeilen aus der Strukturtabelle, wenn wir mit den entsprechenden Suchargumenten zugreifen.

```
*  ****************************************************************
*                        Programm: P52                          *
*              Vereinbarung der Indexverzeichnisse              *
*  ****************************************************************

CREATE UNIQUE INDEX Teilind
    ON Teil
        (Teilnr ASC);


CREATE UNIQUE INDEX Strukind
    ON Struktur
        (Teil_oben  ASC,
         Teil_unten ASC);


CREATE INDEX Obenind
    ON Struktur
        (Teil_oben  ASC);


CREATE INDEX Untenind
    ON Struktur
        (Teil_unten  ASC);


RETURN
```

Programm 52: Indexe für die erforderlichen Zugriffspfade.

11.3.3 Laden der Tabellen

Mit den folgenden Programmen werden die Teile- und Beziehungsdaten in die Tabellen geladen und anschließend zur Kontrolle wieder ausgegeben.

```
* ******************************************************
*                   Programm: P53                     *
* Laden  der Tabelle fuer die Stuecklistenorgani-     *
* sation:              Teil                           *
* ******************************************************
INSERT INTO Teil
              ( Teilnr,  Name )
            VALUES ( 'A100', 'Fahrrad'      );
INSERT INTO Teil VALUES ('A110', 'Lenkstange'  );
INSERT INTO Teil VALUES ('A111', 'Klingel'     );
INSERT INTO Teil VALUES ('A112', 'Griff'       );
INSERT INTO Teil VALUES ('A120', 'Vorderrad'   );
INSERT INTO Teil VALUES ('A121', 'Felge'       );
INSERT INTO Teil VALUES ('A122', 'Speiche'     );
INSERT INTO Teil VALUES ('A123', 'Vorderradnabe');
INSERT INTO Teil VALUES ('A130', 'Hinterrad'   );
INSERT INTO Teil VALUES ('A133', 'Hinterradnabe');
RETURN
```

Programm 53: Ladeprogramm für die Tabelle "Teil".

```
* ******************************************************
*                   Programm: P54                     *
* Laden  der Tabelle fuer die Stuecklistenorgani-     *
* sation:              Struktur                       *
* ******************************************************
INSERT INTO Struktur
              ( Teil_oben, Teil_unten, Menge )
                VALUES ('A100', 'A110', 1);
INSERT INTO Struktur VALUES ('A100', 'A120', 1);
INSERT INTO Struktur VALUES ('A100', 'A130', 1);
INSERT INTO Struktur VALUES ('A110', 'A111', 1);
INSERT INTO Struktur VALUES ('A110', 'A112', 2);
INSERT INTO Struktur VALUES ('A120', 'A121', 1);
INSERT INTO Struktur VALUES ('A120', 'A122', 100);
INSERT INTO Struktur VALUES ('A120', 'A123', 1);
INSERT INTO Struktur VALUES ('A130', 'A121', 1);
INSERT INTO Struktur VALUES ('A130', 'A122', 100);
INSERT INTO Struktur VALUES ('A130', 'A133', 1);
RETURN;
```

Programm 54: Ladeprogramm für die Tabelle "Struktur".

Je Teileentität wird ein Zeile in der Teiletabelle mit dem Namen *"Teil"* geführt. Ebenfalls wird je Beziehungsausprägung in der Beziehungstabelle mit der Bezeichnung *"Struktur"* eine Beziehungszeile gespeichert. Der Name Struktur wird auch in diesem Beispiel gewählt, weil er in der Stücklistenorganisation üblich ist.

Die folgende Abbildung zeigt das Programm zur Wiedergewinnung der Stücklistendaten und das von ihm erzeugte Ergebnis.

```
*  *********************************************************
*                     Programm: P55                        *
*      Ausgabe der geladenen Teile- und Strukturzeilen      *
*  *********************************************************


?  "Die Teilestammsätze sind:"
?  "========================="
?


SELECT *
   FROM Teil;


?  "Die Struktursätze sind:"
?  "========================"
?


SELECT *
   FROM Struktur;


RETURN
```

Programm 55: Wiedergewinnung der Stücklistendaten.


```
*  ******************** Ergebnis:  ********************

Die Teilestammsätze sind:
=========================

TEILNR  NAME
A100    Fahrrad
A110    Lenkstange
A111    Klingel
A112    Griff
A120    Vorderrad
A121    Felge
A122    Speiche
A123    Vorderradnabe
A130    Hinterrad
A133    Hinterradnabe
```

```
Die Struktursätze sind:
===========================

TEIL_OBEN  TEIL_UNTEN  MENGE
A100       A110          1
A100       A120          1
A100       A130          1
A110       A111          1
A110       A112          2
A120       A121          1
A120       A122        100
A120       A123          1
A130       A121          1
A130       A122        100
A130       A133          1
```

Ergebnis 37: Daten der Stücklistendatenbank.

11.3.4 Direktbedarfsmatrix

Einen schnellen und umfassenden Überblick sowohl über den analytischen Besteht-aus-Zusammenhang als auch den synthetischen Geht-ein-in-Zusammenhang gewährt die Direktbedarfsmatrix in Abbildung 76. Jede *Spalte* repräsentiert hierin eine *Baukastenstückliste*. Die Spaltenüberschrift ist hierbei die Teilenummer des übergeordneten Teiles. Die mit den Anzahlen besetzten Kreuzungspunkte zwischen den Spalten und Zeilen geben an, aus wieviel Einheiten des jeweiligen untergeordneten Teiles das betrachtete übergeordnete Teil besteht.

Analog zur spaltenweisen Betrachtungsweise geht aus der zeilenweisen Leseart der Direktbedarfsmatrix hervor, in welche übergeordneten Teile das jeweils betrachtete Teil in welcher Anzahl eingeht. Somit stellt jede Zeile dieser Matrix einen Baukastenverwendungsnachweis dar.

In der Direktbedarfsmatrix sind sowohl in den Spalten als auch in den Zeilen die Entitäten und somit auch die Teilestammsätze als deren Abbildungen aufgeführt. Die Kreuzungen zwischen der jeweiligen Zeile und Spalte stellen die Beziehungsausprägungen, datentechnisch gesprochen, die Struktursätze mit den Anzahlangaben dar.

In der Direktbedarfsmatrix kann somit die Stücklistenorganisation in komprimierter Form darstellt werden, wie Abbildung 76 zeigt.

A:	100	110	111	112	120	121	122	123	130	133
A100 Fahrrad										
A110 Lenkstange	1									
A111 Klingel		1								
A112 Griff		2								
A120 Vorderrad	1									
A121 Felge					1				1	
A122 Speiche					100				100	
A123 Vorderradnabe					1					
A130 Hinterrad	1									
A133 Hinterradnabe									1	

Abbildung 76: Direktbedarfsmatrix.

11.3.5 Baukastenstückliste

Aus der in der Direktbedarfsmatrix in Abbildung (?) aufgeführten Modelldatenbank soll die folgende Baukastenstückliste für den Baukasten "Vorderrad" mit der Teilenummer "A120" erstellt werden.

```
Baukastenstückliste: A120

TEILNR      NAME            TEIL UNTEN  MENGE   NAME UNTEN

A120        Vorderrad       A121            1   Felge
A120        Vorderrad       A122          100   Speiche
A120        Vorderrad       A123            1   Vorderradnabe
```

Abbildung 77: Baukastenstückliste für den Baukasten Vorderrad "A120".

Wie man aus der Abbildung 77 sieht, enthält die Baukastenstückliste die Daten, die sich aus der Verbindung der Spalte mit der Teilenummer "A120" und den Zeilen mit den Teilenummer "A121", "A122" und "A123" in der Abbildung 76 ergeben. An den Kreuzungen der 3 Zeilen mit der Spalte sind in der Direktbedarfsmatrix die Mengenangaben zu sehen.

Die geforderte Baukastenstückliste wird durch das folgende Programm 56 erzeugt:

```
    * *****************************************************
    *                  Programm: P56                      *
    *            Lesen der Stuecklistendatenbank          *
    *        zur Erzeugung der Baukastenstückliste A120   *
    * *****************************************************


    ? "Baukastenstückliste: A120"


    SELECT O.Teilnr, O.Name, S.Teil_unten, S.Menge, U.Name
       FROM   Teil O, Struktur S, Teil U
       WHERE  O.Teilnr     = "A120"        AND
              O.Teilnr     = S.Teil_oben AND
              S.Teil_unten = U.Teilnr;


    RETURN;
```

Programm 56: Programm zur Erzeugung der Baukastenstückliste "A120".

```
* ****************** Ergebnis: *******************

Baukastenstückliste: A120


O->TEILNR  O->NAME        S->TEIL_UNTEN S->MENGE U->NAME

A120       Vorderrad      A121                  1 Felge
A120       Vorderrad      A122                100 Speiche
A120       Vorderrad      A123                  1 Vorderradnabe
```
Ergebnis 38: Baukastenstückliste "A120".

Wie man aus Programm 56 ersieht, ist es sehr einfach, eine Baukastenstückliste zu
erzeugen. Hierzu ist *nur ein SELECT-Befehl* erforderlich. In der FROM-Komponente
werden mittels eines self-join (Eigenverbund) die Zeilen der Tabelle "Teil" mit sich selbst
verbunden. Dieser Verbindungsprozeß wird über die Beziehungstabelle "Struktur"
abgewickelt. Von den somit verbundenen Zeilen werden nur diejenigen in der WHERE-
Komponente ausgewählt, deren Teilenummern in der Spalte O.Teilnr gleich "A120" sind.

11.3.6 Strukturstückliste

In Abbildung 78 ist die Stücklistendatenbank in ihrem Zusammenhang dargestellt. Die
einfach berandeten Rechtecke stellen die Teilestammsätze dar. Die doppelt berandeten,
zweiteiligen Rechtecke sind die Repräsentanten der Struktursätze. Sowohl bei den
Teilestamm- als auch bei den Struktursätzen sind lediglich die Schlüsselattribute von
TEILNR, TEIL_OBEN und TEIL_UNTEN hervorgehoben.

Die Darstellung veranschaulicht, daß der Baukasten "Fahrrad" mit der Teilenummer
A100 aus den 3 Komponenten A110, A120 und A130 besteht. Der Baukasten wird
strukturell durch die 3 mit Doppelstrichen gerahmten Struktursätze zusammengehalten.

Ihre Schlüssel bestehen je aus den zu einer Einheit zusammengefügten Schlüsseln der in Beziehung stehenden Teilesätze, also aus den Schlüsseln A100/A110, A100/A120 und A100/A130.

Die Elemente des Baukastens "A100" (Fahrrad) sind nun ihrerseits Baukästen und nach dem gleichen Schema konstruiert wie der Baukasten "A100" (Fahrrad). Hierin zeigt sich wieder das rekursive Bildungsgesetz einer Strukturstückliste. Diese untergeordneten Baukästen bestehen in unserem Beispiel jedoch aus elementaren Teilen. Hierdurch endet der rekursive Aufbau unserer Strukturstückliste bereits auf der dritten Ebene des Teilebaumes. In der Praxis können Strukturstücklisten natürlich wesentlich tiefer strukturiert sein.

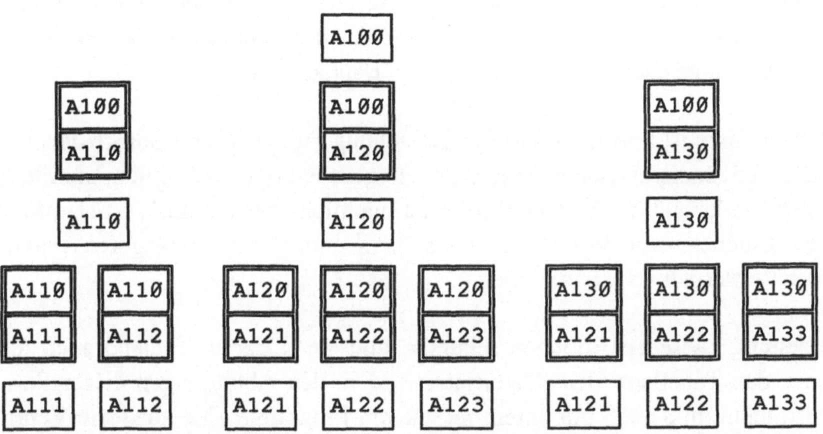

Abbildung 78: Stücklistendatenbank in ihrem Zusammenhang aus Teile- und Struktursätzen dargestellt.

Programm: Strukturstückliste

Das folgende Programm 58 auf Seite 224 hat die Aufgabe, eine Strukturstückliste zu erzeugen. Diese soll folgendes Aussehen haben:

```
Strukturstückliste: A100
  1 *                      A100 Fahrrad                          1
  2 **                       A110 Lenkstange                     1
  3 ***                        A111 Klingel                      1
  3 ***                        A112 Griff                        2
  2 **                      A120 Vorderrad                       1
  3 ***                        A121 Felge                        1
  3 ***                        A122 Speiche                    100
  3 ***                        A123 Vorderradnabe                1
  2 **                      A130 Hinterrad                       1
  3 ***                        A121 Felge                        1
  3 ***                        A122 Speiche                    100
  3 ***                        A133 Hinterradnabe                1
```

Abbildung 79: Aussehen der gewünschten Strukturstückliste.

Wie man sieht, ist eine Strukturstückliste eine Hierarchie von Baukastenstücklisten. In der Strukturstückliste ist unter dem Baukasten des Fahrrades "A100" der Baukasten der Lenkstange "A110", der des Vorderrades "A120" und der des Hinterrades "A130" angesiedelt. In der Praxis könnte auch z. B. die Klingel ein Baukasten sein, usw.

Bei der Strukturstückliste ist nun die rekursive Beziehung zwischen den Stücklistenebenen zu sehen. Die Beziehung zwischen dem Datenelement Fahrrad und seinem unmittelbar abhängigen Datenelement, z. B. dem Vorderrad, nämlich "besteht aus", ist ebenfalls zwischen diesem Datenelement Vorderrad und seinem unmittelbar abhängigen Datenelement, z. B. der Vorderradnabe zu erkennen.

Wenn eine Beziehung zwischen Entitäten rekursiv, und wenn daraus folgend auch die Struktur zwischen den Tabellenzeilen (Datensätzen), d. h. den Abbildungen dieser Entitäten, rekursiv ist, dann muß auch mit einem rekursiven Programm eine adäquate Verarbeitungsvorschrift für diese Daten möglich sein.

Die Struktur der Strukturstückliste ist die eines *Vielwegebaumes*. Aus dem Stamm des Baumes, der durch das Fahrrad gebildet wird, gehen in unserem Beispiel 3 Äste hervor, der Ast Lenkstange, Vorderrad und Hinterrad. Auch diese Äste verzweigen sich wieder in prinzipiell viele Zweige. In unserem Beispiel münden sie bereits nach dieser Verzweigung in den Blättern des Baumes, den Einzelteilen. Die Höhe unseres Baumes, d. h. die Anzahl der Hierarchiestufen, beträgt somit nur 3 Ebenen.

11.3.7 Rekursionstiefe in dBASE

Das Wesen eines rekursiven Programmes besteht darin, daß dieses Programm *sich_selbst aufruft*. Je Aufruf werden die in diesem Programm internen, d. h. lokalen Daten gestapelt. Zusätzlich zu den gestapelten Daten werden auch die noch nicht ausgeführten Anweisungen (prozeduralen Teile) des Programmes zurückgestellt, d. h. ebenfalls gestapelt.

> **Das Stapeln von sowohl den lokalen Daten, als auch den noch auszuführenden prozeduralen Programmteilen, macht das Wesen eines rekursiven Programmes aus.**

Der wiederholte rekursive Aufruf kann nicht beliebig oft fortgesetzt werden, weil für jeden Aufruf zumindest interne Systemsteuerdaten *gestapelt* werden müssen, die den Systemzustand zur Aufrufzeit repräsentieren. Diese Daten und die möglichen lokalen Variablen benötigen Speicherplatz aus der *Speicherplatzhalde* (engl.: stack) im Zentralspeicher. In Abhängigkeit von der Haldengröße und der diese Halde aufzehrenden Speichermenge je Aufruf ergibt sich letztendlich die maximal mögliche *Rekursionstiefe*. Die Rekursion kann man leicht erklären, wenn man die Programm- und die Datendynamik sich in Form eines Programmablaufplanes vor Augen hält.

Eine dBASE-Prozedur ist generell rekursiv, d. h. sie kann sich selbst aufrufen. Auch kann sie lokale Variablen haben, die beim neuerlichen rekursiven Aufruf gestapelt werden. Weiterhin kann an eine aufzurufende Prozedur Daten über die Parameterschnittstelle übergeben werden. Fraglich ist nur, wie oft dBASE einen rekursiven Aufruf nacheinander zuläßt, d. h., wie groß die maximale Rekursionstiefe in dBASE ist.

Mit Hilfe des Programmes 57 kann die mögliche Rekursionstiefe leicht ermittelt werden. Sie beträgt 30 rekursive Aufrufe. Zu beachten ist, daß dBASE nach dem letzten rekursiven Abstieg die Rekursion *ohne einen Hinweis* beendet und selbständig den Ausstieg aus der Rekursion durchführt.

```
* ********************************************************
*                      Programm: P57                    *
*    Maximale Rekursionstieve von dBASE IV ermitteln    *
*                                                        *
* ********************************************************

SET TALK OFF
V = 1
? "Hinein in die Rekursion"
?
DO Rekursion WITH V

RETURN


PROCEDURE Rekursion
   PARAMETERS P
   ?? P
   IF P <= 29
      DO Rekursion WITH P + 1
   ELSE
   ?
   ? "Heraus aus der Rekursion"
   ?
   ENDIF
   ?? P
RETURN
```

Programm 57: Ermittlung der maximalen Rekursionstiefe von dBASE IV.

```
* ********************** Ergebnis: **********************
Hinein in die Rekursion
      1         2         3         4         5         6
      7         8         9        10        11        12
     13        14        15        16        17        18
     19        20        21        22        23        24
     25        26        27        28        29        30

Heraus aus der Rekursion
     30        29        28        27        26        25
     24        23        22        21        20        19
     18        17        16        15        14        13
     12        11        10         9         8         7
      6         5         4         3         2         1
```

Ergebnis 39: Protokoll bei der Ermittlung der maximalen Rekursionstiefe.

Da eine Strukturstückliste wohl kaum eine Erzeugnistiefe von 30 Ebenen erreichen wird, ist die Rekursionstiefe von dBASE für die meisten praktischen Fälle ausreichend.

Das Programm 58 auf Seite 224 erzeugt die Strukturstückliste für das Fahrrad mit der Teilenummer "A100". Es besteht aus seinem Kern, der Prozedur "Baukasten", die sich selbst wiederholt rekursiv aufruft. Das vorgelagerte Hauptprogramm dient zum erstmaligen Aufruf von "Baukasten" und damit zur Einleitung der Rekursion.

Hierbei wird der Schlüssel des obersten Baukastens, in unserem Beispiel dem des Fahrrades, an die Prozedur als Argument übergeben. Die Prozedur führt nun folgende wichtigen Aufgaben durch:

1. Mit Hilfe der übergebenen Teilenummer "A100" wird die Zeile des Fahrrades aus der Teiletabelle gelesen und ausgegeben.

2. Mit Hilfe der Teilenummer wird nun geprüft, ob das ausgegebene Teil eine Baugruppe oder ein Einzelteil ist. Dies geschieht durch einen Zugriff auf die Strukturtabelle mit der Teilenummer als Suchargument. Werden hierbei Strukturzeilen mit der aktuellen Teilenummer gefunden, dann handelt es sich bei ihr um einen Baukasten.

Im Falle der Teilenummer "A100" gibt es in der Strukturtabelle 3 Strukturzeilen. Sie sind die Repräsentanten der in Abbildung 80 doppelt berandeten Beziehungskästchen. Diese Beziehungszeilen enthalten außer dem Schlüssel des Baukastens "A100" die weiterführenden Teilenummern der Teile, die zusammen den Baukasten bilden. Dies sind die Teilenummer A110, A120 und A130. Neben diesen Schlüsseldaten enthalten diese Strukturzeilen auch noch die Anzahldaten.

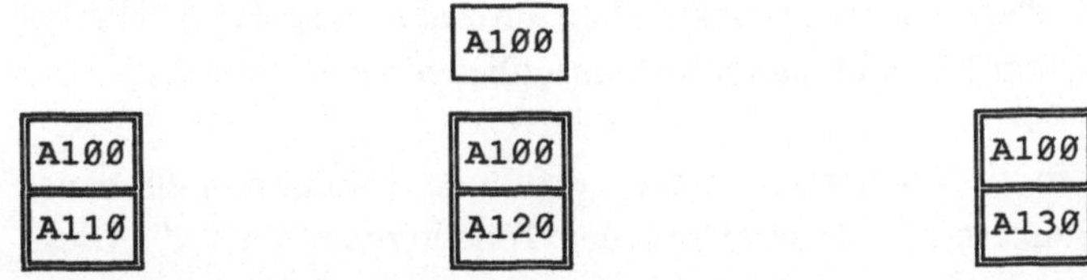

Abbildung 80: Baukasten Fahrrad.

3. Nachdem bekannt ist, wieviele Teilenummern und Anzahldaten gestapelt werden müssen, werden die hierzu maßgeschneiderten Stapelelemente im Speicher aufgebaut.

4. Die Anzahl dieser Elemente wird in der ebenfalls gestapelten Variablen Og (Obergrenze) festgehalten.

5. Die Teilenummern der untergeordneten Teile und die dazugehörigen Anzahldaten werden nun in den Stapel für die Teilenummern und die Anzahlen zwischengespeichert.

6. Je zwischengespeicherter Teilenummer wird die rekursive Prozedur Baukasten aufgerufen. Hierdurch erfolgt ein weiterer Abstieg in die Rekursion und hierdurch ein Auf-

stieg im Stücklistenbaum. In der ebenfalls gestapelten Variablen J wird festgehalten, die wievielte der zwischengespeicherten Teilenummern gerade abgearbeitet wird.

Die erste zwischengespeicherte Teilenummer, die auf diese Weise als Argument an die Prozedur "Baukasten" übergeben wird, ist "A110". Was bis jetzt für die Teilenummer "A100" erfolgte, geschieht nun für "A110". Folgender Baukasten wird verfügbar gemacht:

```
        ┌──────┐
        │ A11Ø │
        └──────┘
  ┌──────┐  ┌──────┐
  │ A11Ø │  │ A11Ø │
  │ A111 │  │ A112 │
  └──────┘  └──────┘
```

Abbildung 81: Baukasten Lenkstange.

Aufgrund der neuerlichen Aktivierung der Prozedur "Baukasten" legt dBASE die lokalen Variablen neu an. Die Teilenummern A111 und A112 sowie die zugehörigen Anzahldaten werden hierbei wieder maßgeschneidert auf dem Stapel zwischengespeichert.

Anschließend wird die Prozedur "Baukasten" wieder aufgerufen. Diesmal mit der Teilenummer "A111" als Argument. Nachdem das Teil "Klingel" aus der Teiletabelle gelesen und ausgegeben ist, wird festgestellt, daß es hierfür keinen Baukasten mehr gibt. Dadurch erfolgt kein rekursiver Abstieg mehr, sondern der erste rekursive Aufstieg.

Aufgrund der gestapelten Systemsteuerdaten und der lokalen Variablen wird nun die nächste Anweisung nach dem Aufruf der rekursiven Prozedur ausgeführt. Hierbei wird die Indizierungsvariable J um 1 erhöht und enthält anschließend den Wert 2.

Da die Einlaßbedingung in die Wiederholung noch erfüllt ist, erfolgt nun ein neuerlicher Aufruf der Prozedur "Baukasten". Diesmal mit der Teilenummer "A112". Diese wird genauso bearbeitet wie ihre Vorgängerin "A111".

Da nun alle Teilenummern des Baukastens "A110" erledigt sind, erfolgt wieder ein rekursiver Aufstieg in die zurückgestellte Bearbeitung des Baukastens "A100". Für diese Generation der Rekursion wird zunächst die Variable J auf 2 erhöht und die Teilenummer "A120" bei einem erneuten Aufruf der Prozedur "Baukasten" verwendet. Dadurch wird nun der Baukasten für das "Vorderrad" abgearbeitet:

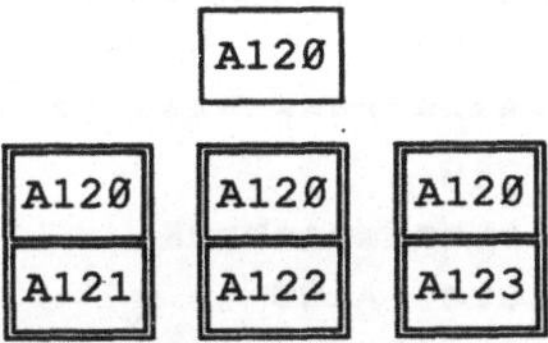

Abbildung 82: Baukasten Vorderrad.

Wenn dieser Baukasten abgearbeitet ist, wird zum Schluß noch der Baukasten für das "Hinterrad" mit der Teilenummer "A130" erledigt:

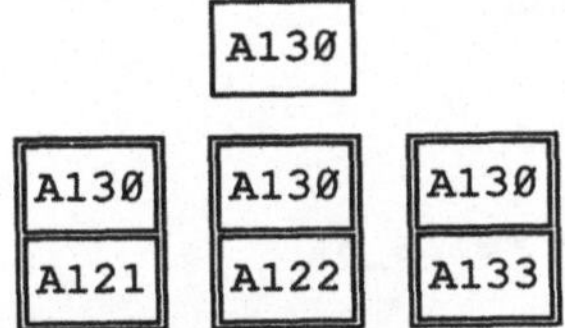

Abbildung 83: Baukasten Hinterrad.

Das folgende Programm repräsentiert das obige Vorgehen in präziser Form.

```
* *********************************************************
*                    Programm: P58                       *
*           Lesen der Stuecklistendatenbank:             *
*               Strukturstückliste  A100                 *
* *********************************************************

SET PROCEDURE TO Werkzeug

SET TALK OFF

Zeit_A = Zeit() && Die Funktion Zeit() ist in Werkzeug
                && enthalten.
Ebene    = 1
Teile_Nr = "A100"
Menge    = 1
? "Strukturstückliste: " + Teile_Nr
?
DO Baukasten WITH (Teile_Nr), (Ebene), (Menge)
?
? "Dauer in Sekunden: ", Zeit() - Zeit_A

RETURN


* *********************************************************


PROCEDURE Baukasten
   PARAMETERS P, Ebene, Menge_P
*  lokale, stapelbare Variablen:
   PRIVATE J, Og, Teil_u_L, Menge_L
   Teilnr_L = " "
   Name_L   = " "

* 1.  Das aktuelle Teil wird gelesen und ausgegeben.
   SELECT Teilnr, Name
       INTO   Teilnr_L, Name_L
       FROM   Teil
       WHERE  Teilnr = P;

   IF SQLCODE = 0
       ? Ebene                    PICTURE "##"
       ?? REPLICATE ("*", Ebene)  AT 4
       ?? Teilnr_L                AT 15 + 3 * Ebene
       ?? Name_L                  AT COL() + 3
       ?? Menge_P                 AT 55

       DECLARE Besteht CURSOR FOR  && Beziehung, Menge
           SELECT Teil_unten, Menge
           FROM   Struktur
```

```
                    WHERE   Teil_oben = P;


*  2.   Feststellen, ob das ausgegebene Teil eine Baugruppe
*       oder ein Einzelteil ist.
*       Dieser Zugriff dient der Optimierung der Zugriffs-
*       zeit. Nur wenn das aktuelle Teil eine Baugruppe ist,
*       wird die zeitaufwendige OPEN-Anweisung auf den
*       CURSOR "Besteht" ausgeführt.
*       Hieraus ergibt sich ein erheblicher Zeitgewinn.


        SELECT COUNT(*)
            INTO Zaehler
            FROM  Struktur
            WHERE Teil_oben = P;


        IF SQLCNT > 0        && Das Teil ist eine Baugruppe.
            OPEN Besteht;    && Die Schlüssel der abhänigen
                             && Teile werden gelesen.


            IF SQLCNT > 0
                && Zwischenspeicher für die Zeiger auf die
                && Teile, die die Baugruppe bilden.
                && Teil_u_L bedeutet Teil_unten_Lokal
                && Menge_L  bedeutet Menge_Lokal
*  3.  Der Stapel für die Teilenummern der abhängigen
*      Teile und deren Menge wird maßgeschneidert
*      angelegt:


                DECLARE Teil_u_L [ SQLCNT ]
                DECLARE Menge_L  [ SQLCNT ]



                I  = 1
*  4.  Die Anzahl der gestapelten Teilenummern wird
*      in der ebenfalls gestapelten Variablen Og
*      (Obergrenze) festgehalten:


                Og = SQLCNT


*  5.  Die Teilenummern und die Anzahldaten werden
*      in den Stapel kopiert:


                DO WHILE I <= Og
                    FETCH Besteht INTO Teil_u_L [ I ],
                                       Menge_L  [ I ];
                    I = I + 1
                ENDDO
                CLOSE Besteht;
```

```
    * 6. Je zwischengespeicherter Teilenummer wird die
    *       rekursive Prozedur Baukasten aufgerufen.
    *       Hierdurch erfolgt ein weiterer Abstieg in die
    *       Rekursion und hierdurch ein Aufstieg im
    *       Stücklistenbaum.
    *       In der gestapelten Variablen J wird festgehalten,
    *       die wievielte der zwischengespeicherten Teile-
    *       nummern gerade abgearbeitet wird.
                J = 1
                DO WHILE J <= Og
                    DO Baukasten WITH    Teil_u_L [ J ],;
                                         Ebene + 1,;
                                         Menge_L[ J ]
                    J = J + 1
                ENDDO

            ELSE
                CLOSE Besteht;
            ENDIF
          ELSE
        ENDIF
        ELSE
      ENDIF

    * 7.  Aufstieg aus der Rekursion
    RETURN && Baukasten
```

Programm 58: Die Strukturstückliste für das Fahrrad "A100" wird erstellt.

```
* ****************** Ergebnis:  ******************

Strukturstückliste: A100

1   *                 A100   Fahrrad                    1
2   **                A110   Lenkstange                 1
3   ***                      A111   Klingel             1
3   ***                      A112   Griff               2
2   **                A120   Vorderrad                  1
3   ***                      A121   Felge               1
3   ***                      A122   Speiche           100
3   ***                      A123   Vorderradnabe       1
2   **                A130   Hinterrad                  1
3   ***                      A121   Felge               1
3   ***                      A122   Speiche           100
3   ***                      A133   Hinterradnabe       1

Dauer in Sekunden:          22
```

Ergebnis 40: Programmergebnis.

Die Zeit zur Erstellung der Strukturstückliste beträgt immerhin 22 Sekunden auf einem ESCOM-PC mit einem INTEL 80386 Prozessor, der mit 20 MHz getaktet wird. Die Magnetplatte hat eine mittlere Zugriffszeit von 28 ms. Dies zeigt, daß ein rekursives

Programm und die CURSOR-Einrichtung von SQL in der momentanen Implementierung von dBASE IV noch sehr ineffizient implementiert ist.

11.3.8 Mengenübersichtsstückliste

In einer Mengenübersichtsstückliste wird die *Anzahl* der erforderlichen Teile zum Ausdruck gebracht, die benötigt werden, um eine bestimmte Anzahl eines Endproduktes oder einer Baugruppe herstellen zu können.

Folgende Mengenübersichtsstückliste soll erzeugt werden.

```
Mengenübersichtsstückliste: A100
Menge:          2

 G_TEILE_NR G_NAME_S              SUM1
 A100        Fahrrad                 2
 A110        Lenkstange              2
 A111        Klingel                 2
 A112        Griff                   4
 A120        Vorderrad               2
 A121        Felge                   4
 A122        Speiche               400
 A123        Vorderradnabe           2
 A130        Hinterrad               2
 A133        Hinterradnabe           2
```

Abbildung 84: Geforderte Mengenübersichtsstückliste.

Die Mengenübersichtsstückliste sagt aus, wieviel Teile der durch die Strukturstückliste festgelegten Arten bei der Herstellung von 2 Fahrrädern benötigt werden.

Das hierzu erforderliche Programm baut auf dem Programm zur Erzeugung von Strukturstücklisten auf. Die Daten des Stücklistenbaumes werden jedoch nicht sogleich auf den Bildschirm oder auf den Drucker ausgegeben, sondern zunächst in einer Hilfstabelle gespeichert. Hierbei werden die *Anzahldaten* über den gesamten Strukturbaum *multiplikativ* miteinander verknüpft.

Der Name der Hilfstabelle lautet in diesem Programm "Hilfstab". Nachdem die Auflösung der Strukturstückliste in die Hilfstabelle hinein erfolgt ist, werden die Zeilen in der Hilfstabelle, die denselben Schlüsselwert aufweisen, mit Hilfe der GROUP BY-Komponente zusammengefaßt und hierbei ihre Anzahlwerte summiert. Die somit aggregierten Werte bilden das Ergebnis des folgenden Programmes und mithin die Mengenübersichtsstückliste.

```
* ******************************************************
*                    Programm: P59                     *
*          Alle Leseoperationen mittels Cursor         *
*            Lesen der Stuecklistendatenbank:          *
*             Mengenübersichtsstückliste A100          *
*                                                      *
* ******************************************************

Zeit_A = Zeit()

SET TALK OFF

SET PROCEDURE TO Werkzeug

* DROP TABLE Hilfstab;

CREATE TABLE Hilfstab
    (Teile_Nr_S     CHAR ( 4),
     Name_S         CHAR (15),
     Menge_S        SMALLINT);

Ebene   = 1
Teile_Nr = "A100"
Menge   = 2


? "Mengenübersichtsstückliste: " + Teile_Nr
? "Menge: ", Menge
?

DO Baukasten WITH Teile_Nr, Ebene, Menge

SELECT Teile_Nr_S, Name_S, SUM(Menge_S)
   FROM Hilfstab
   GROUP BY Teile_Nr_S, Name_S;

?
? "Dauer in Sekunden: ", Zeit() - Zeit_A

RETURN

PROCEDURE Baukasten
   PARAMETERS P, Ebene, Menge_P
   PRIVATE J, Og, Teil_u_L, Menge_L
   Teilnr_L = " "
   Name_L   = " "

   SELECT Teilnr, Name
      INTO    Teilnr_L, Name_L
```

```
            FROM    Teil
            WHERE   Teilnr = P;

    IF SQLCODE = 0

            INSERT INTO Hilfstab
                        (Teile_Nr_S, Name_S, Menge_S)
                VALUES (Teilnr_L,    Name_L, Menge_P);

            DECLARE Besteht CURSOR FOR  && Beziehung, Menge
                SELECT Teil_unten, Menge
                FROM    Struktur
                WHERE   Teil_oben = P;

             SELECT COUNT(*)
                INTO Zaehler
                FROM  Struktur
                WHERE Teil_oben = P;

             IF SQLCNT > 0
                OPEN Besteht;

                IF SQLCNT > 0
                    DECLARE Teil_u_L [ SQLCNT ]
                    DECLARE Menge_L  [ SQLCNT ]

                    I  = 1
                    Og = SQLCNT
                    DO WHILE I <= Og
                        FETCH Besteht INTO Teil_u_L [ I ],
                                           Menge_L  [ I ];
                        I = I + 1
                    ENDDO
                    CLOSE Besteht;

                    J = 1
                    DO WHILE J <= Og
                        DO Baukasten WITH Teil_u_L [ J ],;
                                          Ebene+1,;
                                          Menge_L[J] * Menge_P
                        J = J + 1
                    ENDDO

                ELSE
                    CLOSE Besteht;
                ENDIF
             ELSE
        ENDIF
        ELSE
```

```
    ENDIF

    RETURN && Baukasten
```

Programm 59: Mengenübersichtsstückliste.

```
* ******************* Ergebnis: ********************

Mengenübersichtsstückliste: A100
Menge:            2

  G_TEILE_NR  G_NAME_S                    SUM1
  A100        Fahrrad                        2
  A110        Lenkstange                     2
  A111        Klingel                        2
  A112        Griff                          4
  A120        Vorderrad                      2
  A121        Felge                          4
  A122        Speiche                      400
  A123        Vorderradnabe                  2
  A130        Hinterrad                      2
  A133        Hinterradnabe                  2

Dauer in Sekunden:           60
```

Ergebnis 41: Programmergebnis: Mengenübersichtsstückliste.

11.3.9 Baukastenverwendungsnachweis

Ein Baukastenverwendungsnachweis gibt darüber Auskunft, in welches Teil oder welche Teile ein betrachtetes Teil unmittelbar eingebaut wird. Er repräsentiert somit die *einstufige, synthetische* Betrachtungsweise.

Beispiel:

Als Beispiele sollen zunächst alle Baukastenverwendungsnachweise und anschließend der Baukastenverwenungsnachweis für das Teil "Speiche", "A122" ausgegeben werden.

```
*  ****************************************************
*                    Programm: P60                    *
*           Lesen der Stuecklistendatenbank           *
*     Erstellen von  Baukastenverwendungsnachweisen   *
*  ****************************************************


? "Alle Bauskastenverwendungsnachweise:"
? "==================================="
?


SELECT U.Teilnr, U.Name, S.Menge, S.Teil_oben, O.Name
   FROM  Teil O, Struktur S, Teil U
   WHERE U.Teilnr     = S.Teil_unten AND
         S.Teil_oben  = O.Teilnr
   ORDER BY U.Teilnr;


WAIT
?
? "-----------------------------------------------------"
? "Baukastenverwendungsnachweis: A122"
? "==================================="
?


SELECT U.Teilnr, U.Name, S.Menge, S.Teil_oben, O.Name
   FROM  Teil O, Struktur S, Teil U
   WHERE U.teilnr     = "A122"        AND
         U.teilnr     = S.Teil_unten AND
         S.Teil_oben  = O.Teilnr;


RETURN
```

Programm 60: Baukastenverwendungsnachweise.

* ****************** Ergebnis: *******************

Alle Bauskastenverwendungsnachweise:

===================================

U->TEILNR	U->NAME	S->MENGE	S->TEIL OBEN	O->NAME
A110	Lenkstange	1	A100	Fahrrad
A111	Klingel	1	A110	Lenkstange
A112	Griff	2	A110	Lenkstange

```
A120        Vorderrad              1 A100      Fahrrad

A121        Felge                  1 A120      Vorderrad
A121        Felge                  1 A130      Hinterrad

A122        Speiche              100 A120      Vorderrad
A122        Speiche              100 A130      Hinterrad

A123        Vorderradnabe          1 A120      Vorderrad

A130        Hinterrad              1 A100      Fahrrad

A133        Hinterradnabe          1 A130      Hinterrad

Weiter mit beliebiger Taste


Baukastenverwendungsnachweis: A122
=======================================

  U->TEILNR U->NAME            S->MENGE S->TEIL OBEN O->NAME
  A122      Speiche              100 A120          Vorderrad
  A122      Speiche              100 A130          Hinterrad
```

Ergebnis 42: Baukastenverwendungsnachweise.

Welche Teilestamm- und Struktursätze für die Erstellung des Baukastenverwendungs-
nachweises erforderlich sind, zeigt Abbildung 78 auf Seite 215. Sie ist von unten nach
oben zu lesen.

11.3.10 Strukturverwendungsnachweis

Ein Strukturverwendungsnachweis (Abb. 0) zeigt, in welchen übergeordneten Teilen, bis
hin zu den Fertigerzeugnissen, ein fragliches Teil enthalten ist.

```
Strukturverwendungsnachweis: A122

1   *           A122    Speiche                            1
2   **             A120    Vorderrad                     100
3   ***               A100    Fahrrad                      1
2   **             A130    Hinterrad                     100
3   ***               A100    Fahrrad                      1
Dauer in Sekunden:          13
```

Abbildung 85: Strukturverwendungsnachweis für das das Teil Speiche "A122".

Das hierzu erforderliche rekursive dBASE-Programm ist mit dem Programm zur Erzeugung einer Baukastenstückliste strukturell identisch. *Lediglich die Teilenummern aus
der Strukturtabelle werden vertauscht genutzt.* Wo an den Stellen im
Strukturstücklistenprogramm als Zeiger für den Durchgriff *nach unten* im Teilebaum die
Spalte *Teil_unten* verwendet wurde, ist jetzt für den Durchgriff im Teilebaum *nach
oben* die Spalte *Teil_oben* eingesetzt.

```
*  ********************************************************
*                      Programm: P61                      *
*     Leseoperationen mittels Cursor nur bei Struktur     *
*            Lesen der Stuecklistendatenbank:             *
*                Strukturverwendungsnachweis A122         *
*                                                         *
*  ********************************************************

SET PROCEDURE TO Werkzeug
SET TALK OFF
Zeit_A = Zeit()
Ebene   = 1
Teile_Nr = "A122"
Menge   = 1


? "Strukturverwendungsnachweis: " + Teile_Nr
?
DO Baukasten WITH (Teile_Nr), (Ebene), (Menge)
?
? "Dauer in Sekunden: ", Zeit() - Zeit_A

RETURN


PROCEDURE Baukasten
   PARAMETERS P, Ebene, Menge_P
   PRIVATE J, Og, Teil_o_L, Menge_L
   Teilnr_L = " "
   Name_L   = " "

   SELECT Teilnr, Name
      INTO   Teilnr_L, Name_L
      FROM   Teil
      WHERE  Teilnr = P;

   IF SQLCODE = 0
      ?  Ebene                   PICTURE "##"
      ?? REPLICATE ("*", Ebene) AT 4
      ?? Teilnr_L                AT 15 + 3 * Ebene
      ?? Name_L                  AT COL() + 3
      ?? Menge_P                 AT 55

      DECLARE Besteht CURSOR FOR  && Beziehung, Menge
         SELECT Teil_oben, Menge
         FROM   Struktur
         WHERE  Teil_unten = P;
```

```
                SELECT COUNT(*)
                   INTO Zaehler
                   FROM  Struktur
                   WHERE Teil_unten = P;

             IF SQLCNT > 0
                OPEN Besteht;

                IF SQLCNT > 0
                    DECLARE Teil_o_L [ SQLCNT ]
                    DECLARE Menge_L   [ SQLCNT ]


                    I  = 1
                    Og = SQLCNT
                    DO WHILE I <= Og
                       FETCH Besteht INTO Teil_o_L [ I ],
                                          Menge_L   [ I ];
                       I = I + 1
                    ENDDO
                    CLOSE Besteht;


                    J = 1
                    DO WHILE J <= Og
                       DO Baukasten WITH    Teil_o_L [ J ],;
                                            Ebene+1, ;
                                            Menge_L[J]

                       J = J + 1
                    ENDDO

                ELSE
                    CLOSE Besteht;
                ENDIF
             ELSE
          ENDIF
          ELSE
       ENDIF


       RETURN && Baukasten
```

Programm 61: Strukturverwendungsnachweis.

```
* ****************** Ergebnis: *******************
Strukturverwendungsnachweis: A122
1  *           A122    Speiche                        1
2  **            A120    Vorderrad                  100
3  ***             A100    Fahrrad                    1
2  **            A130    Hinterrad                  100
3  ***             A100    Fahrrad                    1
Dauer in Sekunden:        13
```

Ergebnis 43: Strukturverwendungsnachweis für das Teil Speiche "A122".

12 Schlußbemerkung

Die in diesem Buch dargestellte Vorgehensweise zur Realisierung von dBASE-Anwendungen beruht auf den Einsichten über die gegebene Problemstruktur, die sich durch die Anwendung der Methode des Entitäts-Beziehungs-Modells finden lassen. Aus diesen grundlegenden Erkenntnissen ergeben sich sodann automatisch die erforderlichen Relationen und hieraus die zu verarbeitenden Datenstrukturen und somit auch das Skelett der Programmstruktur. Damit ist ein durchgängiges System von passfähigen Methoden aufgezeigt, das von der Problemspezifikation über die Modellierung der Miniwelt und der hieraus abgeleiteten relationalen Struktur über die Datenarchitektur bis zur Formulierung des Algorithmus im Quellprogramm in dBASE führt.

Literatur

ANSI_75: ANSI/X3/SPARC Study Group on Data Base Management Systems. Interim Report 75-02-08. FDT (Bulletin of ACM-SIGMOD) 7, (1975), Nr. 2.

CHEN_76: Peter Pin-Shan Chen, The Entity-Relationship Model - Toward a Unified View of Data, ACM Transactions on Database Systems, Vol. 1, No. 1, March 1976, Pages 9-36.

DATE_85: An Introduction to Database Systems: Volume I, Reading Massachusetts, 1985

DATE_89: C. J. Date, A Guide to the SQL Standard, Reading Massachusetts, 1989

dBAS_90: Ashton-Tate, dBASE IV, Version 1.1, Handbuch, Frankfurt, 1990

ISO_82: ISO TC97/SC5/WG3 - Conceptual Schema, 1982-03-15.

Jack_75: Michael A. Jackson, Principles of Program Design, London, 1975

Kähl_90: Wolf-Michael Kähler, SQL - Bearbeitung relationaler Datenbanken, Braunschweig/Wiesbaden, 1990

SCH_89: Georg Schäfer, Datenstrukturen und Datenbanken, Braunschweig/Wiesbaden, 1989

VET_90: Max Vetter, Aufbau betrieblicher Informationssysteme mittels konzeptioneller Datenmodellierung, Stuttgart 1990.

Zeit_91: Edgar Zeit, Programmierung des OS/2 Extended Edition Database Manager, Braunschweig/Wiesbaden, 1991

Übungen

Übung 1:

Für einen uns interessierenden Ausschnitt der realen Welt seien folgende Beobachtungen
wesentlich:
1. In einer Schule gibt es viele Schüler.
2. Die Schüler werden in vielen Fächern ausgebildet.
3. In jedem Fach werden die Schüler mit einer Jahresnote beurteilt.

a) Welches sind die Entitätsmengen in dieser Miniwelt?
b) Welche Beziehung besteht zwischen diesen Entitätsmengen?
c) Welches Beziehungsattribut gibt es in der Beziehungsmenge?
d) Von welchem Komplexitätsgrad sind die Beziehungen zwischen
   den Entitäten der Entitätsmengen?
e) Tragen Sie die Ergebnisse von a) bis d) in ein Entitäten-Beziehungs-Diagramm ein.

Übung 2:

Für einen uns interessierenden Ausschnitt der realen Welt seien folgende Beobachtungen
wesentlich:
1. In einer Schule gibt es viele Schüler.
2. In einer Schule gibt es viele Lehrer.
3. Die Schüler werden in vielen Fächern ausgebildet.
4. Ein Lehrer unterrichtet viele Fächer.
5. In jedem Fach werden die Schüler von einem Lehrer mit einer Jahresnote beurteilt.

a) Welches sind die Entitätsmengen in dieser Miniwelt?
b) Welche Beziehung besteht zwischen diesen Entitätsmengen?
c) Welches Beziehungsattribut gibt es in der Beziehungsmenge?
d) Von welchem Komplexitätsgrad sind die Beziehungen zwischen den Entitäten der
   Entitätsmengen?
e) Tragen Sie die Ergebnisse von a) bis d) in ein Entitäts-Beziehungs-Diagramm ein.

Übung 3:

1. In einem Fertigungsbetrieb arbeiten viele Arbeitnehmer.
2. In diesem Betrieb gibt es auch viele Maschinen.
3. Ein Arbeitnehmer kann nur eine Maschine bedienen.
4. Es gibt Arbeitnehmer, die keine Maschinen bedienen.

5. Eine Maschine kann von vielen Arbeitnehmern bedient werden.

a) Welches sind die Entitätsmengen in dieser Miniwelt?
b) Welche Beziehung besteht zwischen diesen Entitätsmengen?
c) Von welchem Komplexitätsgrad sind die Beziehungen zwischen
   den Entitäten der Entitätsmengen?
d) Tragen Sie die Ergebnisse von a) bis c) in ein Entitäts-Beziehungs-Diagramm ein.

Übung 4:

1. In einem Unternehmen gibt es viele Arbeitnehmer.
2. Ein Teil der Arbeitnehmer sind Vorgesetzte, der andere Teil sind Untergebene.
3. Ein Vorgesetzter hat prinzipiell viele Untergebene.
4. Ein Untergebener berichtet immer nur an einen Vorgesetzten.

a) Alle Arbeitnehmer zusammen bilden die Entitätsmenge der Arbeitnehmer.
b) Welche Beziehungen bestehen zwischen den Entitäten ein und derselben
   Entitätsmenge?
c) Von welchem Komplexitätsgrad sind die Beziehungen zwischen den Entitäten?
d) Tragen Sie die Ergebnisse von a) bis c) in ein Entitäts-Beziehungs-Diagramm ein.

Übung 5:

1. In einem Produktionsbetrieb werden viele Produkte hergestellt.
2. Ein Produkt besteht prinzipiell aus vielen Teilprodukten (Komponenten).
3. Ein Teilprodukt (Komponente) wird prinzipiell in mehrere übergeordnete
   Teilprodukte (Baugruppen) oder Endprodukte eingebaut.

a) Alle Produkte (Einzelprodukt, Baugruppe, Endprodukt) zusammen bilden eine
   Entitätsmenge.
b) Zwischen den Entitäten dieser Entitätsmenge gibt es die Beziehungen:
   - "besteht aus" und
   - "wird verwendet in".
c) Von welchen Komplexitätsgraden sind diese beiden Beziehungen?
d) Aus welcher Domäne ist das Beziehungsattribut der Beziehungsmenge entnommen,
   und wie wird man es sinnvollerweise benennen?
e) Tragen Sie die Ergebnisse von a) bis c) in ein Entitäts-Beziehungs-Diagramm ein.

Übung 6:

1. Ein Handelsunternehmen hat viele Artikel auf Lager.
2. Es werden viele Aufträge beliefert.
3. Jeder Auftragsposten enthält prinzipiell mehr als eine Mengeneinheit eines Artikels.

a) Welches sind die Entitätsmengen in dieser Miniwelt?
b) Welche Beziehung besteht zwischen diesen Entitätsmengen?
c) Von welchem Komplexitätsgrad sind die Beziehungen zwischen den Entitäten der Entitätsmengen?
d) Tragen Sie die Ergebnisse von a) bis c) in ein Entitäts-Beziehungs-Diagramm ein.

Übung 7:

In einem Handelsbetrieb wurden hinsichtlich der Artikel und Lieferanten folgende Beobachtungen gemacht:

1. Ein Artikel kann von vielen Lieferanten geliefert werden.
2. Ein Lieferant liefert viele Artikel.
3. Die Artikel werden in größeren Mengen geliefert.

a) Welches sind die Entitätsmengen in dieser Miniwelt?
b) Welche Beziehung besteht zwischen diesen Entitätsmengen?
c) Von welchem Komplexitätsgrad sind die Beziehungen zwischen den Entitäten der Entitätsmengen?
d) Welches Beziehungsattribut ist erforderlich?
e) Tragen Sie die Ergebnisse von a) bis c) in ein Entitäts-Beziehungs-Diagramm ein.

Übung 8:

Eine Schülerin hört gerne Musik. Um nicht alle Musikträger (Schallplatten, Tonbandkassetten, usw.) selbst kaufen zu müssen, tauscht sie mit ihren Freundinnen und Freunden die Tonträger aus. Um immer zu wissen, wem sie welchen Tonträger ausgeliehen hat, möchte sie ihren Arbeitsplatzcomputer zur Tonträger- und Ausleihverwaltung einsetzen. Zur Problemlösung hat sie folgende Feststellungen gemacht:

1. Ich habe viele Tonträger.
2. Ich habe viele Tauschpartner.
3. Einem Tauschpartner überlasse ich viele Tonträger.

Übung 9:

In der Büchereiverwaltung einer Schule wurden folgende Feststellungen getroffen:

1. In der Bibliothek der Schule gibt es viele Bücher.
2. Die Bibliothek wird von vielen Ausleihern in Anspruch genommen.
3. Ein Ausleiher kann viele Bücher gleichzeitig ausleihen.

a) Welches sind die Entitätsmengen in dieser Miniwelt?
b) Welche Beziehung besteht zwischen diesen Entitätsmengen?
c) Von welchem Komplexitätsgrad sind die Beziehungen zwischen den Entitäten der Entitätsmengen?
d) Welches Beziehungsattribut ist erforderlich, um den Ausleihzeitpunkt festzuhalten?
e) Tragen Sie die Ergebnisse von a) bis c) in ein Entitäts-Beziehungs-Diagramm ein.

Übung 10:

In einem Unternehmen wurde folgende Miniwelt festgestellt, deren Informationen auf einem Arbeitsplatzcomputer abgebildet werden sollen:

1. Im Unternehmen gibt es viele Mitarbeiter.
2. Im Unternehmen gibt es viele Abteilungen.
3. Im Unternehmen werden viele Produkte hergestellt.
4. Ein Mitarbeiter ist einer Abteilung zugeordnet.
5. In einer Abteilung sind viele Mitarbeiter beschäftigt.
6. Ein Mitarbeiter arbeitet an vielen Produkten und benötigt hierzu je Produktart eine individuelle Zeitspanne.
7. Ein Produkt kann von vielen Mitarbeitern bearbeitet werden, wobei jeder eine individuelle Zeitspanne für die Arbeit benötigt.

a) Welches sind die Entitätsmengen in dieser Miniwelt?
b) Welche Beziehung besteht zwischen diesen Entitätsmengen?
c) Von welchem Komplexitätsgrad sind die Beziehungen zwischen den Entitäten der Entitätsmengen?
d) Welches Beziehungsattribut ist erforderlich, um die indivi duelle Arbeitszeit festzuhalten?
e) Tragen Sie die Ergebnisse von a) bis c) in ein Entitäts-Beziehungs-Diagramm ein.

Glossar

Bedingte Komplexität: Sie liegt vor, wenn jede Entität einer Entitätsmenge mit höchstens einer anderen Entität in (üblicherweise) einer anderen Entitätsmenge in Beziehung stehen kann.

Beziehung: Eine Beziehung verbindet zwei oder mehrere Entitäten wechselseitig miteinander.

Beziehungselement: Ein Beziehungselement ist eine individuelle Beziehung zwischen Entitäten. Für ein Beziehungselement können auch Fakten festgestellt werden.

Beziehungsmenge: Eine Beziehungsmenge ist eine eindeutig benannte Zusammenfassung von Beziehungselementen des gleichen Typs.

Beziehungsrelation: Sie ist die Darstellung einer Beziehungsmenge auf der Ebene des relationalen Datenmodells.

Beziehungsschlüssel: Ein Beziehungsschlüssel identifiziert ein Beziehungselement eindeutig. Er kann leicht aus den Entitätsschlüsseln der miteinander in Beziehung stehenden Entitäten gebildet werden.

Daten: Sie sind Informationen, die zu Verarbeitungszwecken in Zeichenform dargestellt sind.

Datenanalyse: Sie dient der Zusammenfassung aller Entitäts- und Beziehungsattribute.

Datenarchitektur: Sie ist der Zusammenhang der Entitäts- und Beziehungsmengen.

Datendefekt: Er bezeichnet eine realitätswidrige Abbildung der Miniwelt in der Datenhaltung. Er tritt bei redundanter Datenhaltung unabänderlich bei Änderungsoperationen auf, weil in einem bestimmten Zeitraum von herkömmlichen Computern immer nur eine dieser mehrfachen Abbildung geändert werden können. Folgende Defektarten werden unterschieden: Einfügungs-, Lösch- und Veränderungsdefekt.

Datendefinitionssprache: Sie dient zur Beschreibung der Typen von Datenobjekten.

Datenintegrität: Mit Datenintegrität bezeichnet man den Sachverhalt, daß die Informationen über die Miniwelt in der Datenhaltung korrekt abgebildet ist.

Datenmanipulationssprache: Sie dient zur Beschreibung der Operationen an Datenobjekten.

Datenredundanz: Über denselben Sachverhalt der Miniwelt sind mehrere gleichbedeutende Informationen in der Datenhaltung vorhanden.

Domäne: Eine Domäne ist eine eindeutig benannte Zusammenfassung aller zulässigen Eigenschaftswerte einer Eigenschaft, d. h. der zulässige Wertebereich der Eigenschaft.

Eigenschaft: Eine Eigenschaft beschreibt ein Wesensmerkmal, d. h. eine individuelle Besonderheit einer Entität. Sie besteht aus einem Eigenschaftsnamen und einem Eigenschaftswert.

Einfache Komplexität: Sie liegt vor, wenn jede Entität einer Entitätsmenge mit genau einer anderen Entität aus (üblicherweise) einer anderen Entitätsmenge in Beziehung steht.

Entität: Eine Entität ist ein individuelles, unterscheidbares, unabhängiges und identifizierbares Exemplar von Dingen, Personen, Ereignissen oder Begriffen der realen oder der Vorstellungswelt.

Entitäts-Beziehungs-Diagramm: Ein Entitäts-Beziehungs-Diagramm ist ein graphisches Mittel, mit dem Entitätsmengen und die zwischen ihnen bestehenden Beziehungen in übersichtlicher Form dargestellt werden können.

Entitätsattribut: Ein Entitätsattribut ist eine mit einem Namen versehene Menge von Fakten, die aufgrund der Zuordnung von Eigenschaftswerten aus einer bestimmten Domäne zu den Entitäten einer Entitätsmenge zustande kommt.

Entitätsmenge: Eine Entitätsmenge ist eine eindeutig benannte Zusammenfassung von Entitäten der Miniwelt mit den gleichen Eigenschaften.

Entitätsrelation: Sie ist die Darstellung einer Entitätsmenge auf der Ebene des relationalen Datenmodells.

Entitätsschlüssel: Ein Entitätsschlüssel ist eine Entitätseigenschaft, mit dessen Wert eine Entität zu jeder Zeit eindeutig identifiziert werden kann. Ein Entitätsschlüssel zeichnet sich durch Eindeutigkeit, Unveränderlichkeit, sofortige Zuteilbarkeit, Schreibbarkeit und Kürze aus.

Faktum: Ein Faktum ist eine beobachtete Eigenschaft bei einer Entität. Ein Faktum stellt eine Zuordnung einer Eigenschaft und je eines Eigenschaftswertes zu einer Entität dar.

Fremdschlüssel: Ein Fremdschlüssel in einer betrachteten Relation ist ein Attribut, das in einer anderen Relation Primärschlüssel ist.

Geschäftsregel: Eine Geschäftsregel ist eine Kernaussage über den Geschäftsgang und die Zusammenhänge der Elemente der Miniwelt.

Informationen: Sie sind zweckorientiertes Wissen.

Katalog: Verzeichnis der Metadaten über eine Datenbank.

Komplexitätsgrad: Der Komplexitätsgrad einer Entität gibt an, mit wievielen anderen typgleichen Entitäten eine Entität prinzipiell im Rahmen der betrachteten Beziehung verbunden sein kann. Man unterscheidet die einfache, bedingte und mehrfache (komplexe) Komplexität. Komplexitätsgrade werden in verschieden Schreibweisen geschrieben: Minimal-maximal-Schreibweise, symbolische Schreibweise mit Pfeilen oder Krähenfüßen und der Zeichenschreibweise.

Konzeptionelles Datenmodell: Es ist das Datenmodell der Miniwelt, das die Datenarchitektur und die Ergebnisse der Datenanalyse, aber keine speichertechnischen Details umfaßt.

Mehrfache Beziehung: Sie liegt vor, wenn eine Entität mit beliebig vielen anderen Entitäten in Rahmen einer bestimmten Beziehungsart in Beziehung stehen kann.

Metadaten: Daten über Daten, z. B. Daten über die Struktur einer Datenbank.

Miniwelt: Eine Miniwelt ist eine eingegrenzte Betrachtung der realen Welt, wobei der verfolgte Zweck das Eingrenzungskriterium darstellt.

Modell: Ein Modell ist eine vereinfachte Abbildung der realen Welt, das die zur Untersuchung wesentlichen Aspekte enthält.

Normalform: Erste Normalform (1NF): Eine Relation enthält an keinem Kreuzungspunkt von Zeile und Spalte eine Daten-Wiederholungsgruppe. Zweite Normalform (2NF): Bei zusammengesetzten Primärschlüsseln wird der gesamte Schlüssel benötigt, um jedes weitere Attribut zu identifizieren, d. h. ein jedes Nichtschlüsselattribut ist vom gesamten Schlüsselattribut funktional abhängig und nicht bereits von einem Schlüsselteil. Dritte Normalform (3NF): Alle Nichtschlüsselattribute sind nur vom Primärschlüssel und nicht auch von einem anderen Nichtschlüsselattribut funktional abhängig.

Normalisierung: Unter Normalisierung faßt man die Maßnahmen zusammen, um redundanz- und defektfreie Relationen zu erhalten. In diesem Buch werden die erste, zweite und dritte Normalform behandelt.

Notationsform: Sie ist eine Darstellungsform von Niederschriften, z. B. Darstellungsformen von Beziehungsarten.

NULL: NULL als Fremdschlüsselwert besagt, daß aus der Sicht der betrachteten Relation es derzeit keine Beziehungsausprägung gibt, für deren Dokumentation der Fremdschlüssel eingesetzt wird.

Primärschlüssel: Er ist ein Attribut oder eine Kombination mehrerer Attribute einer Relation, deren Attributwerte die Tupel der Relation eindeutig identifizieren. Sind mehrere Schlüsselkandidaten vorhanden, wird einer zum Primärschlüssel ernannt.

Rekursion: Eine Vorschrift, die auf die Ergebnisse ihrer Anwendung angewendet wird.

Rekursiv abhängige Entitäten: Entitäten sind dann rekursiv abhängig, wenn das Abhängigkeitsgesetz einer Objektentität von einer Subjektentität ebenfalls auf die abhängige Entität der betrachteten Objektentität zutrifft.

Rekursive Beziehung: Eine Beziehung ist dann rekursiv, wenn sie Entitäten derselben Entitätsmenge miteinander verbindet.

Rekursiver Datentyp: Ein rekursiver Datentyp liegt dann vor, wenn das Bildungsgesetzt für ein abhängiges Datenelement des betrachteten Datenobjektes dasselbe ist, wie das Bildungsgesetz für das betrachtete Datenobjekt selbst.

Relation: Eine Relation ist eine Menge gleichartiger Tupel. Die Gesamtheit der Tupel werden dem Betrachter in Tabellenform dargeboten.

Relationales Datenbankmodell: Es ist ein Datenbankmodell, in dessen Rahmen die Daten einer Datenbank dem Betrachter in Tabellenform erscheinen.

Schlüsselkandidat: Ein Attribut bzw. die Kombination mehrerer Attribute einer Relation, die die Identifikationseigenschaft der Tupel übernehmen könnte.

Sekundärschlüssel: Ein Schlüsselkandidat, der nicht Primärschlüssel ist.

SQL: Structured Query Language (Strukturierte Abfrage-Sprache) ist eine sprachliche Fassung der Konzepte des relationalen Datenbankmodells zur Realisierung und Manipulation von Datenbanken.

Tupel: Ein Tupel ist eine Liste mit genau festgelegter Anzahl von Werten.

Datenstrukturen und Datenbanken

von Georg Schäfer

1989. X, 169 Seiten. Kartoniert
ISBN 3-528-04612-0

Das Buch bietet eine Einführung in die Welt der Datenstrukturen und Datenbanken. Dazu wird die Anwendungsentwicklung mit den für PC und Großrechner auf dem Markt angebotenen Datenbanksystemen beschrieben. Der erste Teil ist eine Einführung in die Datenstrukturen. Es schließt sich im zweiten Teil das Programmierhandbuch für SQL an. Der dritte Teil erläutert das CODASYL-Modell, beschreibt die Struktursprache und die Speicherorganisation.

Verlag Vieweg · Postfach 58 29 · D-6200 Wiesbaden 1

Programmierung des OS/2 Extended Edition Database Manager

von Edgar Zeit

1991. IX, 618 Seiten. Gebunden
ISBN 3-528-04776-3

Wer heute auf PCs unter OS/2 professionell Datenbankprogrammierung betreiben möchte, wird die Möglichkeiten des Data Base Managers (DBM) der Firma IBM nutzen. Wie er dies tun kann, erfährt der Leser in diesem Buch.

Das Buch führt systematisch in die Programmierung des DBM ein. Schwerpunkte sind: Einführung in SQL, fortgeschrittene SQL-Techniken, Dynamisches SQL, Optimierung der Performance, Locking-Mechanismen des DBM.

Ein Buch für professionelle Programmierer.

Verlag Vieweg · Postfach 58 29 · D-6200 Wiesbaden 1